鹿鸣心理

本书的出版获龙岩学院博士科研启动项目"新时期死亡焦虑的转化与超越"(LB20202006) 资助。

Exploration of Death
from Anxiety to Transcendence

发现死亡
从焦虑到超越

白福宝 著

出版社

推荐序一

国人对于死亡问题的深入思考和系统研究似乎不多，死亡学也是能……品。中国人只知道，生死之事大矣。孔子对于死的问题，就不愿意多谈，他老人家说过："未知生，焉知死。"看来中国人是实际的，更愿意弄清楚生的问题，死的问题就留在死后再说吧。

正因为我们的文化有如此特征，所以我自己从小也没有受过系统的死亡教育。不过现在回想起来，小时候读的一些文献当中，与"死"这个话题沾边的，还是有的。例如上小学的时候，我们要熟读的老三篇，就是《为人民服务》《纪念白求恩》《愚公移山》。进入三篇文献具体的文本当中去看，实际上都能牵扯出死亡的话题。《为人民服务》不消说了，主题就是纪念一位普通战士的牺牲，以及由牺牲引发的思考和行动。《纪念白求恩》这篇为什么要提到纪念，同样是因为国际主义战士白求恩的牺牲。《愚公移山》本来是中国古代的一篇寓言，说的是如何解决道路交通的问题，但是寓言里面借愚公之口，也谈到了生死的问题。

我一直以为，中国古代的寓言，典型地诠释了"小故事、大道理"，值得我们这些后人反复研读。《愚公移山》中涉及死亡的意蕴就十分精彩，我们来看看《列子·汤问》的原文：

> 河曲智叟笑而止之曰："甚矣，汝之不惠！以残年余力，曾不能毁山之一毛，其如土石何？"北山愚公长息曰："汝心之固，固不可彻，曾不若孀妻弱子。虽我之死，有子存焉；子又生孙，孙又生子；子又有子，子又有孙；子子孙孙无穷匮也，而山不加增，何苦而不平？"河曲智叟亡以应。

这里作者似乎贡献了中国人对待死亡的一种解决方案，那就是我们可以用种系的繁衍来应对个体肉体消亡的困境，这实在是集体主义文化思维方式下的一种解答。

回顾自己的人生经历，记忆当中，直面死亡的机会似乎是没有的。但脑子中一闪而过与死亡有关的念头，倒勉强可以说出几次。似乎这几次都与早年进行的田野调查有关。一次是在恩施利川鱼木寨悬崖上走亮梯子。所谓亮梯子，就是在绝壁上凿出深坑，插上石板，形成一段悬空的阶梯。在台阶上一步步挪动的时候，行人可以看到石板的缝隙间透露出的深深的峡谷，所以就叫作亮梯子。这样的悬空石阶，很多人是不敢踏足的。不得不说，走在这上面，确实有些惊心动魄，令人思绪飘忽。另一次是到宜昌的长阳，在白云生处的人家中调查民间故事，告辞出来的时候已是傍晚。没想到山里的天黑起来比平原上要快得多。没走多久，四周便是一片漆黑，紧接着就迷失了道路，看不见一点人家的灯火。到现在我都记不起来，最后是怎样走出森林来到公路上的。还有一次是走水路，在一片湖泊里，从一个半岛要过到对岸，那并不是很远的路程。本来天气好好的，走到一半时，突然狂风骤雨、浊浪排空。明明看着码头就在前方，无论船家如何努力，小船也移不动分毫。那时或许也闪过"难道要命丧此地"的念头吧。

　　自 2020 年年初到现在，我们经历了前所未有的新冠疫情。在这次疫情当中，作为一个武汉人，也算是首当其冲吧。疫情造成了死亡，自然也让人联想到死亡的话题。但是回想起来，疫情中我对死亡的感受依然不够明晰。在疫情当中，我和瑞士国际荣格心理学家、国际分析心理学会（IAAP）前主席 Murray Stein 博士以及美国心理学家、美国太平洋研究院前教务长、深度心理学教授 Pat O.Katsky 博士，有过一场"疫情下的沉思"的对话。对话中，我谈到了我的一些心理感受。梳理起来，有关死亡的，并没有排在最前面。当时，武汉封城已经有一百多天，我选出四个感受来谈，对这四个感受我特意选择在中国文化、汉字里面与心有关的字，全部是竖心旁或者心字底的字来表达。我体会最深的同时对我而言最重要的一个感受，叫"惦念"；第二个感受是"忧虑"；第三个感受是"慈悲"；最后一个感受是"恐惧"。在这些感受中，特别是最后一个，是能隐约窥见死亡身影的。

　　记得以前读过冰心先生的一篇文章，是她年轻的时候写的。那时候她应该也没有自身面对死亡的经历，她却写下了一篇对死亡有深刻思考的文章。冰心先写了"死"的力量：

　　　　死呵，你是一个破坏者，你是一个大有权威者！世界既然有了生物，为何又有你来摧残他们，限制他们？无论是帝王，是英雄，是……一遇见你，便立刻撇下他一切所有的，屈服在你的权威之下；无论是惊才，绝艳，丰功，伟业，与你接触之后，不过只留下一抔黄土！

　　然后，冰心借文中她的室友宛因之口，表达了对死亡的思考：

　　　　我心里益发的昏沉了，不觉似悲似喜地问道："宛因，你为何又来了？你到底是到哪里去了？"她微笑说："我不过是越过'无

限之生的界线’就是了。”我说："你不是……"她摇头说："什
么叫作‘死’？我同你依旧是一样的活着，不过你是在界线的这
一边，我是在界线的那一边，精神上依旧是结合的。不但我和你
是结合的，我们和宇宙间的万物，也是结合的。"

由此想到了几件事，应该都和文化有关。

首先可以提到的是中国人不太喜欢谈死，这也许与孔子发展出来的
传统有关。所以遇到死的问题，中国人往往避而不谈。这种不谈常常成
了一种文化禁忌。例如，长辈们会对孩子们要求不要随意在嘴边挂着死
字。其次，中国文化是一种象征的文化，我们很重视谐音字，所以与"死"
近音的字，也在禁忌之列。一直到现在为止，中国人都有相应的忌讳，
例如数字"四"，在楼层的安排上，在车牌号上（尤其是车牌最后的数字），
都尽量不要出现，这已经成了一种力量颇大的迷信。

对于死亡的禁忌衍生出在中国语言当中的委婉语。不得不提到死
的时候，中国人会用很多其他的称呼方式来替代，例如说"某某走了""某
某去了"，或者说"逝世""辞世""驾鹤西去"等。一些身份尊贵
的人则有专称，如皇帝死了，叫作"驾崩"。中国文化中对于死亡的
禁忌以及语言中的大量委婉语是很值得研究的事情，当年弗洛伊德就
写过《图腾与禁忌》这样的书，心理学家可以沿着这种思路去深挖中
国文化死亡禁忌和委婉语背后的深层文化心理。

与对死亡的禁忌和委婉表达有关，中国人对老也有一番说辞。其
实在中国的很多地区，"老"字就用来指人的去世，说"某某人老了"，
就等于说"某某人死了"。正因为如此，人们对于"老"字也有一种
敬畏和恐惧。著名学者、作家张中行先生对此就有一段生动的描述，
他在《老年》一文中写道：

　　人都不欢迎老，或简直说是怕老。……怕，有原因，而且不止一项。其一最根本，也就最严重，是老，暗示或明示，乃死之将至，或走近死。说起来颇为凄惨，人是受天命左右夹攻式的拨弄，这左右是，强烈希望活着，却又不得不死。死，在生命旅程的前半段，因离得远而显得渺茫；到最后的四分之一，远的移近了，渺茫也就变为清晰。这清晰，自然看不见，但不会想不到。这想到的景象是老带来的，老就成为送信的，甚至高升为原因，所以就成为不受欢迎的。

　　这种听死亡的脚步声迫近的日子一定是万分难挨的。

　　心理学研究很关注自我的问题，自我的所思所想，应该也包括生与死，大概都在心理学的视野内。当然我们知道，对自我的认识是一件十分艰巨和困难的事。在中国古代，就有孔子的弟子曾子每日三省吾身的故事，那是古人用自省的方法，来认识自我。今日之心理学也发展出很多自我认识的方式方法，其中有一个，可以称为墓志铭撰写法。心理学家让每一个人拿出纸笔，给他们一段时间认真思考，设想自己已经走到了生命的尽头，会让后人在自己的墓碑上书写什么样的文字。心理学家假定，这时候写下来的文字，应该是每个人最想对自己说的话。历史上有一些撰写墓志铭的例子。例如唐代的武则天，留下过一块无字碑，或许她觉得自己的功过是非，应该由后人来评说吧。这当然是一种智慧。武汉大学有一位老校长，叫王世杰，一辈子做过很多比武汉大学校长级别高得多的官（其实校长应该就不算官）。但最后他在去世的时候，告诉儿女在自己的墓碑上只写这样一行字——"前国立武汉大学校长"。或许他到了生命的最后，回首往事，认为一生当中最有价值、最有意义的时刻，就是在武汉大学做校长的那些年，为国家培养了一批栋梁之材。写墓志铭的练习，是心理学所说的反现实思维。它是一种启动效应，最大的作用应该在于，让每一个人去认真思考生命的价值与意义，珍惜自己生命中的分分秒秒。

　　白福宝撰写的这本书也应该具有这样的启动效应。福宝是一位积极向上、锐意进取的年轻学者。他到我这里做了一年的访问学者，在这一年当中，他几乎把所有的时间都放在了武汉大学那座藏书颇丰的图书馆里面。他好多次兴奋地和我讲起，在图书馆里又读了哪些与死亡研究有关的著作，由此获得许多新的写作思路。他的这本书，也基本上是在武汉大学写成的。珞珈之山东湖之水，托捧起他在这里讨论的这个沉甸甸的话题。我又想起了《愚公移山》里面的挖山，那应该也是一个象征。福宝在武汉大学的这一年当中，也是挖山不止，丝毫没有懈怠。我相信读者也应该能从这本书中读出他的认真与勤奋。不管怎样，福宝在书中所讨论的话题，是值得我们每一个活着的人认真思考的。

钟年

2021 年 5 月 26 日于珞珈山麓

推荐序二

死亡在很多文化中都是一个禁忌性话题。

几天前我和一个朋友聊天，谈到对高龄父母的赡养。朋友的父母同为 1933 年生人，已岁入耄耋。她从手机里翻出父母的照片给我看，还谈到不久前他们的家庭聚会。我顺口问了一句："拍全家福了吗？"她煞有介事地瞪了我一眼："你没听说过有老人在不能随便拍全家福的吗？"是啊，老人对这种事多少有些敏感，可能会想到这会不会是他们留给家人的最后一张合影而徒增伤感。

其实，即便是对于年富力强的青年人而言，他们通常也对生死之类的话题很敏感，因为眼看着自己身边敬爱的长者逐渐老去，那种随时可能别离的伤痛就会涌上心头。所以，或是出于对死亡本身的恐惧，或是出于对死亡可能带来的丧失之痛的逃避，人们大都会本能地避讳与死亡相关的话题，甚至一切有可能让人联想到死亡的事物都被列为禁忌。

然而，不提并不等于不想。我的老父亲今年 86 岁，身体一向还好。八年前母亲去世之后，怎么照顾好父亲就成为我们几个兄弟姐妹们日常最重要的家庭议题。父亲说，他前几天夜里梦见了我们早已过世的爷爷和大伯。梦里爷爷问他怎么还不走，他说自己还有一些事情没有处理完。爷爷说，那你年底来吧。父亲因此跟我们絮叨，他大概是年底要走了。我安慰他，暑假一定回老家去爷爷和大伯的坟前祭拜，让他们在天之灵保佑父亲平安健康地多陪伴我们几年。父亲听了这话显得很高兴。虽然老人倔强、嘴硬，反复强调"我又不怕死"，但是不经意间的情绪流露又暴露了他内心的焦虑和对生的不舍。

对死亡的焦虑并不只是到了老年阶段才会出现的问题。正如时下二十几岁的年轻人已经开始努力抗衰、防皱和健身，对衰老和死亡的抗拒和焦虑是盘旋于每个人心头挥之不去的阴影。就在我写下这些文字的时候，内心隐约泛起一丝不安：将自己和朋友家的老人与死亡话题联系起来，会不会不吉利？可见，无论处于人生的哪个阶段，死亡的阴影始终与我们相伴，总是隐秘而又那么敏感的一个"触点"。

死亡作为生命的一个组成部分，却很少被纳入人的自我意识。明知必有一死，甚至随时都可能发生，人们却总是试图通过压抑、否认、搁置、转移等心理防御机制来逃避这个话题，像极了鸵鸟被逼无路时把头埋进沙里的傻样。

究其原因，死亡问题过于复杂深奥。从生物学、医学、生理学、经济学、社会学、政治学、人类学、心理学到哲学，涉及太多学科领域。在当前学科高度分化、学术管理和评价体制无不强调专业化的背景下，类似死亡这种综合性的复杂问题虽然具有重大现实意义却很难被纳入学者的研究考虑范围，因为它不仅需要跨学科的综合素养和透视力度，还要面对研究者所在学科那些同行的疑惑不解，有时甚至是奇怪的目光。

本书作者白福宝是我指导的第一个博士，这也是我第二次为他的著作写序。2018 年小白出版《我想和你好好的：给年轻人的亲密关系成长课》，那是一本有关恋爱和婚姻心理的书，我记得曾在中央电视台第二套某个有关读书的栏目中被介绍和推荐。从婚恋心理到死亡焦虑，两本书分别聚焦了两个具有重大人生意义的主题，反映出作者对于人生和社会现实问题的深切关注。

同门为朋，同志为友。我和小白不仅是师生，更是朋友，我们都深受社会建构论的影响。从直面人生或社会现实问题，让研究方法为问题服务，到以建构思维和关系自我（而不是主客思维和有界自我）为指导解决各种社会现实问题，都体现了社会建构论的精神。这在尊崇客观性和科学性、强调方法重于问题的现代心理学中并不是主流，但我们都相信，它代表了心理学为社会和现实服务的学科发展方向。

与其因避讳死亡、懵懂未知而焦虑，不如让被压抑的潜意识上升为意识。在社会建构论看来，死亡是人自己建构出来的。倘若我们能意识到这一点，那么我们也就能明白自己其实还可以选择其他的建构方式。在死亡面前，我们也就有了更多自由选择的空间。不仅如此，社会建构论的关系性存在理念与中国传统文化的"天人合一"具有内在深刻的一致性。它们共同的关系思维有助于我们纾解死亡焦虑，至少能在一定程度上脱敏，从而生出直面死亡的勇气。

杨莉萍

2021 年 5 月 11 日于南京

目　录

第二章　认识死亡

第三章　超越死亡

后　记

参考文献

前　言

生老病死是生命发展的自然规律。死亡是我们每个人迟早都要面对的事情，无论是年老体衰的老年人，还是朝气蓬勃的青年人，甚至于心智未开的婴幼儿。面对死亡，有的人坦然无惧，有的人重新思索生命的意义，但更多的人不是在逃避就是在恐惧中挣扎。

和死亡相关的话题在很多文化中都是心照不宣的禁忌。一提到死亡，许多人就感到害怕，宛若大难临头。这种回避和忌讳恰恰源于人们的死亡恐惧。生命是有限的、脆弱的，我们终究难逃一死。自我意识的发展使人不仅能意识到自己终有一死，还能意识到死亡的不确定性。

向一个人直接指明生命必然终结这一"事实"，可能会让他体悟到时间的宝贵，从而担负起生命的责任，努力过更有意义的生活；同时也有一定的"风险"，这个人可能因恐惧死亡而陷入焦虑不安之中，再也无法自在地生活。

只是，无论我们是勇敢接纳，还是逃避、否认，死亡始终都在前方等着我们，或者就埋伏在我们身旁，时刻准备着"潜猎"我们。如果你不能确定在死亡来临时自己会不会惊慌失措，如果你意识到自己正在一天天地"逼近"死亡，并为此感到焦虑和无力，如果此刻的你已经准备好去正视和认识死亡，那么本书可以作为一个"陪伴者"，让你的求索之路不那么孤单。

然而，如果你还没有准备好去领悟自己和死亡的关系；或者你认为"遗忘"死亡能够更好地投入当下的生活中；又或者现在的你风华正茂、身强体健，认为自己怎么也不会死，思考死亡没有什么意义，那么请你务必慎重翻阅本书，因为这是一本关于死亡的书，而要深入地思考死亡不仅需要静下心来，还需要勇气和担当。

我不能保证本书可以有效地帮助你缓解焦虑，因为每个人都必须自己去面对死亡、感悟死亡，而接纳死亡发生在自己身上是一个艰难的过程。我也不能确定对于死亡要想多少、怎么想、在什么时候想才是合宜的，更加没有办法告诉你关于死亡问题的决断答案。本书可以看作作者思考死亡的过程的记录和总结，其中既有来自先贤智慧和近现代思想理论的启发与借鉴，又有作者自己个人的经验与感悟。

人是面向死亡的存在，活着时若能对死亡多一些思考，临死时可能就不致过于焦虑和恐惧。人的恐惧大多源于未知。或许多一点了解，我们会发现，死亡原来也可以不那么可怕。

一

尘归尘，土归土，无论贫穷富贵，生命最后还是归于一堆黄土。死亡看上去是如此简单，以至于我们很少为死亡做准备；又或者是如此凄凉，以至于我们会本能地竭力回避它。虽然我们知道世界上每时每刻都有人死去，死亡随时可能降临，但在潜意识里我们还是觉得死亡离自己很远，意外和不幸都是别人的。

受文化习俗的影响，也受潜意识中对死亡的恐惧制约，平日里大家一般会回避谈论和死亡相关的话题。我们会下意识地否认死亡，而活在一个"看不见"死亡的世界里。否认死亡的倾向在生命早期就会表现出来，例如，不同文化背景下的儿童都会玩一些死而复生的游戏。弗洛伊德甚至认为，宗教是人类否认死亡的一个发明。

有人认为，既然死亡是不可避免的，那么谈论它就没有意义。但实际上，如果谈到死亡的话题让你感到恐惧，那么你更需要去认识死亡。因为回避和否认死亡，往往会让我们在死亡来临时不知所措，所以悔恨和恐惧也更为强烈。此外，逃避死亡还容易让我们产生一种错觉，好像我们可以永远活着，以致未能早早地为死亡做些准备。

我们自出生起就与死亡结合在一起，终有一死是每个人无法逃脱也无法改变的命运。即使我们有意回避死亡，内心深处对于死亡的焦虑也会在潜意识里影响我们。

余德慧在《中国人的生命转化》一书的自序中写道："发现自己"只是完成了生命的前半段，而"发现死亡"才使生命进入后半段。这句话可以从两方面来理解：一是"发现自己"需要一定的心智基础，对"我"的发现和认同是生命的重要任务之一；二是发现死亡、自觉地思考死亡是人的主体意识觉醒的体现，是一个人真正走向成熟的必经环节。只有当一个人真正意识到生命的有限时，他才会懂得爱惜自己的生命，才可能找到真实的自我。

> 人不过是一根芦苇，是自然界最脆弱的东西，但他是一根会思考的芦苇。不需要整个宇宙武装起来才能毁灭他，一口气、一滴水就足以剥夺他的生命。但即使宇宙要毁灭他，他也比置他于死地的宇宙要高贵得多，因为他知道自己将要死亡，他知道宇宙相对于他的优势，而宇宙对此一无所知。[1]
> ——帕斯卡《人是一根会思考的芦苇》

1　帕斯卡.人是一根会思考的芦苇[M].郭向南,编译.北京:北京联合出版公司,2017: 203.

正因为能够意识到自己的存在，也唯有当自我意识形成之后，我们才终会意识到自己终有一死。可以说，死亡意识是人类自我意识发展的必然结果。在所有的生物中，也只有人类能明确地意识到自己是必死的。求证到"人必有一死"，不是无关痛痒的知识，不是纯粹的逻辑推理，也不仅仅是哲学思辨的题材，而是最能震撼我们生命的事件。

如何理解死亡涉及生命的终极关怀，对一个人的人生旅程有重要影响。可以说，唯有在面对死亡之时，一个人的自我才会真正诞生。在发现死亡并接纳它之后，自我力量也会发展得更为强大。只有当人把死亡纳入生命的过程里，生命存在的意义才能显露出来。肯·威尔伯在《没有疆界》中也指出：只有认识、接受死亡，才能真正发现生命的本质。

凯特琳·道蒂在《好好告别：关于死亡你不敢知道却应该知道的一切》中认为：我们越了解死亡，就越了解自己。死亡一直与我们的生命相伴而行。唯有在死亡和告别中穿梭的心灵，才能真正对生命充满敬畏。敢于正视死亡，直面生存的可怕悖论，我们才会更加珍惜生命，积极地筹划人生并努力实现生命的意义。关注死亡，思考自己的死亡，从不会太早，也不会太晚。事实上，正如蜡烛的燃尽不是在最后一秒才突然发生，死亡也不只是停止呼吸的那一瞬间。死之于生的意义，不在于终结，而在于开始。

二

一方面我们想活下去，另一方面我们又知道自己终有一死，而且随时可能会死，就难免会感到焦虑。这算是人类为自我意识付出的代价。欧文·亚隆在《直视骄阳：征服死亡恐惧》中写道：对死亡的焦虑已经注入人的存在的基本结构之中，几乎伴随着人的一生。

关于死亡的体验可能在胎儿期和婴儿期就开始出现，儿童在有死亡概念之前就会产生对死亡的恐惧。对人类来说，即使未面临死亡威胁，也会有死亡焦虑。

恐惧死亡并非愚蠢，也非懦弱，我们不必因恐惧死亡而自责或羞愧。厄内斯特·贝克尔在《拒斥死亡》中总结道，人类行为的动机在很大程度上源于一种无意识的努力，这种努力就是否认和超越死亡。死亡焦虑对人类的生存和发展提出了重大挑战。如果死亡焦虑持续而强烈地存在于我们的精神活动之中，我们就无法正常生活，它必须受到适当的压抑和纾解，我们才能保持正常的精神状态。

人们常常通过否认、压抑、隔离或移置等防御机制来应对死亡焦虑，因而死亡焦虑常被转化成各种各样的症状，例如很多人以其他恐惧来防御对死亡的恐惧。在现实生活中，很多人并没有意识到死亡焦虑一直在影响着自己的生活。如果形形色色的神经症是对死亡焦虑的防御，那么就可以解释为什么心理治疗需要那么长的时间了，因为它没有解决真正的问题——死亡焦虑。但是，死亡焦虑也可能遮蔽了真正的恐惧，例如有些人的死亡焦虑背后实则是害怕面对孤独或恐惧失去某个重要他人。

因为体验过病痛的折磨，所以我们会害怕生病，希望不再经历那样的痛苦。但是，死亡和生病不一样。我们既未经历过自己的死亡，也没有见过死后的世界，更没有人死而复生后，回来告诉我们死亡究竟是什么。即便真有这样的事发生，我们也未必会相信。但我们会对死后可能发生的事情做出种种假设：死了就什么都没有了，我们再也不存在了，永远地消失了；虽然我们的肉体死了，但我们的灵魂还在，我们还会以某种方式存在于另一个世界中……

当我们说某人死了，很多时候指的是生物学意义上的死亡。但是，医学上机能终止所代表的死亡，仅仅只是关于死亡的一种观点。对于一个人的死亡，人类创造了丰富的表达方式："他去了天堂""他永远活在我们心中""他只是重新进入生命的轮回""在他不朽的著作里，他的精神永存""他的生命在他孩子的身上延续着"等。从社会建构论的立场上来看，这些描述尽管各不相同，但都是对生物学观点的合理置换，从不同层面反映了人们对死亡的某种认知。这样说并不意味着我们要摒弃有关死亡的医学观点，而是把它们都当作一种选择。每个人都有自己关于死亡的判断和信念，我们不应断定自己对死亡的看法就是唯一的真理。

所谓的死亡，也许就是个"谎言"，是我们建构出来的。作家史铁生曾说：死，不过是活着的时候的一种想法。正因为我们认为死亡是不好的、可怕的，认为死是必然的、终结的和不可逆的，我们才产生了死亡恐惧。反之，如果我们认为死亡并非必然的、终结的、不可逆的，可能就不会对死感到恐惧和焦虑。因此，探索和梳理内心对待死亡的观念和态度有助于我们更好地理解自己的恐惧。

海德格尔认为，死亡就其本质而言向来都是"我"自己的死亡，任谁也不能从他人那里取走他的死；即使有人能够为他人赴死，也绝不意味着由此可以把他人的死取走分毫。[1] 死亡是一种"具身"体验，是每个人需要独自完成的功课。谁也没法替你去经历死亡，谁也替代不了你对死亡的思考。

三

人们在预想自己的死亡时会有各种假想，比如："如果我此刻就要死去，那我最大的遗憾是没能把更多的时间留给我的家人，没来得及告诉我爱的人'我爱你'，还有许多一直要做的事没去做，有许多想去的地方没去过""如果我知道自己的死期，那么在死之前我一定要见一见想见的人，交代一下后事，还要回到故乡，为自己选一块好地方"。

然而，由于我们已经习惯了活着，习惯了以为自己还可以活很久，

1　海德格尔.存在与时间（中文修订第二版）[M].陈嘉映，王庆节，译.北京：商务印书馆，2018：333.

所以对自身之死的想象很少能促使我们做出真正意义上的生命转变。度过生命危机之后，人们通常又会恢复到原先的状态，再次陷入日常生活的执迷之中，而把死亡推向遥远的未来。

> 我满心渴望的是有人爱我，记住我，为我感到惋惜。我希望去世后，至少应该在一些人的心里留下美好的记忆。令我追悔莫及的是，自己过于专心于工作上的事，而很少抽时间做些让他人的生活更幸福的事。如果能死里逃生，我觉得自己应该变成一个不同的人。可是，我活过来了，却没有像希望的那样，变成一个不同的我。[1]

不过，也有一些人由于有过和死亡擦肩而过的经历，比如在重大灾难或事故中得以幸存，或是因为罹患绝症知道自己命不久矣，因而体悟到死亡是生命周期的一个必经环节。其中不乏有些人进而对生死有了更加深刻和清醒的认识，以至于人生目标和生活方式也随之发生重大转变。常言道，生过一场大病，人生才能活得通透。正所谓由"病"入道，以"病"为修。

濒死体验可能会让我们的人生观发生改变，对生命的认知和体验也变得更加深刻。死亡让我们真切地感受到自己的渺小和生命的宝贵。当我们不再把自己看得那么重要，意识到自己的自私狭隘，或许我们会重新审视生命的意义和重要事情的次序，更加懂得珍惜生命和余生的时光，并用心感受许多简单而平凡的美好。正是死亡，让我们深切地意识到自己正活着以及去思考应该如何活着。

人本主义心理学家马斯洛在一次心脏病突发之后曾经写道："面对死亡又暂时从死亡中解脱，使世间一切事物显得如此珍贵，如此神圣，

1　本森.向死而生[M].邢锡范，译.哈尔滨：黑龙江教育出版社，2015：31.

如此美丽。我现在比任何时候都更强烈地热爱这一切，更渴望拥抱这一切，更情不可遏地要投身于这一切。我眼前的江河从未显得如此美丽……死亡，及其突然降临的可能性，使我们更有可能去爱，去热烈地爱。让我感到惊奇的是：我们居然能够如此热烈地去爱，居然能达到如此忘我的地步，居然可以相信自己永远不会死亡。"[1]

当然，也有些人在经历生死磨难后，不但没有从中领悟到什么智慧或重新审视人生的意义，反而陷入死亡恐惧的泥潭之中。对死亡临近的真切体验将他们的人生打得粉碎，当下的生活、精心的计划和辛苦经营的未来都蒙上了死亡的阴影。他们认为无论做什么，死亡最终都会毁灭所有的意义。对死亡的恐惧，反而使他们远离生活，无法享受生命。

我们不能总是依靠重病或意外事故来警示死亡就潜伏在身边，直到临死时才发现自己错过了生命中最重要的人和事。我们可以不必通过这些事情来被迫思考生与死的意义。我们为什么非要在将死之时才经历这个美妙的蜕变呢？更何况，并不是所有人都能幸运地死里逃生，都有机会站在死亡的脚下重新仰望生命。或许，我们可以在未面临死亡威胁时就向死亡寻求忠告和力量。

事实上，人人都在生死、死生中。我们每一刻都在死，也都在生。别因为要死了才去做或者不去做某些事情。那些我们在面临死亡威胁时感到重要的东西，应该在此前就一样的重要。

四

有的人无法面对和接受终有一死的命运，要么拼命抗争，穷尽各种方法寻求长生不老之道；要么选择逃避，假装自己不会死，在纸醉金迷中用各种欲望填补内心的空虚，只在乎此刻的享乐；要么陷入恐惧，活

1　梅.爱与意志[M].冯川，译.北京：国际文化出版公司，1998：100.

在焦躁不安之中，无论做什么都担惊受怕、畏首畏尾，总担心会出什么意外。

向死存在是人生存的基本现实。无论我们用什么方法逃避死亡，最终都只能在逃避死亡的企图中虽生犹死。当一个人拼命抗拒死亡，其结果便是使生活本身成了恐惧。为了逃避死亡，人可能会自我限制，拒绝很多发展的机会。逃避和压抑不会减少恐惧，只会让人越来越焦虑。当死亡真正降临时，这种被压抑的恐惧很可能会爆发，悔恨、遗憾、不甘才是伴随死亡而来的真正折磨。

正是因为有了死亡，生命才显得弥足珍贵。如果一个人能够将死亡当作引导自己如何生活的导师，时刻为死亡做好准备，那么当死亡来临时，他知道自己已经完成了自己认为重要的事，这种无悔的心安足以帮助他坦然地迎接死亡的到来。因为，至少对他而言，他的一生是有意义和有价值的。

即使到了生命的最后，我们仍不能坦然地接受死亡，但我们可以先从认识并接受自己的死亡焦虑做起，而不是一味地退缩到神经症性防御机制中，让死亡焦虑不断消耗我们的生命能量。

人的生与死可分为两种：一种是肉体的生与死，一种是精神的生与死。有人说，死者只有在生者最后一次提起他的名字时才真正死去。我们越是把自己看作一个孤立的实体，就越惧怕死亡。也许我们真正害怕的不是肉体的死亡，而是自己会完全消失，就仿佛从来没有存在过一样。为了获得更为全面的觉知，我们必须从"自我中心"的镣铐中解放出来。成熟就是从自我中心不断社会化的过程，意识到自己并非世界的中心。我们越是认为自己很重要，不能放下以自我为中心的执念，就越不能从死亡焦虑中解脱出来。

生而为人，我们是不幸的，因为我们清楚地知道自己的生命如此有限，死亡是我们无法逃脱的结局；生而为人，我们又是幸运的，因为我们能意识到自己的存在，在死亡焦虑中学会珍惜，寻求和实现生命的意义。也许，终有一天，我们会意识到自己正站在虚无面前，然而因为我们真正活过，知道自己已经从这虚无中生长出意义，所以我们不至于惶恐不安。

五

生命需要被安顿。一个人如果从来没有认真思考过死亡，这可能是一种不幸，因为死亡是每个人最终必须面对的现实，而且不一定直到年老的时候才会发生。"我以前认为死亡永远不会发生，或是如果发生的话，我差不多也得八十岁了。但是现在，我认识到死亡可以发生在任何时间、任何地点，不论你是怎样度过一生的。在面对死亡之前，人们对死亡都只有非常有限的感知。"[1]

真正接受人必有一死的事实可以改变我们的生活方式和理念。当我们开始思考人生的谢幕方式，为自己的死亡早做准备，也许我们的人生会不一样。

伊丽莎白·库伯勒-罗斯在《论死亡和濒临死亡》中说道："如果我们所有的人都能竭尽全力去关注自身死亡的问题，去勇敢应对围绕自身的死亡这一概念而产生的种种焦虑，去帮助其他人知悉这些想法，可能我们身边的很多危害因素就会因此而减少。"[2]一个人越是深入地思考死亡及其意义，越有助于其从那些本不重要的事件中解脱出来，并过上一种更为真实、更有生机、更富创造力的生活。

本书不但关注人对死亡的理解和感受，而且关注死亡焦虑对人的影响，以及如何在存有死亡焦虑的境况下更好地活着。我们需要认识到自己随时会死，并在知道自己会死的情况下仍然好好地活下去。思考死亡，

1　亚隆. 存在主义心理治疗[M]. 黄峥，张怡玲，沈东郁，译.北京：商务印书馆，2015：182.

2　罗斯.论死亡和濒临死亡[M].邱谨，译.广州：广东经济出版社，2005：11.

其实也是在思考如何活着。正视死亡，也许我们的心会变得更加清明，我们才能放下内心的偏见和傲慢，放下那些自以为是的漫不经心，珍惜那些生命中最平凡的瞬间。

期望阅读本书能够丰富你对死亡的理解。当然，我们没有办法让你真正体验死亡，也不可能把死亡的真相解释清楚，只能帮助你亲近自己的死亡，认识到死亡是无所不在的，希望你能够理解生命的真意，从而对生命更加自觉，并在临死之前求取一份明白。

死亡是我们每个人的必修课。你想，或者不想，死亡就在那里，它令人惶惑，令人敬畏。正是死亡让我们体会到生命的神圣，体验到自己真实地活着。死亡教导我们敬畏生命，知道自己的无知与渺小，明白所有生命在本质上都是平等的。死亡让我们警醒，反思自己的存在。如果没有死亡，生命或许会成为一场永无止境的梦幻。

死亡本身不是问题，如何看待死亡才是问题。每个人都在建构自己的死亡概念。人创造了死亡，死亡反过来也创造了人。生是一种当然，死亦是一种当然。死亡，很重要，也不那么重要。愿你知道死亡、理解死亡，然后好好去爱，好好过完这一生。

第一章　焦虑死亡

在死亡来临前，没有人能真正知道自己是否会惧怕它。[1]

——卡尔·罗杰斯

在成长过程中，随着自我意识的增强，个体开始体验到自己的有限，认识到死亡会无情地终结自己所拥有的一切。获得这种认知死亡的能力，可谓生而为人的重大事件，但也可能导致我们陷入"我会死"的焦虑不安中。大多数人在意识到自己总有一天会死之后，恐怕都无法摆脱对死亡的恐惧和焦虑。

一些进化心理学家认为，如果要追问人类的何种情绪最为古老，那么答案一定是恐惧；而在所有的恐惧当中，有一种恐惧最为恐怖，那就是死亡恐惧。[2]人类早期发展阶段的生存环境和生活条件十分恶劣，面临着各种天灾、人祸和猛兽的袭击，还要提防其他部落的偷袭，随时面临着不可预知的死亡威胁。不仅从肉体的变化上看，死亡是冰冷的，甚至是血腥的，而且从精神方面来看，它也是残酷的，让人阴阳相隔。

一些临终病人之所以忍受痛苦也要坚持治疗，除了有求生意志的努力之外，还因为对死亡有着强烈的恐惧。死亡是如此可怕，以至于我们

1　罗杰斯.罗杰斯著作精粹[M].刘毅, 钟华, 译.北京: 中国人民大学出版社, 2006: 47.

2　沃尔顿.人性: 情绪的历史[M].王锦, 刘建鸿, 等译.上海: 上海科学普及出版社, 2007: 4.

一想到它，恐惧和焦虑就会自动袭来。死亡焦虑是人类生存处境的一部分。死亡的威胁无处不在，瘟疫、车祸、暴动、地震、安全事故等威胁生命安全的因素越来越多，人们更为频繁地感知到死亡的切实存在并由此引发焦虑。

在身处险境时的不安全感后面，在懦弱和压抑感后面，往往潜伏着基本的死亡焦虑。按照存在主义心理学的观点，几乎所有的焦虑都是由死亡焦虑延伸出来的，而各种自我防御机制最终也是为了应对死亡焦虑。每个人都有死亡焦虑，也都在以自己的方式应对死亡焦虑。由于生活经历和所处的社会环境各不相同，人们的死亡焦虑在类型和强度方面都存在较大差异。怕死未必非男儿，不怕死的未必都是英雄。一个正直善良的人，清白无私地度过了自己的一生，临近死亡时可能由于焦虑而不知所措；一个自私邪恶的人，一生的大部分时间只追求享乐和私利，最后却可能毫无畏惧地和生命告别。

许多看似和死亡并没有多大关联的行为，却可能是人们发展出的各种否认、逃避和缓解死亡焦虑的方式，如酗酒、疯狂娱乐、痴迷性爱等。我们可以把这些行为看作人们应对死亡焦虑的权宜之计。但这些行为往往只是暂时释放人的紧张和焦虑，并没有真正解决问题。当一个行为被用来逃避、对抗焦虑时，它就容易失控，变得具有强迫性。可以认为，对于死亡的恐惧和焦虑永远存在于我们的精神活动之中，并影响着我们的生活方式。

许多人不再直面自己的死，而是通过各种方式把死亡压抑到无意识之中。这样导致的一个问题是，人不再看见死的真意所在。不正视死亡焦虑，生命就会变成一场抵抗死亡的战斗，在抗拒死亡的过程中耗尽余生。

第一节 死亡焦虑的内涵

"我总是有害怕的感觉。我小时候胆小、害羞、敏感。我现在既害怕衰老，又害怕死亡。我当然知道大家都会死，道理虽懂，可就是平息不了这种恐惧。我参加过心理研究学会，参加过多次的集会，读过一些大师论及死亡的书，但恐惧感还是挥之不去。我接受过精神分析，但一点用都没有。这成了我的大问题。我半夜里常会做噩梦以致惊醒，这些噩梦都和死亡有关。非常奇怪，我就是恐惧死亡。我没有得神经衰弱，但总有一天我会患上神经衰弱。我想方设法驱除这种恐惧，千方百计逃避它，可是躲来躲去，到末了还是躲不过它。讨论轮回的演讲我已听过好几次了，这些演讲愚蠢极了。我研究过佛教、印度教的经典，但还是无法找到满意的答案。恐惧死亡，我不是表面上的，而是内心深处害怕极了。"[1]

求生是人的自然本能，死亡是我们最不愿意面对的。我们很难接受自己终究要从这个世界上消失的事实。恐惧和焦虑是人面对死亡时最常见的情绪反应。对死亡的恐惧是人类焦虑的根本来源之一。

我们尚未经历死亡就会产生死亡恐惧。威胁生命的事件都可能让我们意识到死亡的存在，进而触发我们的死亡焦虑。死亡焦虑是指对即将到来的或终将到来的死亡产生恐惧、焦虑、不解、不安等复杂的有意识的或无意识的心理状态。[2] 在这种状态中，人意识到自己必有一死，随时可能会死，进而感到自己的渺小和脆弱，并且对此感到无能为力。

客体关系精神分析师梅兰妮·克莱因认为，死亡焦虑源自有机体内

1 克里希那穆提.生与死的冥想[M].唐发铙，译.上海：学林出版社，2007：20-21.

2 白福宝.论死亡焦虑的本质[J].医学与哲学（A），2015,36(10)：40-42+49.

部的死亡本能的作用，并且通过惧怕被毁灭或被迫害的方式呈现出来。[1]
在她看来，婴儿自出生伊始就从内在产生对死亡和毁灭的恐惧。死亡焦
虑是我们在生命早期就有的体验。大多数人的死亡焦虑常常伴随着对毁
灭、虚无或被遗弃的恐惧。

一、是焦虑而非恐惧

一方面，我们知道自己不可避免地会走向死亡，感到十分痛苦和
恐惧；另一方面，死亡又充满了未知，令人焦虑不安，我们不确定自己
何时以及如何死亡，也不知道死后会如何。每一个人都会有死亡恐惧和
死亡焦虑。那么，死亡恐惧和死亡焦虑的内涵有何相似或不同之处吗？

关于恐惧与焦虑的区别，一种常见的观点是：恐惧是针对特定威胁
或危险的反应，人在恐惧时一般知道威胁自己的是什么；而焦虑一般被
认为是一种预期性的反应，是一种处于弥散状态的不安，它的对象是非
特定的，或是面对危险时的无力感和无助感。我们在焦虑时常常会体验
到一种被困住的感觉，惶惶然若灾祸将临，但又说不出所以然，不知道
自己为什么焦虑或不知道要采取什么方法来应对。

那么，死亡焦虑和死亡恐惧的关系到底是怎样的呢？

死亡恐惧和死亡焦虑有一个共同的指涉——死亡。当死亡成为一个
近在眼前的威胁时，我们几乎都会有死亡恐惧，因为我们是在回应一起
具体的威胁生命安全的事件；我们也可能会有死亡焦虑，因为只要死亡
尚未发生，它仍然是一起将来的威胁事件。活着的人都没有真正死过，
而死亡一旦发生就成为过去了——人就没有心智再去思考死亡。

死亡恐惧有着抽象的一面，也有具体的一面：说它是抽象的，因为
它有时只是一种观念和想象；说它是具体的，因为有时它确实就在你的

1　鲍尔比.依恋三部曲（第二卷）：分离[M].万巨玲，等译.北京：世界图书出版公司，2017：91.

面前。[1] 例如，当路过车祸现场时，我们很可能会意识到生命的脆弱，进而诱发对死亡的恐惧。得知自己患上绝症的人都会受到死亡恐惧的困扰。与死亡相关的各种体验，如严重的疾病和伤害，会让人们意识到死亡的存在，但这种经历与死亡焦虑的联结也可能完全是无意识的。[2] 人在面对自身的死时都会感到无助，因为我们无法通过自己的努力阻止死亡的降临。

然而，死亡恐惧和死亡焦虑的指涉也有一些不同的地方。

保罗·蒂利希认为，死亡恐惧和死亡焦虑的不同在于：死亡恐惧的对象是亲自参与的事件，如因疾病或意外事故致死并因此遭受剧痛和丧失一切；死亡焦虑的对象是"死后"绝对的无知，即非存在。[3] 意即，死亡恐惧的关注点在于"死"本身，害怕死的过程或结果；而死亡焦虑是对最终的非存在的焦虑。

死亡恐惧一般是在身患重病、亲人离世或遭遇其他威胁生命事件等情况下产生的情绪反应，这种情绪状态比较容易被观察到和识别出来。假若医生拿着你的体检报告，带着一种遗憾的口吻对你说："对不起，你得了一种不治之症，我们预计，你最多只能活一个月了。"那么你此刻一般会感到震惊和恐惧。我们会认为这主要是死亡恐惧，因为你的反应是针对当下发生的事情。此时，你对死亡的恐惧也会表现得较为具体，譬如"垂死的过程可能很痛苦""我再也不能有任何经历了""所有的计划和希望都结束了""我担心我的死会给亲友带去悲痛"等。

死亡焦虑在时间上更多地指向未来，主要是指一个人对自身的死产生的预期性悲伤和焦虑。有些人总是忍不住会预先想象自己的死，"虽然我现在还活着，但总有一天我会死去，化为灰烬，我感到很恐慌"。当我们处于死亡焦虑中时，通常对死亡的必然性和不确定性有较强的体

---

1 克里希那穆提.恐惧的由来[M].凯峰，译.上海：学林出版社，2007：94.

2 Langs R.Death Anxiety and Clinical Practice[M].London: Karnac Books, 1997:13.

3 蒂利希.存在的勇气[M].成显聪，王作虹，译.贵阳：贵州人民出版社，1988：35.

验。死亡焦虑具有弥漫性，对我们的影响更为广泛。

> "并非我喜欢死亡，我恨它都来不及。因为时不时想起它，就如想起一个我们尚未钟情的女人，现在对死亡的思考已经完全融于我大脑的最深层，我不能做任何事情而不首先联想到死亡，即使我什么也不操心，处在完全休息的状态，我的脑子也始终想着死亡，正如不停地想着我自己。"[1]

面对 20 世纪 30 年代的经济危机，美国总统罗斯福在就职演说中谈道："真正让我们感到恐惧的，只是恐惧本身"。而所谓"对恐惧本身的恐惧"，其实就是一种焦虑。有时，我们对死亡的恐惧超过了死亡本身的威胁。对于必有一死的无能为力感，让我们对死亡感到十分焦虑，这也是对死亡的恐惧。

死亡恐惧和死亡焦虑又是相互包含的：死亡恐惧产生的刺痛就是焦虑，内心越是恐惧死亡就越容易焦虑；而死亡焦虑又常常力图转变成特定的恐惧，因为有了具体的恐惧情境，人往往就能采取一些措施来应对。在某种意义上可以说，死亡焦虑是从死亡恐惧中逐渐分离出来的。如果我们对死亡不再感到恐惧，也许就不会有死亡焦虑。如果有机体能够成功逃离或应对威胁的话，恐惧一般不会导致疾病；如果当事人无法逃离而被迫留在无法解决的冲突情境中，恐惧便可能转变成焦虑，身心的变化也会随之产生。[2]

当我们发现自己不仅对即将到来的死亡感到无能为力，也不能有效消除死亡恐惧的时候，死亡恐惧就可能演变成死亡焦虑。当死亡的威胁近在眼前，我们必须应付死亡的时候，原本的死亡焦虑就会有一部分转

1　普鲁斯特.追忆逝水年华（精华本）[M].沈志明，译.上海：上海译文出版社，2012：529.
2　梅.焦虑的意义[M].朱侃如，译.桂林：广西师范大学出版社，2010：79.

变为死亡恐惧，促使我们做一些准备以应对死亡的到来。如果一个人对死亡的觉察和认知让其整个人极度不安，以至于觉得自己的存在都受到了威胁，那么我们倾向于把这个人的心理状态称为死亡焦虑。

死亡恐惧可能是一时性的紧张和忧虑，威胁生命的事件过了之后就"消失"了，而死亡焦虑通常是持续的不安状态。当死亡恐惧被激起时，一个人对死亡感到恐惧的同时也会有焦虑，因为我们不能通过自己的努力使自己免于死亡。当死亡恐惧被压抑时，死亡恐惧可能被转化为死亡焦虑。

简言之，死亡焦虑比死亡恐惧所涵盖的范围更广。除了源于对死亡的恐惧之外，死亡焦虑还可能是分离焦虑演变和发展的结果。由死亡焦虑引发的各种防御机制，也就成为个体人格发展的主要动力机制。死亡焦虑无处不在，与我们如影随形。

二、我们在焦虑什么

我会不会死得不明不白？我的病会不会拖太久，导致我无法自理而成为别人的麻烦？我会不会在未准备妥当之前就死掉？我死后身体会如何？当我的身体腐烂或被火化时我会有知觉吗？死后我会见到那些已经去世的亲人和朋友吗？会有哪些人来参加我的葬礼？哪些人会为我的死而悲伤？我所爱的人会如何哀悼我，他们将来会幸福吗？我死后人们会如何讨论我的一生？如果有来生，我的来生究竟会怎样？

我们难以长时间地忍受死亡焦虑，所以常常转移死亡焦虑并去确立具体的恐惧对象。因为一旦有了恐惧的对象，我们就能够为此做一些应对，死亡焦虑也能得到一定的缓解。那么当我们有死亡焦虑时，我们到底在焦虑什么呢？

在人生的不同发展阶段，我们的死亡焦虑也会有不同的表现。有的人害怕身体腐烂；有的人担忧自己死了之后不能够尽孝，或是孩子无法得到更好的照顾；也有的人害怕死后再也见不到自己所爱的人；还有的人恐惧死后的未知世界。除了死亡本身之外，可怕的事还有走向死亡的过程——各种疾病的折磨以及伴随衰老而来的孤独和无助。有时候我们恐惧的不是死亡本身，而是伴随死亡而来的其他事情。

由于文化信仰的差异，中西方文化所说的死亡焦虑不能完全等同。西方人的死亡焦虑多半有宗教信仰的根源，例如恐惧死后的末日审判和惩罚，不确定灵魂究竟是上天堂还是下地狱。基督教告诉人们，人死后灵魂可以升入天堂，得到永恒的幸福；但也可能进入地狱，在那里将遭受难以形容的煎熬。西方人的死亡焦虑至少有两种：一是对神的恐惧，恐惧死后受到惩罚，担心自己永远地死去而无法复活；二是对死亡本身的焦虑，来自对死后断灭的预期，聚焦于个人世界的彻底毁灭。

中国传统文化里没有"原罪"与"救赎"的元素。中国文化重生轻死，中国人的死亡焦虑更多的指害怕死亡所带来的结果，害怕生命突然中断而未能尽到人生的使命。例如，如果还有老人需要赡养，或有未成家立业的子女需要抚养，那么中国人多半会觉得自己的人生使命尚未完成。在中国农村，很多人认为在子女成家立业之前自己不能死。而到了老年，一般人生使命已经基本完成，若是还有儿孙绕膝，面对即将来临的死亡，中国人一般就比较能够接受，对死也没那么恐惧。

> 季路问事鬼神。子曰："未能事人，焉能事鬼？"曰："敢问死。"曰："未知生，焉知死？"[1]
>
> ——《论语·先进篇》

中国文化没有浓郁的宗教氛围，没有把希望寄托在死后世界，而是关注现世和生命的价值。例如，儒家重生轻死，主张对死亡采取存而不

1　杨伯峻.论语译注[M].北京：中华书局，2019：159.

论的态度，认为如果人生之事尚未处理好，就不应过多考虑死后去向、鬼神之事。儒家还重视道，重视伦理和孝道。对多数中国人来说，如果在死之前尽了忠孝，立了功、德、言，那么便超越了死亡，也就会少有死亡焦虑。特别是在儒家看来，一切对于死亡的恐惧和焦虑，一切对于死亡的自欺欺人的美化，都是非理智、非现实和徒劳无益的；人生只有一次，唯有在此生此世努力奋进，充分发掘人生的内在价值，才是真正明智的人生态度。[1]

（一）对垂死的恐惧和焦虑

"受伤后，我并不担心自己会死去，但我害怕病魔缠身、拖着不死、多年虚弱地躺在病床上，什么都不能做，被迫休息，生无可恋，自怨自艾，谨遵医嘱而活，为一些鸡毛蒜皮的事烦恼……我害怕那种令人无法忍受的生活！我不能那样苦度余生。"[2]

罗杰斯在谈到死亡时说："我想当死亡来临时感觉很可能像是被麻醉了似的，但是我从未对死亡真正感到过深深的恐惧。就我而言，我对死亡的恐惧与环境有关。我害怕会导致死亡的任何长期而痛苦的疾病。我害怕由于中风而导致的思维老化或部分脑损伤。我更愿意迅速死去，在还未丧失自尊前就死去。"[3]

有时候，我们恐惧的不是死亡本身，而是伴随死亡而来的伤痛和悲苦，惧怕疾病带来的痛苦和濒死的惨状——形销骨立、面目全非。我们在生活中有时会见到一些人在临终阶段经历身体和精神上的巨大折磨。从这个角度来看，癌症给人们带来的恐惧，并不完全来自存活概率的微

---

1 吴兴勇.论死生[M].北京：人民出版社，2011：83.

2 本森.向死而生[M].邢锡范，译.哈尔滨：黑龙江教育出版社，2015：2.

3 罗杰斯.罗杰斯著作精粹[M].刘毅，钟华，译.北京：中国人民大学出版社，2006：47.

小，也有来自癌症所带来的病痛和身体摧残。几乎每个临终患者都曾想过自杀，而自杀的想法通常与不能忍受的疼痛有关。

死并不可怕，可怕的是生不如死。现如今，死亡的过程在很多方面都令人畏惧，变得机械化和缺乏人性，很多临终患者丧失了对自己的控制。"我不想躺在 ICU 里神志不清、呼吸困难，无法进食，大小便失禁，用插管来延长生命，我害怕漫长的死亡过程会折磨得我苦不堪言。"有时候，一个垂死的患者在医院里所经历的治疗只是在延长濒死而已，其生活质量和内心体验被严重忽视。医疗的过度介入使得自然死亡逐渐被技术死亡所代替。死亡日益失去个性和自然性，很多人不能如愿地死在自己熟悉和喜爱的环境里。

一些老年人对死后的恐惧逐渐消失，而更害怕死亡的过程：病痛的折磨，体力和精神活动的衰退，不能再做自己喜欢的事，逐渐丧失自理能力，不得不依赖他人的照料和护理，担心被子女或社会遗弃。一个老人在接受访谈时说道："想起自己的临终，虽还不能确定会是什么情况，但只要一想起，就会不寒而栗，我怕自己到时候没有活力，如厕不能自理，完全依赖他人，最后不得不在无数医疗设备的包围中孤独地死去。"

有些人的死亡焦虑实则是在恐惧垂死过程中的机能丧失。人会因衰老而做不了许多原先可以做到的事情。有时，与死亡相比，人们更加害怕自己需要他人照顾，在经济、身体或情感上成为他人的负担。一个垂死的患者不能够自己穿衣、吃饭或如厕，不能承担社会角色的责任和义务，会影响到他的自尊。

人临终时也应该享有基本的体面和尊严，这是我们及社会应该努力去做的事情。我们不应该忽视患者对尊严和生命质量的需求。所幸，解除疼痛以及如何使临终患者感觉舒适已经成为临终关怀的重要议题之一。减免痛苦、保证生存品质、保持心智的清醒、维持自理和自主活动的能力等，正在日益成为医疗优先考虑的临终护理原则。医疗救助的终极目标应该聚焦于如何让人恢复和保持有意义、有质量的生活。医生除了尊重患者的意愿，也有职责引导患者及其家属更加理性、客观地对待疾病与死亡。

美国一家慈善基金机构起草了一份"生前预嘱"参考文本："如果在未来某一时刻我无法决定自己临终时的各种问题，我愿这一声明能清楚表达我的意愿：如果我康复无望，那么我要求死亡，不要用人工方式和其他极端方式维持我的生命。我认为，死亡与出生、成长、成熟和年老一样是一种现实，一种必然。我害怕身体每况愈下、依赖别人和痛苦绝望所带来的屈辱远远超过害怕死亡。我请求从怜悯出发为我缓解晚期痛苦，即使这些做法也许会缩短我的生命。"

在临终关怀上，正确的心态与恰当的身体护理至少同等重要。临终是生命的一部分，不要因为临终而感到内疚或自卑。情绪上的痛苦会加剧身体的痛苦。平静而明智地与自己对话，对自己想要采取的医疗或康复方案充满积极期待。不要过分沉浸在绝望和悲伤的情绪里，因为绝望和悲伤不仅不能帮助我们减少痛苦，还可能影响我们做出明智的决定。

每个人的死亡经历都是独一无二的，并非人人都会在痛苦中死去。没有痛苦地离世也许是最为理想的情况。有的人为实现某种成就而可以忍受巨大的生理痛苦，或宁愿牺牲生命也要保护自己所爱的人。死亡的那一刻是痛苦无比，还是温暖安详，我们不得而知。很多"死而复生"的人宣称，他们在濒死的那一刻被漫无边际的爱和温暖包围着。一个因心脏病发作而被救过来的女性在事后说："我体验到了最美好的感觉。我只觉得平和、自在、轻松，到处一片宁静。所有烦恼都不见了，我心里想：'真是宁静平和啊，我再也不会痛了。'"[1] 愿每个人在生命的最后一程都被温柔以待，在安详中度过。

1　穆迪.生命不息[M].林宏涛，译.北京：世界图书出版公司，2014：17.

（二）对终结的恐惧和焦虑

似乎没有人能够接受死后自我就完全毁灭，我的一位来访者说："当我死了，那时将不再有一个我，对其他人来说，世界还会存在下去，但对我来说，我再也不能有任何经历，再也感知不到这个世界了。一想到这些，恐惧和虚无几乎吞噬了我。"死亡要终结的正是这个具有意识的"我"。人一旦进入非存在状态，便意味着他彻底失去了自我。有位来访者说："一想到几十年后自己将在世界上消失，我就恐惧得快要发疯了。"一个人越想保住自我，其对死亡的恐惧就会越强烈。

从开始意识到"我"的存在那天起，多数人就一直承受着对"我"的毁灭的恐惧。对死亡的思考也多起因于直面"我将不存在"的事实。有人说："死亡意味着'自我感'被摧毁，意味着自我主体意识将要消失。"还有人说："我对死亡最大的焦虑是害怕失去灵魂，害怕死后自身不复存在。"想想看，如果死后你的生命化为虚无，肉体和意识都完全消失，不复存在，你能够接受吗？死亡焦虑就包括对陷入虚无的恐惧，对自我断灭的强烈不安。对一些人来说，如果所谓的永生不能让"自我"一直延续，那压根儿就不是他们所追求的永生。

俄国作家陀思妥耶夫斯基在小说《白痴》中写道："请想一想：就拿肉刑来说吧，这当然是折磨，皮肉痛苦，身体受伤，可这一切能把注意力从灵魂的痛苦引开去，这样便只消忍受伤痛的折磨，直到死去。其实，最主要、最剧烈的痛苦也许不在于身体的创伤，而在于明明白白地知道：再过一小时，再过十分钟，再过半分钟，现在，马上——灵魂就要飞出躯壳，你再也不是人了，而这是毫无疑问的，主要的是毫无疑问。"[1] 陀思妥耶夫斯基在这里明确表示，死亡给人的最大痛苦并不是肉体上的痛苦，而是灵魂的折磨和毁灭。

1　黄应全.死亡与解脱[M].北京：作家出版社，1997：69.

　　死意味着"我"将与这个世界完全隔绝，和这个世界再没什么关系，不能再经历任何生命的美好，这引发了人们深深的恐惧和痛苦。很多人害怕死了就要与所爱的人分离，害怕死亡会剥夺他们所拥有的一切。在死亡面前，我们所有的关系和所拥有的一切都将丧失，而且是无法挽回地丧失。

　　死亡焦虑有一部分就源于我们对生命的爱恋和执着，害怕失去自己所拥有的一切。人们积累所有物是为了扩展他们的自我感。所有物也帮助我们延伸了自我。弗洛姆认为，人们害怕的不是死亡，而是失去他们所拥有的东西：财产、爱人、身体、自我等。他说："防止对死亡的恐惧心理，不是说要做好死的准备，而是要不断减少重占有的价值取向……不管什么形式的财产，我们越能摆脱占有财产的要求，特别是摆脱我们的自我束缚，那么我们对死亡的恐惧也就越少。"[1]在弗洛姆看来，只要我们仍然生活在一种重占有的生存方式中，那我们就必然会害怕死亡。

　　眷恋生命，害怕失去自己所拥有的，恐惧便会油然而生。《般若波罗蜜多心经》有言：心无挂碍，无挂碍，故无有恐怖。心中无我，破除我执，也就无所恐惧。要想克服死亡焦虑，就不要把生命视为一种可以占有的财产。一个理想的死亡方式就是在死的时候能够放下一切，这要求我们尽早地从占有式的思维中解放出来。

（三）对猝死的恐惧和焦虑

> 当白发苍苍的老人有时可以，
> 逃脱残酷死亡的暴怒，
> 年轻的人啊，唉！可能在风华正茂时，
> 从人生的舞台退出。
> 啊，死神的猛烈打击多么凶残，

1　弗罗姆.占有还是生存[M].关山, 译.北京: 生活·读书·新知三联书店, 1989: 135.

没有护林人会像他这样；

将正在生长的雪松砍断，

把饱经风霜的朽木留藏。[1]

令人焦虑的不仅有死亡终将降临的必然性，还有它随时可能出现的不确定性。我们会担心死亡的不期而至，不知道死亡将会使我们如何丢脸，置我们于怎样的痛苦境地。一位中年女子在咨询中讲道："我不只担心自己突然死去，还担心丈夫和孩子在外面会遭遇不测，只要有家人开车上高速，我就像丢了魂一样。我自己也觉得这些念头很荒谬。但我越不去想这些，反而越克制不住。我几乎每天都被这些念头纠缠着，无法自拔。"还有一位男子说道："我的死亡焦虑和来生、虚无无关，我也不怕死后身体会腐烂，我只是担心我的事业和人生会因死亡而突然中断。"

死亡不仅不可避免，而且具有不确定性。生死无界，世事无常。有时候，相对于死亡本身，我们更害怕自己会猝死。因为这种死亡让人猝不及防，仿佛突然断电一样，我们的生命突然被拉入一片黑暗，一下就与世界切断了联系。如果人都能够寿终正寝，可以有计划、有准备地迎接死亡，或许我们就不太恐惧死亡了。

然而，生活经验告诉我们，只有一小部分人死于自然衰老，大部分人都死于各种疾病、天灾或人祸等。对大多数人而言，死亡总是来得比自己预想的要早。"死亡会更早到来"的这种可能性，使得死亡更加令人不安。如果觉得自己已经活够了，或许死亡就不那么令人焦虑了。亲人的死若是寿终正寝，通常我们较能释怀，总觉得这是比较正常的生命历程。在我们对自身死亡的想象中，不可避免地会对早死或猝死感

---

1 法努斯.墓志铭图书馆[M].黄兰岚,译.上海：上海文艺出版社,2019：346.

到恐惧和焦虑。

人们对长寿的期待和对猝死的排斥还与医疗技术的进步有关系。在传染病未得到有效防治的时代，人类死亡的一个主要原因就与传染病有关，例如肺结核、白喉、伤寒症、肺炎链球菌性败血病等。在医学不发达的地方，人们一般较能接受突发性死亡。而在一些医疗条件较好的地区，人的平均寿命更长，早死和猝死的现象较少，于是人们容易把医生神化，仿佛死亡也可以被战胜。

中国传统文化把生命的价值奠定于"事死如事生，事亡如事存"，把人的一生设计为修身、存心、尽性、穷理、知命与俟死的伦理过程。中国人讲的君子有终身之忧，忧惧的正是担心自己不能以生命历程来行善道。在中国文化中，"道"是比生命更重要的东西，与死亡本身相比，中国人更害怕"志向未竟、心愿未了"，即自己的"道"未能得以成全。这里的"道"往小了说可以是指个人的责任和使命，往大了说则关系到民族乃至全人类的大义之道。

人伦在中国人的日常生活中具有重要意义。在中国传统文化中，人的生命不完全属于自己，守身是与事亲连在一起的。《孝经·开宗明义章》里说："身体发肤，受之父母，不敢毁伤，孝之始也。立身行道，扬名于后世，以显父母，孝之终也。"生时要尽伦尽职，如果双亲还在世，自己突然去世的话就不能尽孝。如果一个人完成了人生应尽的义务，一般面对死亡就不会那么恐惧了。很多年轻的妈妈或爸爸在有了孩子后，死亡焦虑反而更容易显现出来。父母从他们对子女的爱中发现了自身易受死亡攻击的经验，害怕自己突然死亡会导致年幼的孩子无法得到更好的照顾。简言之，中国人对猝死的焦虑，更多地源于自身未竟的抱负和使命。

中国文化注重从个人同群体和社会的关联角度来考察生死问题，依据死者生前伦理尽责的情况来评价死者死亡的意义。如果死亡能够成就"道"，那么死就是有价值和有意义的。对于中国人来说，生不仅仅是个人的生，死也不只是个人的死。《道德经》中说：死而不亡者寿。身虽死而"道"犹存的人才是真正的长寿。死亡令人畏惧，猝死和早死更是让人战栗，但"人生有死，死得其所，夫复何恨"。

（四）对未知的恐惧和焦虑

> 人们想象出来的痛苦几乎是无法忍受的，人们经历的痛苦却总是可以忍受的。[1]
>
> ——弗朗索瓦·密特朗

人类的恐惧多源于未知。我们所承受的痛苦有时候就来自对未发生的灾难的想象。一个人之所以怕死，有时不仅因为他想继续活着，还因为他恐惧死后的种种未知，不能确定死后自己会到哪里去或成为什么样子。随着死亡的到来，我们将进入一个完全陌生的世界。对死后的不安与当前的死亡焦虑密不可分。我的一位来访者说："你不要以为我怕死，我只是害怕死后的事情。"

因为对死后的恐惧，有的患者在身体每况愈下之际还不愿意放弃任何医疗上的努力。莎士比亚在戏剧《一报还一报》中借克劳狄奥之口说："死后我们不知去往哪里……最令人厌恶的尘世生活，就算衰老、病痛、贫穷和牢狱的折磨，比起我们对死亡的恐惧，也算是天堂一般的享受。"[2]一些宗教强调上帝或神灵的审判，这可能加剧了人们对死亡的恐惧。如果死后一定会升入天堂，那么有些人可能就会含笑而死；但如果不确定自己能否上天堂，那么死亡焦虑可能就会持久地存在。对于生活在宗教背景下的人来说，对死后的恐惧可能更为突出。

---

1 桑德斯.穿越死亡：一位癌症患者的康复手记[M].王薇，译.北京：中国城市出版社，2003：22.

2 莎士比亚.一报还一报[M].彭发胜，译.北京：外语教学与研究出版社，2016：59.

例如，对佛教徒来说，死亡并不是最令人害怕的，最大的恐惧是堕入地狱、饿鬼或旁生中恒久忍受无量的痛苦。基督教把希望寄托在上帝的身上，认为上帝能拯救人的灵魂，使人死而复生。对那些不信仰上帝的人来说，死亡是真正的断灭，是上帝对人所犯罪过的惩罚。对那些心里对"信上帝得永生"存疑的人来说，或者那些生前不按戒律行事的人来说，对死后的恐惧可能就比较明显。经由对死后的恐惧，人类进入了伦理世界。"死使罪过得以显露"，这是伦理的畏惧。

伊斯兰教的一个传统观点是，真主创造了人，也决定了人的死亡。人死后，真主安拉会评判一个人生前的行为：有的人可以获得永远的幸福，有的人只能承受无尽的折磨。当死亡临近，向濒死的人诵读《古兰经》可以让他们获得解脱。对穆斯林来说，关于死亡最基本的信念是一个人应该知道他的生命和死亡与真主的意愿是一致的。这一方面令他们欣慰，另一方面也令他们担忧。

面对死亡，人们往往因为无知而感到恐惧，为不知死后会到哪里去而恐惧和不安。如果确切地知道死后会怎样，我们可能就不会那么焦虑了，也就不会说："我从来没有死过，所以我不知道我能够为死亡做些什么。"我们害怕自己不复存在，或进入一个未知的世界。对死亡的恐惧，迫使我们寻找一个未来或抓住一个未来。面对死亡，也许我们有时焦虑的不是死亡本身，而是虚无和未知。

死亡焦虑是一个多维的概念，其所涵盖的内容既存在文化差异，也存在个体差异。假设两个人都说自己有死亡焦虑，但他们实际上焦虑的内容可能大为不同。至于具体是何种类型的恐惧和焦虑，可能与个体的发展阶段及其对死亡的认识有关。一个人的死亡焦虑可能不止一种，而是包含多种。当一个人说他害怕死亡时，可能包含了上述的种种焦虑。有时候，我们所焦虑的事情只不过是我们自己的想象而已，并不是必然发生或已经发生的事实。

第二节　死亡焦虑的特征

　　我从小就害怕一切与死亡有关的事情。六七岁的时候，我看到电视正在播放一个战争题材的电视剧，子弹咻咻地在耳边扫射而过，阵地上双方都死了很多人，场面非常惊悚，画面中散乱一地的尸体和血迹把我吓到了，一股寒流把我从头到脚穿透了，我吓得直发抖，指着电视机大叫。妈妈跑过来关掉电视机，把我抱在怀里反复哄，我才渐渐平静下来。从那以后，只要一看到死人的场面，我就很恐惧，胆子也越来越小，怕黑、怕鬼、怕死人。有时，爸妈问我长大后要不要去当兵。我第一个反应就是，打死也不去当兵，当兵会死人的。

　　长大以后，我对与死亡有关的字眼特别敏感，如果小区里有老人过世，看到讣告、花圈，听到哀乐，我都会胆战心惊，心跳加快，肌肉紧张，接着便全身冒汗。一年前，一个小我一岁的同学被查出患上了肠癌，不到两个月就死了，这个消息对我来说更是沉重的打击。我不敢去送他最后一程，因为我害怕花圈和尸体。但越是害怕，我又越是好奇，我同学怎么会患肠癌呢，年纪轻轻的，生命竟然如此脆弱！癌症给我造成了可怕的阴影。我联想到自己，想着不知哪一天我也会像我同学一样离开这个世界，那我现在拼命工作有什么用，到头来横竖都是一死。如果真是这样，那活着还有什么意义呢。

　　有人形象地说："我若是死了，我的脑袋、肚子和四肢都会腐烂发臭。一想到这些，我心里就泛起恶心，但我还是摆脱不掉这些念头，心里害怕得要命。"当死亡意识觉醒时，我们就不得不面对内心深处的死亡焦虑。在许多情况下，死亡焦虑是一种正常反应，是出于自我保存的需要。当认识到自身存在死亡的可能性时，人们就会感到焦虑。

　　对于必有一死的命运，我们无力改变，自然就会心生恐惧。对死亡的恐惧就像无法摆脱的梦魇一样折磨着我们的心灵。在生命的早期，如果经历过亲人、朋友的死亡，感受到生命的脆弱和死亡的恐怖，那么个体一般就会较早地出现死亡焦虑。在长程而高频的心理治疗中，死亡焦虑几乎都是一个不可避免的治疗主题。真正的心理治疗也必然要帮助病人带着尊严和勇气去面对并接受生活中那些赤裸裸的生存事实——沮丧、失望、疾病、邪恶和死亡。

一旦认识到死亡是必然的、终结的和不可逆的，自己难以摆脱死亡对生命的有限性规定，我们就很容易产生死亡焦虑。即使我们能够接受死亡的存在，想到死亡时也难免会有或多或少的焦虑。我们常常忽视、压抑或否认自身的死亡焦虑，殊不知，它一直都在影响着我们。死亡焦虑是我们人生中需要面对的一个非常重要的主题。

一个人如果过于专注死亡，内心可能就无法安宁，甚至失去活着的勇气和信心。透过死亡焦虑，我们可以了解人类的很多焦虑和恐惧。有些人的死亡焦虑过于强烈，导致自我防御机制过于僵化，这些防御机制阻碍了人格的成长，并使他们产生更多的焦虑。

一、普遍性

人一旦有了自我意识，基本都能通过直觉感受到死亡的存在，意识到自己的弱小和不足。即使是年幼的孩子，也能想到死亡这回事。舍勒在《死·永生·上帝》中强调："一个人，即便他是地球上唯一的生灵，他也将以某种形式和方式认识到他受到死的侵袭；即使他从未看到其他生物遭受那种通向尸体现象的变化，他也知道死。"[1]一个人只要对自己的生命进行观察，就能知道生命有终止的一天。

伴随着对人会死的体证，人们就会感到恐惧和焦虑，这是生命求生本能的自然反应。克莱因认为，死亡恐惧是婴儿早期生命体验的一部分。

1　舍勒.死·永生·上帝[M].孙周兴，译.北京：中国人民大学出版社，2003：9.

虽然儿童对死亡的恐惧可能是模糊不清的，但它作为一种自我保护的本能很早就存在于人的精神活动中。即使儿童认为死亡是暂时的和可逆的，他们在想到死亡时也会感到焦虑。然而，成人通常比实际情况更少地认为儿童存有死亡焦虑。一个身体健康的正常人，即使没有遭遇重大疾病或面临其他死亡威胁，也可能产生严重的死亡焦虑。

在人的一生中，对生的渴望与对死的焦虑始终存在于人的心灵深处。特别是在各种重大灾难发生时，人们的死亡焦虑会表现得更加明显。生活中有许多事件可以诱发人的死亡焦虑，如不小心受伤、生病时虚弱的身体、听闻某个熟悉的人罹患绝症的消息、新闻和文学作品中对死亡的描述等。有时，哪怕只是想象与死亡相关的事件也会引发我们的死亡焦虑。一个三十岁的年轻人在受访时说道："我一直为死亡所困扰。从四岁时我知道我将会死去开始，这一烦恼就从未离开过我。我好像一下子就明白了，我无法为逃避死亡做任何事情。"

随着个性化的发展，我们更多地转向自身，更加关注自我发展的命运，对死亡的焦虑也随之增强。在孩童时期，我们便会注意到死去的动物以及慢慢衰老的祖父母。进入青春期，由于自我意识的觉醒，很多青少年会开始思考死亡，少数人偶尔还会产生自杀的想法。有些人通过讲述死亡笑话、观看恐怖电影或参与高冒险活动来缓解死亡焦虑。

面临退休或职业生涯受到严重威胁也会让人产生生命行将结束的伤感。死亡的必然性与不确定性使得人们对死亡有一种本能的焦虑。死亡焦虑是我们体验到的诸多困扰、压力和内心冲突的源泉，对其他焦虑障碍的形成起着重要作用。罗洛·梅认为，不论个人在青少年、老年或其他发展阶段，所产生的是什么样的神经性冲突，它们多半环绕在人类面对死亡时的无助与无能上。[1]那些莫名的焦虑以及无处不在的不安感，往

1　梅.焦虑的意义[M].朱侃如，译.桂林：广西师范大学出版社，2010：177.

往就是死亡焦虑的表现形式。

有些人认为自己不怕死，那可能是因为他们并不真正了解死——无知者无畏和勇敢是两码事。死亡焦虑之所以没有在一些人的心中占有分量，一个极其重要的原因在于他们尚未体悟到生命的有限性和死亡的确定无疑性；或者因为他们总是将自己沉湎于日常事务而"遗忘"了死亡，也就没有体验到死亡的可怕之处。对这些人来说，死亡焦虑虽然没有直接呈现在意识中心，它却转化为各种各样的防御和伪装，如出现反复就医的躯体化障碍，或是没有具体指向的广泛性焦虑症。那些视死如归的人并不是消除了对死亡的恐惧，而是某种极为强烈的感情在极短的一段时间内覆盖了对死亡的恐惧。

在无意识层面，我们每个人都希望自己能够永生，难以想象和接受自己必有一死，因此对死亡的焦虑包含了其他所有无意识的焦虑。[1] 可以说，死亡焦虑是一种根本性的焦虑，很多焦虑的背后都源于死亡焦虑。死亡焦虑是很多焦虑症患者的根源性问题。如果患者有严重的焦虑症，那么治疗师就要考虑其是否有死亡焦虑。我们对死亡的焦虑会泛化到或表现为对其他方面的恐惧。创伤后应激障碍通常和死亡焦虑存在正相关，创伤后应激障碍患者一般有较高水平的死亡焦虑。惊恐障碍也与患者的死亡焦虑有关。

衰老提醒着人们死亡即将来临，是引发死亡焦虑的重要事件。衰老意味着身体机能的退化，意味着正在失去曾经拥有的健康和能力。人到了中年之后，相比较身后已经走过的历程，前面所剩的路程变得越来越短；人们开始逐渐意识到死亡这一无法摆脱的事实，此时也就有了全新的紧迫感。[2] 一些人可能并不是真的害怕衰老，而是害怕死亡。可以认为，

1　Stolorow R.Perspectives on death anxiety: A review[J].Psychiatric Quarterly, 1973, 47(4): 473-486.

2　萨夫.性与家庭的客体关系观点[M].李迎潮, 闻锦玉, 译.北京: 世界图书出版公司, 2009: 237.

衰老焦虑是死亡焦虑的一种表现。

当然，也有人认为死亡焦虑并不具有普遍性。这种观点认为死亡焦虑是一种神经症，源于人的创伤性经历，特别是童年早期的创伤性经历。一些极端的创伤性经历可以引发人的死亡焦虑。如果儿童早期获得健全的养育和充分的关爱，就容易拥有全能感。这样的个体感觉良好，甚至自认为不可摧毁。他们凭借自恋完成了自我保护，成功压抑了死亡焦虑。

我们倾向于认为，一个人无论拥有怎样强大的心理韧性，死亡焦虑在其生活中始终不会缺席。即便童年早期的成长环境极为有利，也不过是将死亡焦虑掩盖起来而已。死亡焦虑的形成和发展存在个体差异。一些人天生就很胆小，在生命早期就有死亡焦虑。也有一些人天不怕地不怕，似乎不知道死的存在，不过这并不表示他们就没有死亡焦虑。所谓的不怕死可能只是死亡焦虑的一种防御方式。

二、内隐性

> 通常，那些看不到的，比看得到的更让人害怕。[1]
> ——尤利乌斯·恺撒

一个人可能有明显的死亡焦虑，而他本人并未觉察到。我们都会竭力逃避和压抑死亡焦虑。当我们发展出有效的否认方式时，外显的死亡恐惧就会减少。在临床实践中，我们常看到有些患者看起来很焦虑却不知自己为何焦虑。死亡焦虑有时很容易被觉察到，有时却十分隐秘，隐藏在其他症状背后，只有深入分析才能被发掘出来。有些人只有在面临死亡威胁的情况下，才开始关注死亡，死亡焦虑也才显露出来。

因而，死亡焦虑有外显的和内隐的两种形式。外显的死亡焦虑一般

1　嘉宝.动力取向精神医学：临床应用与实务[M].4版.李宇宙，张书林，赖孟泉，等译.台北：心灵工坊文化事业股份有限公司，2007：349.

会有明显的症状，比如想到死亡时会出现心慌、气短、发抖等身体不适，担心出门遭遇车祸，为各种可能发生的意外事故而焦虑。某些重大刺激也可能会诱发人的死亡焦虑，比如身患重病或是遭遇绑架、强奸等生命安全受到严重威胁的事件。可能在我们还没有意识到的时候，死亡焦虑就已经对我们产生影响了，我们甚至会困惑自己为什么会处于这种状态之中。

当死亡焦虑有吞没我们的危险时，防御机制就会开始起作用，例如为死亡焦虑寻找一个可以附着的具体事物。因而，对死亡的焦虑有时会以不相干的焦虑形式出现。死亡焦虑实在太过于可怕，而其他焦虑似乎比死亡焦虑相对容易让人接受。焦虑症大多是对死亡恐惧的一种防御。焦虑症患者大多无法直面死亡，而通过各种途径反复确认自己离死亡真的还很遥远。

面对烦扰、威胁时，我们会有挫败感和不安全感，这些感觉的背后通常也隐藏着我们对死亡的焦虑。死亡焦虑有时不能在意识层面被人觉察，但会出现在潜意识层面。噩梦通常就与死亡焦虑有关，例如掉入深渊的梦、从高处坠落的梦、被人追赶逃生的梦。也就是说，死亡焦虑经过非常复杂的转化，以许多隐蔽的方式出现在我们的日常生活中。那些没有指向的焦虑，通常就是死亡焦虑的间接表现形式。

或许出于求生的本能，我们总会有意无意地把死亡的念头赶出意识的活动中心，压抑那些与死亡有关的想法。大多数人没有觉察到自身的死亡焦虑，不承认自己存在死亡焦虑，而把各种不适症状归因于其他问题，而非自身对死亡的恐惧。但是，死亡焦虑并没有因为我们的压抑而消失，相反，它在我们的内在不断累积，并对我们的认知、情绪和行为产生一种弥漫性的影响。当人们逐渐进入自己的意识深处，通常也会察觉到死亡焦虑的存在。

欧文·亚隆在《直视骄阳：征服死亡恐惧》中指出，死亡焦虑通过隐藏和伪装，转化成各种症状，它正是我们所体验到的诸多困扰、压力和内心冲突的源泉。[1]那些不愿意直面死亡或没有意识到自身存在死亡焦虑的人，虽然没有体验到明显的死亡焦虑，却常常通过否认、隔离或转移等防御机制来逃避和应对死亡焦虑。有些人给自己设置了很多限制，不敢轻易改变现状；有些人则无休止地追求财富、名誉、性和权力等。青少年对抗死亡焦虑的方式往往很激烈，例如通过做出一些冒险行为使自己看起来很强大，用这种方式和死亡拉开距离。

强迫症和恐惧症患者经常在自己的想象中将事物的威胁夸大，而这些假想的灾难通常就源于患者的死亡恐惧。一些强迫性的仪式常常会帮助人们暂时减轻死亡焦虑带来的不适，但它们同时也在强化人们的死亡恐惧，使人们更难以接受死亡的必然性。恐惧症常常是患者把对较大的、更加难以控制的东西的恐惧转化为对较小的、更容易控制的事物的恐惧，比如把对死亡的恐惧转化为对蜘蛛的恐惧。恐惧症正是通过逃避蛇、昆虫等具体对象来象征性地防御对死亡的恐惧。

三、两面性

死亡焦虑对人类的生存来说是必要的，其功能在于提醒我们不去做一些危险的事情，促使我们做出各种适应性反应，以增加生存和发展的机会。宗教、哲学、诗歌、戏剧、科学以及人类文明的其他形式，大部分都是因为我们认识到自身的限制而产生的，这种赋予生命形式的渴望就来自人类的死亡焦虑。[2]死亡焦虑促使我们渴望超越自身的肉体存在，使得我们创造和赋予生命想象力的需求变得敏锐异常。可以说，死亡焦虑是人类一切活动和文化创造的重要驱动力。

按照海德格尔的说法，只有先行领会到死亡，生存的整体才能组建起来。死亡的可能性不再作为使生命和生活失去意义的否定性，而是作

---

1 亚隆.直视骄阳：征服死亡恐惧[M].张亚，译.北京：中国轻工业出版社，2009：9.

2 梅.焦虑的意义[M].朱侃如，译.桂林：广西师范大学出版社，2010：293.

为组建的肯定性使我们的生存有了着落和意义。海德格尔认为，人们只有领会死亡的本己性和必然性，并由此承担起自己的死亡，才能有独立的自我意识和真正自为的存在。死亡焦虑常常促使我们寻求生命的意义，引导我们去寻找归宿和永恒，追问如何过一种更加充实的生活。

聪明的医生

从前在古代的巴格达有一位妇女，她胖得连走路都成问题。有一天她决定去看医生，要他给开一种减肥药。当她来到了医生的家里，医生招呼她说："请走进一些！"于是她坐了下来，然后医生问她感觉怎么样。妇女回答说："谢谢，挺好的，我来的目的是让你为我检查一下。"医生问道："你哪儿不舒服呢？"妇女答道："我想让你给我开一种消除我的肥胖的药。"医生听了之后说："愿上帝帮助你。但是我得先查阅一下预言书，看看哪种药适合你。现在你回家去吧，明天再来听答复。"妇女说道："那好吧"，便立即回家去了。

第二天她又来了，为的是听取答复。医生对她说："亲爱的夫人，我在书中查到，你7天后就会死去。所以我认为你无需用任何药了，反正是要死的人了。"听了医生的这番话，妇女害怕极了。她回到家中不吃也不喝，伤心极了，结果瘦了下来。7天过去了，可她并没有死去。到了第8天，她依然活着。于是她又去找医生，对他说："今天已是第8天了，可我并没有死啊。"医生问道："那么你现在是胖还是瘦呢？"她说："我如今挺瘦的，我对死怕得要命，所以瘦了很多。"医生说："这就是药，恐惧。"于是妇女回家去了。[1]

很多人常常在面临死亡威胁时领悟到人生的真谛，不再纠结于毫无

1　佩塞施基安，波斯曼.恐惧与抑郁——自我帮助和积极心理治疗指南[M].张宁，译.北京：社会科学文献出版社，2000：83.

意义的琐事，不再担心被抛弃或被拒绝，从而摆脱了神经症的折磨。许多癌症病人报告自己当前的生活更为充实，不再把想做的事情推迟到将来的某个时刻。身患绝症这一强大的压力使得病人从莫名的焦虑中解脱出来。正如有一句话所说的"癌症治好了神经症"。

但是，如果死亡焦虑过于强烈，可能导致我们产生一系列不良的身心反应，给我们的生活和工作带来负面影响。有些人陷入死亡恐惧之中，完全不能享受人生的欢乐和满足。"人死了一定很可怕吧？世事难料，如果我突然出车祸死了，该怎么办，会不会给亲人带来巨大伤痛？一想到这些我就忍不住发抖，心神不安，工作也心不在焉。"

有些人并没有生什么大病，但却对死亡极度恐惧，担心死亡随时可能来临。例如，他们无论到哪里都坚持步行，不愿搭乘任何交通工具，因为害怕死于交通事故；他们拒乘电梯，因为害怕电梯坠落；一旦谈及和死亡相关的内容，他们立马转换话题；他们时常忧心忡忡，担心自己将大祸临头。

当死亡焦虑很严重时，我们的身体通常会出现发抖、心跳加快、肌肉紧张、呼吸急促等紊乱症状，甚至失去知觉。死亡焦虑症患者可能在童年期经历过与死亡相关的创伤，例如父母离世或患过重疾而下意识地对身体的毁灭感到恐惧。如果人们的防御机制未能成功应对死亡焦虑，就容易出现明显的心理障碍。在临床治疗中，我们也可以发现死亡焦虑是很多心理障碍的核心，例如焦虑性神经症、光怪陆离的各种恐怖症、相当数量的抑郁性自杀和众多的精神分裂症等。而如果没有深入挖掘病人的死亡焦虑，那么治疗往往事倍功半。

由此可见，适当的死亡焦虑对于个体的生存十分重要，它促使个体更加珍惜生命，回避危险行为，努力发挥潜能，积极实现自我，以免留下太多遗憾。如果没有死亡焦虑，个体可能会轻视生命。而严重的死亡焦虑会使人忧心忡忡，限制人格的健康发展，带来许多消极影响。对死亡的焦虑并不总是非理性的。我们应该直面死亡焦虑，不应让生命为死亡焦虑所束缚。

四、关系性

> 人怕死，是误解造成的。人觉得自己十分孤独。但一旦认识到自己与万物浑然交融，对死亡的恐惧便立即消失。[1]
>
> ——泰戈尔

每一种情感体验都是在关系中表现出来的，每一种情感体验都不可能在脱离关系的情境下被理解。[2]情感不是静态的体验，不是简单地存在于人的大脑或身体里，而是和关系联结在一起的，是通过关系被创造和表达出来的。我们在与他人的交往中学到了什么是痛苦、高兴、同情等情感。换句话说，情感只能在关系中获得理解。大多数人都有过这样的感受，即某种情感能够将我们与另一个人联结在一起。

人的情感是在关系互动和对话过程中被建构出来的。同样地，死亡焦虑也是在关系中产生的，它并非产生于死亡本身，而是产生于关系的割裂。正是因为死亡切断了我们与他人和世界的联系，让我们独自进入另一个未知的世界，我们对死亡才会感到恐惧和焦虑。如果死后，我们还能与亲人、朋友相聚，或许死亡就不那么令人焦虑了。

在当前社会，死亡焦虑日益成为一个凸显的社会心理问题，其中一个主要根源就是现代社会的关系性联结越来越弱，生命的意义越来越无所寄托。人们从传统稳固的社会关系中"脱域"出来成为独立的个体，虽然获得了前所未有的自由，但也失去了传统社会所提供的安全感和归

1　泰戈尔.泰戈尔箴言[M].白开元，译.北京：作家出版社，2016：204.

2　琼.思想等待思想者——比昂的临床思想[M].苏晓波，译.北京：中国轻工业出版社，2008：33.

属感，也就容易陷入对死亡的悲伤和焦虑当中。

　　一个人若没有恰当的价值观系统，他就会倾向于依赖外界的评价，进而导致自我的丧失，人的焦虑感会越来越深；不仅价值观的丧失会引起焦虑，而且人与自然、人与社会、人与自我之间关系的破坏也会引起焦虑。[1]一旦我们将自我与他人、环境对立起来，或是寻求与他人联结的努力失败，死亡焦虑就会愈发严重。"死了，我就再也见不到家人了""我死了，就和世界再也没有任何关系了。"死亡的悲哀，是不能与我们所爱的人共在的悲哀。死亡如此可怕，不仅因为"我"消失了，还因为周围的人不见了。可以说，"死亡"的概念并非纯粹出自个体内在的心理，而是在关系过程中被创造出来的；恰恰是在关系中，死亡对我们来说才变成了现实。[2]

　　人的死亡并非只是个体生命的终结，还意味着凝结在个体身上的一系列社会关系的中止。缺乏关系性联结，都将使人陷入孤独的境地，死亡焦虑也随之萦绕在心头。一旦失去社会关系，人在某种意义上就相当于死了。而现代文化最显著的特征之一是把每个人都当作独立、自决的个体，"关系"反而成为由独立的个体单元衍生出来的东西。人越是孤立和自我膨胀，紧紧抓住自我不放，就越会有死亡焦虑。死亡焦虑的核心是害怕失去关系，是对无关系的恐惧。

　　有学者在斯里兰卡进行调查研究时，曾对一个八岁的小男孩进行过访谈——男孩所在的村子经历了好几场屠杀，他的父亲死于其中一场杀戮。当被问及："当你对自己村子周围的暴力状况感到忧虑时，有什么能让你好过一些？"孩子回答说："就是妈妈对我说的那些事情，妈妈向我保证，'假如那些人再来攻击、屠杀我们，那么我们一定能死在一

1　郭永玉.弗洛伊德主义新论（第三卷）[M].上海：上海教育出版社，2018：498.

2　白福宝.关系性联结：死亡焦虑纾解之道[J].医学与哲学，2019，40（03）：21-25.

起'，这个让我觉得好一点。"[1] 面对暴力和死亡，母亲对孩子所允诺的，不是保护，不是他们一定会活下去，而只是他们会"在一起"。孩子显然从妈妈的保证里得到了极大的安慰，不那么畏惧屠杀和死亡了。

在孩子的世界里，和母亲在一起，让他有信心面对这个世界，甚至面对死亡。只要不和母亲分开，孩子面对暴力和死亡的恐惧就大大减轻了。孩子害怕死亡，但更害怕失去母亲。害怕失去母亲是我们生命最早的恐惧之一。人害怕被遗弃，这种恐惧甚至比对死的恐惧还要大。面对死亡，和家人在一起，我们会心安。可见，情感联结对于我们缓解死亡焦虑非常重要。死亡焦虑也促使我们意识到自己需要生活在与他人的联结中，将自己的生命同人类和大自然联系在一起。

第三节　死亡焦虑的背后

> 站在一千英尺[2]高的悬崖边，我们会感到焦虑，并非由于存在失足的危险，而是因为拥有一跃而下的自由。[3]

死亡焦虑只是单纯地源于对死亡的恐惧和忧虑吗？它的背后有没有潜藏着更深层次的问题？

死亡焦虑是人类求生的本能反应。但是当死亡焦虑成为明显的问题时，它可能只是一种症状而已，是人们用来防御更大痛苦的一种方式。当一个人面临死亡的威胁时，其早期未解决的心理情结可能会被触发。

1　沃特斯.像我们一样疯狂——美式心理疾病的全球化[M].黄晓楠，译.北京：北京师范大学出版社，2016：92.

2　1英尺=0.3048米。

3　马里诺.存在主义救了我[M].王喆，柯露洁，译.北京：北京联合出版公司，2019：12.

只有当我们意识到自己处于焦虑状态并知道自己在为什么而焦虑时，我们才有可能找到解决它的方法。

生存的困难有时决定了我们与死亡的关系，死亡焦虑可能是生之痛苦的结果。如果不了解人类生存的基本悖论，我们可能就无法理解死亡焦虑的意义。按照古典精神分析的说法，所有的焦虑都产生于冲突和创伤或源于个体不敢直面这些冲突和创伤。但是，人们往往很难意识到自己的焦虑究竟源于何种冲突。如果一个情境唤起了个体早年的恐惧和无助，那么它无疑会让人焦虑不安。而由焦虑产生的压抑会使个体在面对威胁时更为脆弱，于是又进一步加重了焦虑。虽说每个人都有死亡焦虑，但那些死亡焦虑十分严重的人或许不只是单纯地在为死亡而焦虑，他们很可能通过死亡焦虑来逃避那些自己不敢面对的冲突和创伤。或者说，对死亡的焦虑和恐惧可能来自过去创伤经历的激活。

当死亡焦虑发展成神经性焦虑时，我们需要考虑个体内在的创伤和冲突，而非当前所面临的死亡威胁。这些冲突常常起源于童年早期的境况，那时我们尚未建立足够好的安全感，无法应对威胁自身安全的处境。对幼儿来说，许多分离和非死亡的丧失经历可以被认为是与死亡有关的事件，多种类型的分离都可能引发他们的死亡焦虑。[1]而与死亡有关的创伤无疑会让儿童感到深深的恐惧和无助。死亡威胁常常唤醒我们对毁灭、孤独、拒绝以及被遗弃的深层恐惧。

弗洛姆在《健全的社会》中提出，与其他生命结合在一起，与他人相关联，这是人的迫切需要，人的精神健全有赖于这种需要的满足。[2]有些死亡焦虑严重的人也许在很小的时候就经历过重要他人的死亡，或未曾感受过被关爱和照顾；他们也许非常孤独，从来没有和别人分享过内心真实的渴望和伤痛。一个孤单的人，要比一个被爱包围的人更容易体

1 Langs R.Death Anxiety and Clinical Practice[M].London : Karnac Books, 1997: 18.
2 弗洛姆.健全的社会[M].孙恺祥，译.上海: 上海译文出版社, 2011: 23.

验到死亡焦虑。

人有一个基本的动机，那就是渴望激动人心的经验、广阔丰富的生活，以便发展自身的独特性和创造性，并为他人和社会做出贡献。如果一个人没有体验到自己已经好好活过了，那么他一般很难承受将死的命运。或许我们恐惧的不是死亡本身，而是活着的时候没有找到自己的人生使命，并为之努力奋斗过。许多人在谈论死亡时提到："如果现在就死了，我最大的遗憾是还没有实现自身的价值，没有机会去实现对我来说非常重要的目标，我特别害怕自己这辈子不够成功。"

死亡焦虑常常与未能充分发展自己的潜能有关。一个充分自我实现的人，由于已经有了自我认可的成就，在面对死亡时可能不会有太多遗憾，因此，他的死亡焦虑可能会比较低；而自我实现水平低的人，在面对死亡时发现自己对于想要或应该完成的目标将无法完成，则会产生悔恨、挫折与失望，这通常会加剧他的死亡焦虑。对一些人来说，死亡焦虑可能源于内疚感，是自我惩罚的一种表达。也许，关于死亡我们真正要面对的问题是：如何活出人生的意义以及在有生之年充分实现自我价值。

一、孤独感

> 今天，大约下午五点，一切都差不多安排就绪；最终的孤独出现了，它模糊不清，从此只有一个词可以言状，那就是我自己的死亡。[1]
>
> ——罗兰·巴尔特

"当我独自一个人时，最难过的事就是想到没有一个人关心我是否还活着。""好像每个人都是这个幸福的家庭的一分子，而我则是一个局外人。我感觉自己不属于这里。""我不知道自己从何而来，好像

1　巴尔特.哀痛日记[M].怀宇，译.北京：中国人民大学出版社，2012：35.

我并非一个人类。这样的一种孤独，让我感到害怕，甚至有些恐惧。""我不能忍受孤独，我不知道为什么我难以和自己待在一起。""有时候越是与别人在一起，我越是会感到孤独。"

一旦出生，离开温暖而舒适的子宫之后，人就不得不独自面对自己的存在以及所处的世界。我们是"被抛入"这个世界的，起初并不知道自己从何处来要到何处去。婴儿不具备独立生存所需要的能力，因此当他独自一个人时，他对毁灭、死亡的恐惧始终挥之不去；结果是在往后的任何年纪中，当某个情境唤起他早年的这些恐惧感时，他便会感到恐慌和焦虑。[1]

孤独是人成长过程中不可避免的一部分，是一种不愉快的复杂情绪。通常来说，孤独感是指由一种孤单的感觉所引发的精神上的痛苦，这可能出现在与他人隔离的时候，也可能出现在他人在场的时候。也许你正一个人在郊外漫步，也许你正在参加一个热闹的聚会，也许你正在和朋友或家人聊天——无论何时何地，孤独感都可能突然袭来。

无论是孤身一人还是有人陪伴，每个人在自己的经验世界里都是孤独的。也许你经常有人陪伴，在社交上也十分活跃，但压倒性的孤独感仍然时而会出现。没有人过着和你一样的生活，体验你的爱恨情仇，即使有同样的经历也不一定会有相同的感受。没有人可以真正体验另外一个人的幸与不幸。我们必须独自感受内在的哀伤和喜乐、沮丧与平和。

孤独感揭示了一种对分离的担忧，一种对联结的渴望。一个孤独的人可能认为身边的人不在乎他，他无法去爱一个人，或者无法想象有一个人会爱他。孤独感的要素之一就是缺乏有意义的关系联结。缺乏社会关系或由于某种原因被隔离，可能导致一个人因想要逃避孤独以至于最

---

1 沃德尔.内在生命：精神分析与人格发展[M].林晴玉，吕煦宗，杨方峰，译.北京：中国轻工业出版社，2017：60.

终想要自杀。许多焦虑就来源于个体对孤独、被隔离或被遗弃的恐惧。

　　童年早期如果有较好的母婴关系，那么个体就相对容易获得独处的能力。如果一个成年人非常害怕独处，因为独处让他焦躁不安到无法忍受，那么基本可以断定他早期的母婴关系存在问题。在生命最初的几年里，婴儿必须至少跟一个抚养者形成一种稳定的、可靠的养育关系。对于婴儿来说，早期的触觉刺激，哪怕仅仅是被抱着，都是攸关生死的事情。

　　婴儿的需求若能得到照料者及时、有效的回应，就会逐渐发展出基本的信任感，进而建立牢固的、安全的母婴关系。这类婴儿通常会感到自己拥有被爱的能力，感到照料者会关怀、理解他们。而照料者若不能理解婴儿的心理状态，对其反应不够敏感，或者对其需要给予不一致的回应，婴儿就处于不被理解的境地，难以形成安全的依恋关系。我们大多数时候并不是因为独处才感到孤独，而是感到自己无足轻重或与他人关系疏远才感到孤独。当没有人理解我们而我们又不够相信自己的判断时，我们或多或少都会感到孤独。长大后，若我们需要别人确认才觉得自己活着，必然会逃避孤独。

　　孤独感的产生有时候还在于冲突，一方面我们需要完成自主性，不断追求个性化、自我成长以及潜能的实现；另一方面在实现独立自主的过程中，我们又不得不离开自己熟悉的环境，面对孤独感和自身脆弱渺小的感觉。解决融合与分离的平衡问题是人生的一个重要发展任务。当孤独感变得无法忍受时，我们可能会逃避分离，放弃自主，在融合中寻求安慰。

　　大部分人都害怕孤独，因为孤独常和死亡联系在一起。如一句摩尔谚语所说：孤独地活着，不如有人陪着一起去死。孤独容易让人产生一种错觉，好像自己的社会生命已经死亡。孤身一人走夜路或在一个陌生的地方，很少有人不会感到害怕。如果这时有一个同伴，我们的恐惧感就会减轻。我们需要他人的在场来确认自己的存在，希望能够被比我们强大的人或群体庇护。

有人说，人这辈子有两次死亡：第一次是生物学的死亡，各种身体机能都终止了；第二次是社会学的死亡，这个世界上再也没有人记得他了。也就是说，如果最后一个记得你的人死了，那你就真的死了。"只有别人想到我的时候，我才存在。"而如果你活着的时候，觉得世界上没有人牵挂你，那么你可能觉得自己和死了没有多大差别。这种强烈的孤独感有时会让我们体验到一种虽生犹死的感觉。孤独感在一定程度上也强化了人们的死亡焦虑。

当面对死亡时，我们不可避免地要面对孤独。可以说，死亡是世界上最孤独的事情。尽管我们可以一起吃饭，一起度假，一起看电影，死亡却是我们必须独自做的事，没有人可以替我们去死。这并不是说你死的时候身边没有人陪伴，而是说，即使其他人和你在一起，你的死亡也只有你自己能经历。一个人哪怕活着的时候再热闹，都要独自死去。死亡之所以令人感到可怕，不仅因为我们自己会消失，还因为要与他人乃至整个世界分离。

有些人的死亡焦虑可能就源于对不得不孤独地面对生命的恐惧。对濒死的人来说，亲人的陪伴也许是他们最需要的。这不仅可以减轻他们的孤独，也可以缓解他们的死亡焦虑。老去不可怕，可怕的是孤独终老。所以，问题可能不在于死亡本身，而在于死亡威胁到了我们的情感联结。如果一个人无法建立情感联结，那么他可能会沉迷于色情、酗酒或冒险行为等，因为这可能可以使其获得一种活着的感觉。

一个人想要融入一个群体，不仅因为他想要得到群体的保护，还因为人类是在与他人的关系中获得关于自身的最初体验的。人类作为一种群居动物，不但在漫长的童年时代需要依赖他人的照料，如喂养、保护以及从养育者那里获得安全感等，而且也需要从早期关系中获得对自身的意识，而这种意识是人在以后生活中定位自己能力的基础。[1]

　　人越恐惧孤独，对孤独感的防御就会变得越僵化和强迫。为了逃避孤独，人可能会进入某种共生关系中。共生原本是一个生物学概念，指两种不同生物之间所形成的紧密互利关系。从心理学意义上讲，"共生"指一个人的自我与另一个人的自我合为一体、相互依靠，双方都失去自我的完整性。当孩子和父母陷入一种不正常的共生关系中时，他们往往很难在家庭之外独立生活。长大之后，共生关系会因为害怕孤独和分离而再次建立起来。共生关系能让个体感受到来自共生的保护，这对个体来说显然很重要；但共生关系的相互依赖性很强，一旦其中一方脱离共生，另一方就会失去依靠。共生虽然能让我们暂时摆脱孤独，这却以牺牲自主性为代价。

　　弗洛姆在《爱的艺术》中写道：独处的能力是爱的能力的先决条件。无法和自己相处的人往往也很难和别人相处，而人际交往的挫败感会让人进一步感受到孤独。我们越想通过与人交往来打破孤独，就越可能体验到更大的孤独。有能力独处，意味着一个人的自我认同感相对稳定。既然孤独是人类存在不可避免的一部分，与其竭力将其消除，不如学着和它好好相处。

　　孤独有时让我们备受煎熬，有时又给我们带来许多快乐和自在。人类的痛苦不在于孤独本身，而在于总妄想摆脱孤独。如果能享受孤独状态下的静与思，我们可能就会在孤独中更好地认识自己。蒋勋在《孤独六讲》里写道："当你可以和自己对话，慢慢地储蓄一种情感、酝酿一种情感时，你便不再孤独；而当你不能这么做时，就永远都在孤独的状态，你跑得越快，孤独追得越紧。"[2]如果我们能够带着自己的痛苦独处，

1　梅.人的自我寻求[M].郭本禹，方红，译.北京：中国人民大学出版社，2013：14.

2　蒋勋.孤独六讲[M].武汉：广西师范大学出版社，2009：52.

克服逃避孤独的欲望，那就意味着成长和对孤独的超越。

二、分离与丧失

> 既然我们的生命每一天都要被夺走一部分，既然我们每一
> 天都处于死亡之中，我们停止生存的最后那一刻本身并未带来
> 死亡，它仅仅完成了死亡的过程。[1]
>
> ——保罗·蒂利希

死亡让我们与至亲至爱分离，丧失生命和所拥有的一切。但或许从脱离母亲温暖的子宫开始，分离与丧失就贯穿于我们的整个生命过程。在一生中，我们不断相遇，又不断告别；不断拥有，又不断失去。走向死亡的过程，何尝不是生命的活力不断离我们而去的过程？在丧钟最终敲响之前，我们实际上一直在不断地经历许多小小的"死亡"，例如越来越深的皱纹、越来越多的白头发和逐渐显现的老年斑。

在整个生命历程中，我们都在为一些特别的丧失和分离等做准备，生命每一发展阶段的变化都是某种意义上的"死亡"。人总是习惯于在熟悉的环境里获得安全感，所以在分离和丧失的过程中难免会有焦虑。例如，从学校到社会，从单身到新婚再到初为人父母，我们失去了以往熟悉的身份和生活方式，而新的身份和生活方式还需要不断探索、调整和适应。

丧失是生活的一部分，它无处不在，以多种形式出现在我们生活的各个方面。我们一生会不断遭遇各种各样的丧失，例如财物、友谊和身体器官功能的丧失。每一种丧失都可能让我们感到孤独，甚至无助。在与心爱的人生离死别时，我们可能产生一种一切都将离我们而去的恐惧。当人逐渐年老或是患了重疾，特别是那些导致功能丧失的疾病时，丧失

1　蒂利希.存在的勇气[M].成显聪，王作虹，译.贵阳：贵州人民出版社，1988：13-14.

感会更为明显。

长久以来对一个人的印象或信念发生彻底的改变也是一种丧失。譬如，一个妻子一直都认为自己的丈夫对婚姻非常忠诚，所以丈夫的出轨使得她对丈夫的认知不得不发生颠覆性的转变，在这个转变的过程中她就会有强烈的丧失体验。我们常常对未来抱有积极的期待，但现实可能并不如我们所愿。当理想破灭的时候，我们一般也会经历丧失。

弗洛伊德曾说，所有焦虑的核心成分都是分离焦虑。在情绪体验方面，死亡焦虑和分离焦虑有很多共同之处。对三岁以下的孩子来说，死亡并不是一个不可逆的事实，而可能只是一次分离：死亡就是跟自己所爱客体的分离。死亡之所以可怕，有时是因为它重新唤起了我们的分离焦虑。尤其是对儿童来说，死亡焦虑和分离焦虑是紧紧联系在一起的。

对人来说，出生其实就是一次创伤。婴儿离开了有着丰富食物、温暖、安静和安全的子宫，进入一个充满饥饿、寒冷、喧闹和危险的嘈杂世界中，这是一次分离，对此分离的体验在身体意义上必然或多或少是损伤性的，令人产生回归母体的愿望。[1] 要是婴儿在被剪断脐带那一刻能够思维的话，他大概会体验到生存的恐惧。刚生下来的婴儿要完全依赖养育者，如果没有养育者的帮助，他就会死亡。可以说，从出生的那一刻起，人的分离焦虑和死亡焦虑就已经同时产生，很难将二者割裂开来。

假设胎儿在子宫中处于一种平静的状态，出生则打破了这种平静，于是婴儿幻想着重新回到这种状态。人类焦虑的最初体验来自与母亲的分离是极有可能的；孩子看到陌生人出现会感到焦虑，也害怕黑暗与独处，其根源都在孩子与妈妈分离所带来的恐惧。[2] 在弗洛伊德看来，最根本的焦虑就来自出生时与母亲分离的原始焦虑，而焦虑再由日后的危险

1　郭本禹.弗洛伊德主义新论（第二卷）[M].上海：上海教育出版社，2018：287.

2　梅.焦虑的意义[M].朱侃如，译.桂林：广西师范大学出版社，2010：122.

情境引发。也就是说，失去生命的恐惧可追溯到与母亲分离的最初情境。

因此，死亡焦虑至少部分起源于与母亲分离的痛苦和创伤。一两岁的孩子可能对自己的死亡并没有确切的概念，但是他能够感受到与主要照料者分离的事实。每个婴儿在出生时便有了自己独特的性情和气质，同时也被笼罩在来自他人的各种感觉、希望和恐惧之中，而毋庸置疑的是，他最初、最切身的环境就是由母亲的身体和心智所构成的世界。事实上，婴儿与环境是一体的。温尼科特曾说过，从来就没有婴儿这回事，我们看到了婴儿就看到了母亲和环境。

在生命的早期，婴儿主要通过投射来和人交流，足够好的妈妈为婴儿的投射充当了一个"容器"。如果婴儿被毁灭、被迫害的焦虑能够为母亲所充分涵容，那么婴儿就可能发展出内在的自我支持能力。反之，如果婴儿没有得到他所需要的抱持感，那么他将可能感受到一种不愿意了解他、抱持他的敌意，对被毁灭、被迫害的恐惧和焦虑也就更为强烈。当婴儿的焦虑和恐惧不能被涵容时，他就可能退缩到一种在情绪上僵化的孤立状态，或者通过保持与母亲的共生关系来克服与个体化相伴而来的死亡焦虑。

婴儿需要依赖另一个人来维持生命，这成为他精神生活的建构基础。[1] 婴儿对母亲有着绝对的依赖，一旦失去母亲般的保护，他就会感到害怕和不安全。如果没有健康的环境，个体很难真正达到成熟。婴儿没有母亲是不可能活下来的，害怕失去母亲是我们最早意识到的恐惧；分离焦虑就衍生于这个道理，如果得不到别人的照顾，我们就会死的。[2] 从出生的那一刻起，婴儿就需要与照料者（通常是母亲）建立情感联结。母亲成了婴儿与外界互动的纽带。

1　德底维尔.温尼科特新解[M].刘玲，译.北京：商务印书馆，2017：75.

2　维奥斯特.必要的丧失[M].吕家铭，韩淑珍，译.上海：上海三联书店，2007：3.

婴儿的安全感依附在母亲身上，他们无法想象生活在一个没有母亲的世界里。母亲的离去或死亡会瓦解婴儿建立信任他人和环境的基础。失去母亲意味着无所依靠，容易产生孤独感和无助感。死亡意味着分离，意味着和所爱之人永久分开，这是孩子最为恐惧的事。而婴儿或小幼儿尚无法区分暂时不在场和永远丧失之间的差别，所以分离可以是真实的，也可以是想象的。当幼儿看不到妈妈的时候，他们会恐惧，感到完全的孤独和被抛弃，然后就会绝望地要去把妈妈找回来。而且，幼儿通常觉得他们自己是非常重要的，而父母的离去在毁掉他们的这种自我感觉，他们会认为自己不重要，或者以为自己犯了什么错误才导致父母的离开。

这并不是说只要有分离，孩子就会出问题。如果父母必须离开，那么父母最好让孩子知道自己为什么离开以及什么时候回来。和父母过早分离，分离时间过长，或者过于突然，都是孩子难以理解和接受的。如果孩子被迫与母亲分离或过早失去母亲，又未能得到及时有效的疏导，将可能给他们造成严重的心理创伤；相反，小时候与母亲之间的依恋关系越安全，孩子长大后越不可能出现害怕分离、担心遭到遗弃等问题，出现与死亡焦虑有关的问题的可能性也越小。[1]

当我们将分离焦虑看作人类的一个基本倾向时，就能够理解为什么当儿童被父母威胁抛弃时会感到如此恐惧。[2] 很多大人经常将"我不要你了"作为一种控制孩子的威胁方式而不自知。每个孩子在成长的过程中都曾害怕被遗弃。如果这种恐惧过于强烈或持续的时间过长，那么孩子的安全感和人格发展就会出现问题。儿童是如此爱他的母亲，以至于他会把与母亲的分离视同于被遗弃。

1　弗里斯.性、金钱、幸福与死亡[M].丁丹，译.北京：东方出版社，2010：190.

2　鲍尔比.安全基地：依恋关系的起源[M].余萍，刘若楠，译.北京：世界图书出版公司，2017：33

那些没能够与母亲建立良好联结的婴儿，在长大后会缺乏足够多的安全感。早年客体关系的缺失，严重损害了用于缓解恐惧的心理结构的正常发展，只能以创伤性的心理状态保留下来，这些体验在那时被尽可能多彻底地解离出来，以保全其他的适应功能。[1]一些婴儿即使到了儿童期，当与照料者分离时，例如离家去上学，他们也会感到极为焦虑。如果被迫离开照料者，他们甚至会出现躯体症状，例如恶心、呕吐、胃疼或头疼等。

既然焦虑是人的存在的基本价值受到威胁时会有的回应，而人类的存在又依赖于婴儿期的重要养育关系，所以这些基本价值最初就存在于婴儿与重要他人之间的安全关系中。[2]根据依恋理论，对婴儿心理健康至关重要的是，他们要能够经历一段温暖、亲密而稳定的母婴关系。失去关系性联结，尤其是母婴联结，会给他们带来难以弥补的创伤。

可见，母婴关系对于了解焦虑的起源至关重要。自我发展的基石从一开始就与婴儿期受到照料的性质有关。霍妮曾指出，基本焦虑主要来自生命早期的不良人际关系，特别是亲子关系。如果父母给予孩子足够多的耐心和关注，那么就能使孩子建立对人、对世界的基本信任，孩子就更有可能在接下来的成长过程接受丧失，并发展出比较稳定的自我认知和较好的情绪调节能力。

沙利文进一步提出，焦虑主要源于婴儿得不到重要他人的认可或受到重要他人的谴责而产生的不安。在沙利文的理论中，母亲占据了重要的位置。他认为，焦虑的源头在于母亲排斥婴儿而给婴儿造成的不安，因为母亲的不认可对婴儿来说非常可怕。这种不安早在婴儿有意识地觉察到母亲的不认可之前便能感受到。婴儿在出生过程中便体验到不安，

---

1 布隆伯格.让我看见你：临床过程、创伤和解离[M].邓雪康，译.上海：华东师范大学出版社，2017：98.

2 梅.焦虑的意义[M].朱侃如，译.桂林：广西师范大学出版社，2010：183.

此种不安即为面对生命的恐惧。出生是人最早的分离经验，但同样的经验也发生在断奶、上学、告别单身、结婚以及人格发展的所有阶段，而死亡则是最终的分离。也就是说，分离经验从脐带被剪断、与母亲分离的经验开始，直到死亡时与世界分离为止。

分离焦虑会进一步使婴儿将活动限制在母亲或其他重要他人所认可的范围之内。如果分离焦虑与发展个体性有关，那么个人唯有拒绝发展这些可能性，才可能避免分离焦虑的处境。一些人在面对个人自主性时产生的焦虑，使其无法肯定自己的能力；而在面对依赖他人时产生的焦虑，又使其无法投入爱和关系中。如果放弃自身的自主性，那么婴儿通常无法真正经历与他人的分离，而这样一来，人格成长与发展的机会也就一同丧失了。

与死亡相关的早期创伤性经历——这些经历往往伴随着极度的恐惧、愤怒以及悲伤，在成年后的一些场景中很可能被再次诱发出来。一个小时候缺乏足够养育照顾的母亲，她们曾在小时候与母亲分离时渴望着母亲的陪伴，而现在她们则尽可能保持与自己的婴儿之间的亲密，在潜意识里幻想着修复自己的母婴关系。终有一天，当婴儿越来越独立时，她们就会感受到威胁。因而，有些母亲在孩子越来越独立时会再次体验到分离焦虑。

很多时候我们无法离开另一个人，是因为我们已经习惯了彼此生活在一起，那个人已经成为我们存在的一部分。当我们与人深度依恋时，便会在内心将依恋对象的表征融入自我认同中。当那个人离开时，我们自我的一部分也将随之而去，这种感觉容易让我们联想到死亡。如果一个人在丧失依恋对象后，因为悲痛而无法自拔，那么他可能持续地有一种被遗弃感。

当分离焦虑是持续的、强烈的，且与儿童的发展水平不相符时，就要考虑儿童是否有分离焦虑障碍了。有分离焦虑障碍的孩子，对死亡也会过于担忧和焦虑，一般会紧紧缠着他们的父母，甚至需要大人陪他们睡觉。分离焦虑障碍也可以由负性生活事件诱发，例如亲人的死亡。他们可能会担心，当父母不在身边时会有不好的事情发生在父母身上。而如果父母死了的话，自己也是活不下去的。父母的死和自己的死是关联在一起的。对幼儿来说，分离和死亡有时候就是一回事。

如果这些制造焦虑的分离经验能够被重新整合，我们将不仅更加独立自主，也能够在更成熟的层次重建与父母和他人的关系。所以，一方面我们要减少对父母的依赖，提高独立性和自主性；另一方面，我们又需要与父母在新的层次上建立关系。只要有缺少自由的依赖，就会有执着于共生关系的焦虑。简言之，我们要在保持自我独立性和完整性的情况下与他人或群体联结在一起。

人生是一个不断告别的过程。可以说，失去青春、亲人和自己所拥有的重要东西，都是一种类似死亡的体验。如果每一次离别都被看作一次小小的死亡，那么生命本身即为我们提供了许多一窥死亡的机会。我们要面对的不仅有死亡，还有与死亡有关的打击，包括让我们沮丧、心碎和悲痛的各类事件。

所有的丧失都需要以某种方式加以哀悼。哀悼的过程需要多久因人而异，并没有统一的确切答案。我们不是从悲伤中走出来，而是走过悲伤，甚至是走进悲伤，从中发现悲伤的力量。我们每个人都必须根据自己的情况，按照自己的节奏，用自己的方式来完成哀悼。如果我们能够较好地接受丧失，我们就能较好地接受死亡的来临。相反，如果我们总是患得患失，经受不起分离与丧失，那么当死亡来临时，我们很可能会陷入恐慌之中。

三、实现自我的焦虑

没有什么痛苦，比努力成为自己来得更加致命。[1]

——叶甫盖尼·维奥斯特

马斯洛认为，自我实现是人生存和发展的根本驱动力。在他看来，自我实现是人对自我发挥和自我完成的欲望，是一种使人的潜力得以实现的倾向。[2] 他指出，人的一生应当是一个发挥自身潜能的过程。每个人都应该根据自己的条件、天性和所处的环境，去努力寻求和实现自我的可能性，展开自己与世界的各种关系。

一个自我实现的人通常具有较强的包容力。这种包容力使他们能够平和地面对发生在自己身上的事情，从而真正有效地处理问题。他们遇事较为冷静客观，既不会一味地抱怨，也不会将自己的意志强加于外界。他们知道自己是谁，想要什么以及如何通过合宜的方法获得自己想要的。他们一般能够自主地做出判断和选择，较少受到焦虑、恐惧和偏见的影响，也能较好地发挥自己的才能和创造力。自我实现者的生活通常都较为充实，他们对人生充满兴趣，积极地投入生活。他们似乎没有多余的时间和精力来忧愁死亡。

自我实现是一个持续的过程，需要不断打破现状和内在的固有模式，因而在这个过程中我们难免会感到焦虑。当我们扩展自己的生活，离开熟悉的人和环境时，我们可能会体验到孤独和生存焦虑。如果我们压抑自身的潜能或不去实现这些潜能，那么我们又会感到疚责。焦虑越强烈，我们越可能抑制实现自身潜能的冲动，这反过来又使我们因没有实现潜能而感到疚责，从而陷入恶性循环。

1　维奥斯特.必要的丧失[M].吕家铭，韩淑珍，译.上海：上海三联书店，2007：1.

2　马斯洛.动机与人格[M].3版.许金声，等译.北京：中国人民大学出版社，2012：29.

> 我宁愿貌似疯子和傻瓜，
> 也不愿表现得精明狡猾，
> 这样我就可以毫不掩饰地
> 接受我的缺点和不足。
> 满足于我的现存状态。[1]

马斯洛说："我们既害怕自己最低的可能性，又害怕自己最高的可能性。在最美好的时刻，在最完美的条件下，在最勇敢的状况下，我们常常能瞥见一些神圣的东西，然而我们一般都害怕这种东西。在这种高峰时刻，我们在自身看到的超绝的可能性给我们以快乐，面对它们，我们会激动得颤抖，也会因为虚弱、害怕、畏惧而直打哆嗦。"[2]

每个人都会经验到两种焦虑形式：生的焦虑和死的焦虑。前者来自成长、实现自我的焦虑；后者来自停滞、失去自我的焦虑。每个人终其一生都在这两种焦虑之间摇摆，而健康的人会在两者之间保持平衡。精神健康有赖于一定程度的紧张——即已经完成的和有待完成的任务之间的紧张，或者是当下状态和理想状态之间的差距。事实上，许多人没有能力承当死亡，对生与死都有着极度的恐惧。

一个人要不断成长、自我实现，发挥自己的自主性，就要放弃比较熟悉的安全的环境。这样，在自我实现和追求独立性的过程中，我们可能面临着恐惧感和孤寂感，无能为力感和微不足道感也会日益加深，这时我们可能会产生一种回归和倒退的倾向。人们有时会对成长感到恐惧，不敢去完成上天赋予我们的伟大使命。在面临成功机会的时候，只有少数人敢于打破平衡，勇于承担责任和压力，最终抓住并获得了成功的机会。

1　蒙田.蒙田随笔[M].李林，戴兴伟，译.上海：上海三联书店，2008：75.

2　马斯洛.自我实现的人[M].许金声，刘锋，等译.北京：生活·读书·新知三联书店，1987：143.

　　按照存在主义心理学的观点，人在世界中并非被动地承受一切，而是要通过自己的自由选择，并勇于承担由此带来的责任，以进一步发展和实现自己的可能性。当我们无法自我实现或是屡遭失败时，我们对死亡的焦虑和恐惧就会增加。换句话说，如果你这辈子不能像你希望的那样活着，没能按照自己的意愿来生活，那么面对必死的命运时你可能就会比较焦虑。

　　一个来访者在咨询中说道："像我的话，我觉得死亡并不可怕，我更害怕平庸，没能实现自己的抱负，没有过上自己真正想要的生活。"我们越不曾真正活过，没能充分发展自己的潜能，对生命终结和虚无的恐惧也就越强烈。每个人都会死去，但不是每个人都能活成最好的自己，活出自己想要的样子。因而，死亡焦虑不仅源于对死亡的恐惧，还与未能发挥生命潜能而引起的焦虑有关。或者说，死亡焦虑常和没有充分地活出真实的自己有关。越是觉得自己没能自我实现的人，死亡焦虑可能就越明显。如果没有把生命应有的状态活出来，人们可能就会恐惧死亡的到来，因为死亡会给人留下无法弥补的遗憾。

　　简而言之，死亡焦虑至少部分来自未能实现自己的潜能并为此深感遗憾。因此，恰恰在生命力最旺盛的时候，人的死亡焦虑可能最为鲜明和深刻。我们越是意识到生命的空虚，就越厌恶死亡。然而，有些人由于受困于早年的阴影当中，例如确信没有人会爱或认可他们，导致他们认为自己配不上这样或那样的成功，因而在追求成功的时候自我设限。如果自我实现是人类的一种本能倾向，那么压抑这种本能的人可能会有较强的死亡焦虑。

　　既然我们终有一死，我们就应该反思自己有无虚度人生，是否充分发展自己的潜能和创造力，是否通过活出丰盛的生命来达成生命的意义。当我们充分发展自己的潜能和创造力、投身于一件有意义的事情时，我们便在实现意义的过程中超越了自己。充实你自己，实现你的潜能，充分地、完全地活着，只有这样做，你才能死而无憾。

然而，即便在最有利的情况下，我们也无法完全实现潜能。没有一个人敢妄称他已经完全实现了他所要追求的目标。人终其一生都会感到自己处于未竟之中。自我实现不是一劳永逸的，它应该被看作一种持续的过程，不存在一种最终的自我实现状态。而且，人生的需求和动力也不是固定的，会随着人生的发展而发生变化。

正是实现生的欲望的过程唤醒了我们摆脱死亡焦虑的需要。生的欲望过于强烈就可能会感到死的恐怖，没有生存欲望的人也就无所谓死的恐怖。[1] 在成年早期，人的生殖欲旺盛，生的欲望最为强烈，我们会渴望成长和自我实现，与此相应，死亡焦虑也随之增强。从年龄角度看，年轻人比年长的成年人有更高水平的死亡焦虑；特别是中年以后，随着年龄的增长，成年人的死亡焦虑水平反而呈下降趋势。[2] 这里面涉及可能降低死亡焦虑的因素有：目标得到满足的成就感，对自己局限的清醒认知，寿命已超过预期，还有从亲友丧事中得到的感悟。

到了成年的后半期，大多数人的人生任务已基本完成，对远大抱负的渴求不再那么强烈，死亡对人存在价值的威胁反而会下降。特别是对于老年人而言，随着身体机能和精力的衰退，他们可能没有了年轻时的雄心壮志，与此相应，他们的死亡焦虑也会有所下降。老年人面临的一个主要任务就是接受死亡。每况愈下的健康状况，亲朋好友的死亡，让他们更清楚地意识到死亡终将来临。

如果老年人觉得自己的人生使命已经基本完成，人生没有什么好遗憾的，那么面对衰老和死亡，他们可能不会很焦虑；如果老年人觉得自

1　高良武久.森田心理疗法实践——顺应自然的人生学[M].康成俊，商斌，译.北京：人民卫生出版社，1989：53.

2　雷明，迪金森.温暖消逝：关于临终、死亡与丧亲关怀[M].庞洋，周艳，译.北京：电子工业出版社，2016：43.

己的人生还有很多遗憾，那么要他们平静地接受死亡可能会比较困难。老年人对死亡的排斥常潜藏着另外一种恐惧：对人生失败的恐惧，觉得自己的人生没有意义。而帮助老年人认识自己一生所取得的成就，往往有助于减轻他们的死亡焦虑。

老年人虽然比年轻人更经常想到死亡，但可能因为他们已经习惯了死亡的存在，更能够面对和接受死亡，所以死亡焦虑相对没有那么高。老年人更容易把死亡看作生命的必然归宿。对于他们来说，死亡正在慢慢变成一件可以接受的事情。我们在生活中也常听人说道，"人老了，通常会觉得能够失去的东西比以前少了。"这并不是说老年人不害怕死亡，只是死亡焦虑对老年人的影响比以前小了。

年老可以为悲伤提供缓冲，让我们有更多的时间来整合生命经验，从而能更从容地面对死亡。老年人已经到了生命周期的最后阶段，离死亡越来越近，他们更清楚自己生命的局限，对待死亡的态度反而可能更为积极。那些没有实现人生理想的老年人，可能会为没有实现目标而自圆其说。死亡和衰老的过程，其实就是人们不断从现实生活中撤退出来，在理想与现实之间不断自我妥协、寻求平衡的过程。

当我们产生对于死亡的焦虑时，我们真正焦虑的是什么？是什么诱发了我们的死亡焦虑？死亡焦虑有时候只是表象，其背后潜藏着的是那些我们不易觉察或不愿面对的脆弱与恐惧。每个人内心深处都有自己的恐惧和焦虑。我们要去看见与面对自己内在那些不舒服的感受。如果能在当下觉察自己的死亡焦虑，看清楚焦虑更具体的指向及其变化，并去了解自己的孤独、恐惧和脆弱，那么我们就能更好地转化死亡焦虑。

第四节　死亡焦虑的防御

> 没有什么恐惧能超越对死亡的恐惧。一切问题如缺爱、缺才华、缺钱等都不是问题，从某种程度上来说都可以解决，朋友能帮助你，医生也能帮助你，但死亡是完全不同的一件事。[1]
>
> ——伍迪·艾伦

如果死亡一直出现在我们的意识当中，正常的生活秩序就会被扰乱。肯·威尔伯认为，人类压抑最多的是死亡，而不是性，死亡是最终和最大的禁忌。[2]人并非如弗洛伊德所设想的仅仅是性、快感、生命扩张的追求者，人从根本上也是死亡的逃避者。很多文化都在努力否定死亡，例如对永恒和死后世界的想象和建构。

死亡焦虑是每个人在生命发展过程中无法避免的深层焦虑。对死亡的恐惧是普遍存在的，以至于人将生命的大部分能量都消耗在对死亡的否认上，因而死亡焦虑常受到严重的潜抑，很少被完整地体验。如果人不能正视自身的死亡焦虑，它就会转化成其他问题或症状。死亡焦虑常常被改头换面成一系列并不相关的问题，以各种形式表现在人们身上，例如对疾病极度恐惧、拼命地追求金钱和权力、过度痴迷于某种宗教以及执着于追求不朽的感觉。

为了对抗死亡焦虑，我们会建立起一系列防御机制。如果人们压抑对死的恐惧，试图表现得好像没有死亡焦虑似的，那么他们反而容易患上神经症。过度使用某些防御机制对抗死亡，会导致病态的神经症性适应，让我们仿佛生活在一个没有死亡的世界里。有些人常因为一点点不

1　艾伦，比约克曼.我心深处[M].周欣祺，译.北京：新星出版社，2016：103.

2　威尔伯.恩宠与勇气：超越死亡[M].胡因梦，刘清彦，译.北京：生活·读书·新知三联书店，2013：61.

适便四处求医，总担心自己得了重疾而尚未被诊断出来。对死亡视而不见或有意回避，可能意味着个体不能很好地面对自身的死亡恐惧。症状有时是在提醒我们要去关注更为内在的问题。

应对死亡恐惧的失败是神经症的一个重要原因，对死亡恐惧的探讨是每一种心理治疗不可缺少的一部分。[1] 当去掉这些防御和伪装之后，人们就要重新面对死亡这一普遍的命运。换句话说，神经症是一种逃避现实的复杂技术，而治愈神经症患者的过程就是把患者引入生活的真相之中。患者越是能接受必死的命运，就越能够从神经症的束缚中解脱出来。

弗洛伊德到了晚年不再经常谈论"俄狄浦斯情结"的问题，而转向人之生存的普遍问题，更多地谈到"痛苦的死亡之谜""我们面对生之危险时的焦虑""人在自然之可怕力量面前的茫然和孤弱"等。到了生命的后期，弗洛伊德在很大程度上把焦虑看作人对不可逃避的孤弱之命运的反应。对死亡的神经性焦虑恰恰说明人无力应对死亡而又无法摆脱它。

我们将简要论述一些常见的防御死亡焦虑的方式。需要说明的是，这些防御对死亡焦虑来说并不是特异性的，这些防御也可以用来否认、压抑、隔离其他负面情感或冲突。

一、性欲化

性欲是人的原始欲望之一，有很强的生物学属性。叔本华认为，性欲是一种最激烈的情欲，是欲望中的欲望，是一切欲求的汇集，是求生意志最完全的表现和最明确的形态。[2] 在性欲冲动的驱使下，有些人甚至会做出非理性的行为。

1　Robert A N.Death Anxiety Handbook: Research, Instrumentation, and Application [M]. Washington: Taylor & Francis, 1994:12.

2　叔本华.叔本华说欲望与幸福[M].高适，编译.武汉：华中科技大学出版社，2012: 11.

　　在弗洛伊德看来，性是个体的生命密码，想要解释一个人的人格就一定要了解他的性。他几乎把人的所有问题都归结到性欲上。性就自己的意义而言无所不包，性是生命的根源和死亡的根源，它不仅解释生命，而且还解释死亡。[1]与其他物种相比，人类的性行为非常特殊，因为它不单纯是一种本能。人类的性欲有很多种唤醒和表达方式，一般也都有着文化的形式和意义。每个人都会根据社会伦理、道德准则对自己的性欲和性行为进行调节。

　　性与生殖相关，关乎生命的开始和延续。从最基本的层面来讲，性意味着创造生命，是死亡的对立面。性关系通过渴求自己永续存在和不朽的欲望来维持。[2]生殖是对抗死亡的方法，生殖力的衰退则意味着个体渐趋死亡。人们常常在性活动中发现死亡的存在，性高潮往往被象征性地说成死亡与再生。动物在孕育新生命时担负的死亡风险也更大。一些低等动物甚至要以生命为代价来保证后代的存活。

　　性还与肉体相连，而肉体必然走向死亡。性爱的生理过程容易让人产生肉体会死的念头，这必然会导致我们压抑性，而对性的压抑又使我们的思想过程更加性欲化。[3]性有时可以缓解我们的焦虑，但也可能诱发我们的焦虑。性既令人兴奋，有时也令人恐慌。针对女性的暴力很可能部分源于男性在性爱方面的矛盾情结：一方面要满足自己的性欲，另一方面又要否认自身的动物本性。这让男性有时对自己性欲的勃发感到不安。性有时被当作死亡的一部分而受到压制。

（一）性欲和性欲化的特征

　　人类性欲水平的个体差异很大，同一个人在不同年龄段的性欲水平

1　别尔嘉耶夫.论人的使命：神与人的生存辩证法[M].张百春，译.上海：上海人民出版社，2007：69.

2　福柯.性经验史（第二卷）[M].佘碧平，译.上海：上海人民出版社，2016：124.

3　弗洛伊德.图腾与禁忌[M].文良文化，译.北京：中央编译出版社，2009：114.

也会有变化。如果我们将性欲当作我们自身，我们就容易烦躁不安。一些过度强调性、注重性欲满足的人，也许只有在性关系或性幻想中才能感觉到自身的存在。但他们可能并没有觉察到自己的这种状态，意识不到自己一直在渴求性方面的成就。

人类对性的关注已经超过了性本身的生物学事实。对于人来说，性行为不仅出于生理的需要，还出于其他的需要，例如爱和亲密的需要。性是人类体验亲密关系的重要途径，能缓解孤独和恐惧，也因此可能会被高估，就像高估了爱一样，被认为具有解决一切问题的力量。[1] 因而，性的挫折也会给人带来孤独和沮丧。

性也是和另外一个人建立联结的方式。一位丈夫在儿子因癌症病逝才七个小时就要和妻子行房，多年后他对妻子坦白："其实我要的不是性。儿子死后我感到很茫然，不只是家里变得空荡荡，灵魂也是空的。我需要你紧紧抱着我，让我感觉我们彼此相连、互为一体。性是我唯一知道的方式。"[2] 性不只是肉体上的接触，更意味着情感上的亲密，甚至是关系中非常重要的一部分。对那些孤独的人来说，性可能是一种慰藉，但也可能是一剂毒药，在性高潮过后他们有时会更为孤独和空虚。

性还具有证明自己被需要的价值，常常被人们认为是权力、能力、尊严和地位的象征。福柯说，有性欲的地方，就会有权力关系。[3] 有些人需要和不同的女人发生性关系，为的只是满足他那所谓的征服感和控制欲。如果一个人觉得性剥夺代表着异性对他的排斥，代表他低人一等、一文不值、不被尊敬的话，那么性剥夺很可能就会引起他的心理危机。[4]

---

1 霍妮.我们内心的冲突[M].杨柳桦樱，译.北京：台海出版社，2016：34.

2 罗斯，凯思乐.当绿叶缓缓落下——与生死学大师的最后对话[M].张美惠，译.成都：四川大学出版社，2008：84.

3 福柯.性经验史（第一卷）：认知的意志[M].佘碧平，译.上海：上海人民出版社，2016：69.

4 戈布尔.第三思潮：马斯洛心理学[M].吕明，陈红雯，译.上海：上海译文出版社，1987：86.

如果伴侣中有一方觉得自己在关系中被利用、被支配或被贬低，那么通常在性关系中也会有同样的感受。

性欲望和性幻想有时也是自我防御机制的一种。人们可能会经由潜意识，将恐惧、痛苦或其他难以接受的感受转化为性兴奋，我们将这个过程称为性欲化。[1] 从生理层面上来说，所有能够唤起神经兴奋的情感，包括焦虑、恐惧、忧虑，都可能导致性的兴奋。性兴奋时的紧张感与焦虑不安的状态有些类似，都会使人想去平复兴奋状态。长期焦虑的人，通常在缺乏引发焦虑的情境下也会表现出较高的唤醒水平。然而，通过性来缓解焦虑的人，也容易把焦虑带到性关系中。

在性欲化中，性关系或性幻想并不主要是为了追求性的满足和快乐，而是利用性来防御焦虑以及证明自身的存在。在内心深层次的问题没有得到解决之前，性欲化的性容易发展成性上瘾，即不断通过强迫性的性关系来摆脱内心的不安和焦虑。性上瘾者一般并不在乎性伴侣的感受，而只是通过对方来满足自己的性需要，他们需要不断更换性伴侣来满足自己。恐惧、不被爱和无价值感的痛苦越强烈，性的冲动也就越具有强迫性；而当压力、恐惧或痛苦减弱时，性冲动也会变弱或不那么具有强迫性。

性上瘾者常被一种无力感和低自我价值感包围。当这些感觉集中爆发出来时，他们可能会感受到一种强烈的性欲望，并极力寻找潜在的性伴侣。他们中有的会在愤怒和绝望中自我封闭，另一些则可能在愤怒和绝望中攻击他人。他们会不断地从一次邂逅走向另一次邂逅，从某一个性伴侣走向另一个性伴侣，每一次都希望下一个伴侣是他们的归宿，但每一次性体验都只是给他们的性欲带来短暂的缓解，然后对性的渴求很快又会再次回来。

只有肉体的接触同时也是爱的亲密时，人们才会体验到性生活的快

1　麦克威廉斯.精神分析诊断：理解人格结构[M].鲁小华，郑诚，等译.北京：中国轻工业出版社，2015：127.

乐；没有爱的性生活，以及那些由于强烈刺激而产生的高峰体验都是一样的，高峰体验一过就会出现失望、空虚感。[1]性欲化的性活动过后，带来的不是满足感和幸福感，而是惆怅和失落。上瘾性的性吸引是一种症状，是对内在情绪觉察的抵抗。在这些痛苦的情绪真正得到处理之前，强迫性的性冲动会一直存在。

性欲总是将我们引向一个对象，不可避免地会给我们带来孤独的体验，让我们感觉到自身的不完整。我们需要与他人在肉体上进行结合，才能得到性欲的满足。性关系是与他人建立亲密联结的重要途径，从一开始，这看上去是一个很有希望的开端，因为性是需要他人参与的人类需要；但它又没有看起来的那么有希望，因为我们也可能在性中把他人仅仅当作满足自身的工具。[2]当人们因无力感而选择追求外在力量的时候，可能就会想去操纵那些比自己弱小的人。

强奸就可能是性欲化的一种极端表现。在强奸中，性和攻击行为结合在一起，性的动机通常很弱甚至完全没有。它让强奸者获得一种支配感和力量感，使他们觉得自己不再处于弱者的地位，而有能力给他人造成痛苦或快乐。特别是对男性来说，他们一般容易在性活动中释放攻击性和支配欲。当人想要利用别人来满足自己的某种欲望时，这种欲望的背后通常还有一个更深、更强烈的欲望在起作用。如果把强奸当作一种暴力行为，它背后也潜藏着恐惧，而恐惧通常是和死亡联系在一起的。

（二）性欲化的死亡焦虑

在一种压抑性的文明中，死亡本身也成了一种压抑的工具。[3]

——赫伯特·马尔库塞

1　弗洛姆.占有还是存在[M].李穆，等译.北京：世界图书出版公司，2015：105.

2　布鲁姆.爱的设计——卢梭与浪漫派[M].胡辛凯，译.北京：华夏出版社，2017：44.

3　李向平.死亡与超越[M].上海：上海文化出版社，1997：45.

　　人们有时会用性来缓解焦虑和恐惧。据说野蛮人包围罗马城的时候，手淫也盛行于罗马人之间。[1] 罪犯在作案后往往会频繁光顾妓院或去找情人。犯人在服刑前的最后一天，通常会纵情于吃喝与色欲之中。这么做显然不只是为了人生最后的享乐。当生命就要结束了，平时一直受到压抑的性冲动也更容易爆发出来。儿童有时也会用手淫来缓解自己的焦虑。

　　性是重要的生命驱动力，常常被用来对付死亡的念头，比如年老的鳏夫越来越害怕死亡，开始不加选择地与养老院里的女性发生性关系。[2] 对死亡的担忧经常会隐藏在性的面具之下。在意识到自己会死之后，人们通常比平时渴望更多的性行为，也更渴望进行无保护措施的性爱。一些患者在面临重大死亡威胁时会突然产生性的冲动。性让人感受到生命的热情，而这可能只是焦虑的一个出口。罗洛·梅说，性行为是平息内在死亡焦虑并通过生殖的象征来战胜死亡焦虑的最现成的方式。[3] 弗洛伊德认为，在任何一种民族文化里，抑制人们的性必定会增强人们的生存焦虑以及对死亡的恐惧；因为这么做，不仅降低了人们在生活中的乐趣，也使得个人失去了其本有的大无畏精神。[4]

　　性欲是年轻、有活力、有吸引力的重要体现，它可以让我们感觉自己离死亡尚远。按照精神分析的观点，死亡焦虑是对力比多（即性力）匮乏的一种担心。如果死亡意味着失去一切的生命力，那么性能力就是生命力最耀眼的一丝火花。有的人不光想要性，还想要证明自己拥有性能力。一些男人甚至相信只要他还能够勃起，还拥有性能力，死亡就不会降临。

　　性成了生命持续的可靠象征。性活动还可能创造出新生命，而这个

1　梅.焦虑的意义[M].朱侃如，译.桂林：广西师范大学出版社，2010：64.

2　亚隆.直视骄阳：征服死亡恐惧[M].张亚，译.北京：中国轻工业出版社，2009：201.

3　梅.爱与意志[M].冯川，译.北京：国际文化出版公司，1998：108.

4　弗洛伊德.性学与爱情心理学[M].郑永智，译.南昌：江西人民出版社，2017：167.

继承了自己基因的生命还象征着自我生命的延续。因此，性活动经常被人们用来否认或减轻死亡焦虑。日本电影《入殓师》主人公小林大悟在第一次看见尸体时内心受到强烈的震撼，回家后看到生鸡肉都感到恶心，然后紧紧地抱住妻子，急切地、疯狂地亲吻着她，想与妻子做爱，贪婪地感受着妻子身体的青春与鲜活。死亡让我们意识到自己孤独地活在这个世界上，而性则提供了一种真实或虚假的联结。

性欲高潮与入睡一样，也是一次小的死亡过程……死亡不是别的，就是要求人们放松自身的紧张状态，听其自然。[1]我们也经常用"欲仙欲死"来描述性高潮的感觉。在性活动中，总有瞬间的自我放弃，陶醉于性高潮——这一自我放弃可以理解为死亡与共生，而这个过程也可能带来更大的恐惧。[2]

与性伴侣融为一体的体验，也与生命最初的自然状态——孕育在母体环境中有很多相似之处。母体和胎儿既是两个独立的个体，又是一体。害怕分离，害怕死去，这些焦虑和不安促使我们寻找共生。而性可以帮助我们克服孤独和分离感。死亡焦虑会强化我们的自我感，性会让人在其中暂时忘掉自我，暂时遗忘自身会死的事实，这也是有些人不断渴求更多性经验的原因之一。

> 母亲死后一周，我就跟一个男人接了吻。两周后，我又吻了另一个男人。我跟这两个男人以及之后几个男人的关系只保持在浅尝辄止阶段……在母亲去世两年多后，我发现自己已经不再惧怕跨越我所谓的道德底线了。保罗（注：叙述者的丈夫）在明尼阿波利斯找到了一份工作，要求他立即从我俩的农场生活中抽身回明尼苏达。他接到消息后，我选择留在俄勒冈，和

1　德特勒夫森，达尔克.疾病的希望[M].贾维德，李健鸣，译.沈阳: 春风文艺出版社, 1999: 210.

2　卡斯特.摆脱恐惧和共生的方法[M].朱刘华，译.北京: 国际文化出版公司, 2008: 122.

农场女主人的男朋友翻云覆雨。我和我当服务生的餐厅里的厨师有过一腿，也和一个送过我一块香蕉奶油派和一次免费按摩的按摩师交过欢。与这三个男人的风流韵事，全都发生在短短的五天之内。于我而言，这感觉与那些有意自残的人所体验到的感觉别无二致：不光彩，不光明，不道德，但却没有什么可懊悔的。我只是在试着治愈自己的伤口，只是想把身体里的毒排出来，好让自己康复起来。可以说，我这是在试着自己医自己的病吧。[1]

而且，人一旦迷上了性刺激带来的快感，通过性来舒缓死亡焦虑，就容易沉溺于这种快感的诱惑之中。性放纵者可能是一个非常焦虑的人，他们把性当作逃避负面感受的方式。当企图通过性来减缓焦虑而又得不到时，性就会变得具有强迫性，性欲对象也会被泛化。而当人们处于性欲的控制之下时，反而更容易感到焦虑，体验到空虚和孤独。也就是说，通过性欲缓解焦虑有可能进一步强化焦虑。

我们需要和自己的性欲拉开距离，观察它，感受它，理解它。如果我们不与自己的性欲拉开距离，不去了解性欲的整个过程，就容易把性欲投射到他人身上，并试图控制他人以满足自己的需要。比性欲本身更为重要的是它所代表的意义及它所导致的后果。性欲经常被我们用来克服内心的空虚、无聊、孤独和无意义感，而这些问题本可以不必通过性欲的满足来解决。当我们对自己的性欲有了自我省察的能力时，性欲的强迫性和冲动性便会减弱。为此，我们需要试着看清自己的性欲以及觉察伴随性欲而来的感受。我们可以通过性欲去了解、探索自己的潜意识。

刚出生时，人的欲望和需求几乎没有区别。婴儿渴望妈妈，因为需求妈妈的同在。随着独立能力和忍受能力的发展，需求开始不同于渴望。然而，有些儿童不愿意区分需求和渴望，他们经常发脾气，以重新获得

1　斯特雷德.走出荒野[M].靳婷婷，张怀强，译.北京：中信出版社，2013：30-31.

对妈妈的控制。如果孩子的需求总是得到满足，那么得到的可能只是一个空洞的胜利，需求也会变得更多而不是更少。[1]可以说，每一种欲望都是心理上的，即使这种欲望是通过身体得到满足的。而心理上的欲望会不断升级，在片刻的满足之后又会渴求再次满足或出现新的欲望，也就是说，人的欲望永远不可能完全得到满足。在佛教的教义中，欲望永远不能满足的这种本性使得人生与受苦紧紧联系在一起。

> 有人对一个人说："难道你不渴望吗？"
> 那人答：我渴望的是我不渴望。[2]

桑德尔·费伦奇认为一个完全自足的状态是：不是所有的需要都得到了满足，而是根本不需要有需要，也只有这个阶段才是真正意义上的全能。[3]欲望强烈之人，其所感受的痛苦也就更深，因为欲望经常让其心灵不得安宁。如果我们不能够理解和应对渴求，那么它将容易导致成瘾。大多不合理或过于强烈的欲望，基本都源于个人的焦虑和缺少安全感。一个人能够放下的欲望越多，他就越自由。

二、攻击性

一方面，我们害怕死亡，尽量将死亡威胁减少到最小，甚至不承认自己会死；另一方面，我们有时又采取截然不同的态度对待他人的死。我们有时会希望惹怒我们的人立马死去。人类的历史充满了各种战争和凶杀，大量的人在战争、动乱、恐怖袭击中死亡。死亡，特别是非自然的死亡，常常与暴力有关。暴力也是导致年轻人死亡的主要因素之一。

1　凯斯门特.向病人学习[M].叶冬梅，译.上海：华东师范大学出版社，2018：126.

2　古筛勒.古筛勒苏菲论集[M].潘世昌，译.北京：商务印书馆，2016：156.

3　布隆伯格.让我看见你：临床过程、创伤和解离[M].邓雪康，译.上海：华东师范大学出版社，2017：58

> 有人对一个修士说："你是一个修士。"
>
> 他说："不，我只是一个护狗者。我的内心就像一条咬人的恶狗，如果我把它放出来，它会伤害到人们；如果我看护好它，人们就安全了。"[1]

弗洛伊德认为，一切生命的最终目标乃是死亡，这种本能就是促使有机体回归到无生命状态中去的死亡本能，而死亡本能的一部分会转向外部世界，以攻击性和破坏性的形式表现出来。[2]按照弗洛伊德的说法，人性中的攻击性乃是死亡本能向外转化的结果。此时，死的欲望转化为杀戮的欲望、毁灭的欲望和统治的欲望。

攻击性代表着生本能与死本能的一种融合。这种融合通过使死亡本能固有的自毁倾向向外转化，通过把死的愿望转化为攻击的愿望，而使有机体得以从自毁倾向中获得拯救。换句话说，人通过毁灭他人而战胜自己的死亡本能，即通过调整死亡冲动的对象而从中得以解脱。在克莱因看来，婴儿在一开始就对客体充满了攻击性，他有着由受挫带来的破坏幻想。有些人通过攻击他人和他人之死来缓解死亡恐惧。那些虐待狂，那些奴役他人的人，都可能是在释放自己的死亡焦虑。

攻击行为起初是为了自我防卫，对维持个体生存和种族延续具有重要意义。攻击行为有时还被看作英勇的表现，成为反抗压迫和束缚以及证明自己勇敢的行为。人性里究竟潜藏了多少暴力，我们不得而知。但毫无疑问，狂怒和攻击性是人性的一部分，而我们需要接受和面对这些。我们可能在某些时刻突然发现自己有很强的攻击性。

罗斯：为什么人类能够做出如此惨绝人寰的暴行，尤其是

1　古筛勒.古筛勒苏菲论集[M].潘世昌，译.北京：商务印书馆，2016：103.

2　弗洛伊德.文明及其缺憾[M].杨韶刚，译.北京：中国法制出版社，2018：189.

杀害那些无辜的孩子？

　　果尔达：你也完全有可能做出那种事。如果你在德国纳粹环境中长大，你就容易变成做那种事的人。我们每个人心中都有一个希特勒。[1]

　　我们首先要接受自己是有攻击性的，试着去看见自己内心的暴力，而不是一味地想变成一个没有暴力的人。如果我们的内心充满恐惧而不是祥和，那么难免将他人模棱两可的行为解读为怀有敌意的威胁。对安全感的过于渴望，容易导致我们向外投射出敌意。有时候之所以做出暴力行为，是因为我们在不断地渴求安全感。

　　一个人越恐惧，其心理能量的消耗就越大。当恐惧特别强烈时，攻击性又不能被合理调节，它就容易使人做出攻击行为。很多小孩不知道如何缓解恐惧，他们只好大吼大叫或乱打一通。在生活中，我们常常见到有些人内心充满着不安全感，他们却表现出足够"勇敢"的行为，以此来逃避内心的恐惧和脆弱。

　　一个杀人犯在被判死刑后写了一份手稿，其中有这样一段自我剖析："我完全明白我不是什么好人，也没有任何人喜欢我，尊敬我。这一点并不使我烦恼，因为我也不喜欢、不尊敬任何人。我藐视、厌恶和憎恨一切人，包括我自己。我现在唯一的感情就是憎恨和恐惧。我现在已经丧失了我曾经有过的享受生活的力量。我只有忍受痛苦……我天性中本来可能拥有的任何高贵感情，都早已经兽性化和不复存在了。"[2]

　　一些攻击行为是儿童时期发展出的憎恨情感的结果，或是对攻击者的认同。长大后，一些不公正的现象很容易激起他心里不可遏制的报复情绪。而且，报复的对象会从最初仇恨的人转移到其他人身上。攻击并

1　罗斯.生命之轮：生与死的回忆录[M].范颖，译.重庆：重庆出版社，2013：62-63.

2　门林格尔.人对抗自己——自杀心理研究[M].冯川，译.贵阳：贵州人民出版社，1990：177.

不总是通过公开的暴力行为表现出来，它也可能存在于幻想或者梦中，甚至是一个精心设计的复仇计划中，它所指向的目标可能是被意识到的挫折的来源，也可能被移植到一些完全无辜的对象上，甚至被引向人自身而导致自杀。[1]

一旦自我的存在价值受到威胁，对未来丧失了信心，缺少自尊的人更容易出现暴力和攻击行为。在面对模棱两可的情境时，相比于那些拥有安全感的人，缺乏安全感的人的交感神经系统更容易被激活。一些患者的愤怒与敌意常常是针对潜在焦虑的反应。如果怒气长久被压抑，无法直接宣泄出来，那么我们就更容易出现身心症状。

焦虑常让人体验到无助和不安，当人无法忍受时便可能通过攻击来缓解焦虑。欧文·亚隆的一位患者娜奥米在一次治疗中突然蹿升起一股怒火，而在下一次咨询中她自己从一首诗中领悟到："我的愤怒肯定和我目前的人生状态有关，我的衰老和死亡就在不远处了。所有的一切都会被带走，我的臀部、我的肠胃、我的性欲、我的力量、我的听力和视力。我很虚弱，毫无防备，只有等着死亡来临……我对我的岁月即将结束充满了愤怒，而我那些可悲而无能为力的话显然是在为光明而挣扎，我不想死。"[2] 显然，娜奥米发怒的背后隐藏着她内心深处对死的恐惧，而发怒可以帮助她暂时摆脱衰退和无力的感觉。当能够在愤怒中看到自己的悲伤和无能，我们才能反思到底发生了什么事情。

为了逃避死亡恐惧带给自己的焦虑，以及获得一种情绪的平静感，人们有时会对他人实施暴力，试图用别人来阻挡甚至替代自己的死亡。[3]五岁以下的儿童通常会在父母去世后表现出攻击行为。受社会文化观念的影响，相比女性，男性通常不能很好地表达焦虑，他们一般会通过攻

1 多拉德, 杜布, 米勒, 等.挫折与攻击[M].邢雷雷, 译.北京: 中国人民大学出版社, 2018: 9.
2 亚隆.直视骄阳: 征服死亡恐惧[M].张亚, 译.北京: 中国轻工业出版社, 2009: 225-226.
3 萨瓦特尔.永恒的生命[M].于施洋, 译.北京: 北京大学出版社, 2010: 90.

击来宣泄焦虑，因而男性在焦虑的状态下更容易做出攻击行为。如果人能坦然地接受死亡，就不太会把死亡本能转化为攻击行为。

如果整个社会面临着死亡的威胁，那么由此引发的恐慌可能会导致暴力犯罪的增加。战争、暴乱、日益增加的谋杀和其他犯罪事实，可能暗示着人类处理自身攻击性和接受死亡的能力越来越差。[1]在恐怖主义者的观念里，为了一个"崇高"的目标，杀人是理所当然的，甚至是必需的。如果人们都能够认真考虑死亡意味着什么，觉察自身对死亡的态度，或许暴力和攻击行为就可能会明显减少。

从生理活动的角度来看，恐惧和与攻击相关的愤怒存在着密切的关联。愤怒时产生的肾上腺素，对有机体具有广泛的效应，因为肾上腺素密布于血液之中。而肾上腺素主要参与交感神经系统的调节作用。交感神经系统被激活会导致整个有机体处于兴奋的状态。气愤、恐惧和焦虑都是激活交感神经系统的情绪。判断情绪的性质主要依据有机体对威胁情境的诠释而定。如果威胁被诠释为可经由攻击进行控制，那么此时的情绪多半是气愤，于是有机体的反应便是攻击。如果威胁超过有机体的掌控范围，而只能选择逃离，那么此时的情绪一般是恐惧。或者，如果威胁让有机体处于进退两难的无助状态，那么，此时的情绪通常便是焦虑。

当我们感到自己内心有攻击的冲动时，不要急于认为自己是可怕的、有暴力倾向；或是去压抑这种攻击的冲动，认为它是不合理的、不属于自己的。我们每个人都有攻击和暴力的因子。当这些因子蠢蠢欲动时，我们要做的是审视自己的内心，明晰攻击冲动的来源是愤怒、恐惧还是焦虑。只有正视自己内心的"魔鬼"，我们才有可能驯服它。

1　罗斯.死亡心理奥秘[M].俞国良，杨福康，编译.北京：中国国际广播出版社，1990：15.

三、自杀

> 最糟糕的生活方式是害怕生活，而最糟糕的死亡方式是害怕死亡。[1]
>
> ——迈克尔·雷明

自杀在全世界范围内普遍存在，每天都有人因自杀而死亡。对很多人来说，自杀是一种难以理解的极端行为。对自杀的一个通常定义是：一个人基于杀死自己的意图而故意实施的自我结束生命的行动。自杀者在实施自杀的时候，已预知自己的行为可能导致死亡。也就是说，自杀是自杀者的一种自我选择。自杀的意图又可以分为两种：隐含的意图和明示的意图。前者指自杀者的行为本身所隐含的意图，通常较难判断。

例如，一个不会游泳的人却非要去深水区漂流，一个自知有心脏病的人却不停地吃高脂肪食物，一个肝病患者明知自己的身体不宜饮酒却仍继续酗酒，一个知道超速行驶可能会出车祸的人依旧把车开得飞快，这些算是自杀行为吗？

做危害自身生命的事似乎可以算是自杀的一种形式。一个疯狂工作而无心顾及自身健康、最后在工作中死去的人，在一定程度上可以说，他用过度劳动杀死了自己。还有一些人故意实施威胁他人生命的犯罪行为，迫使警察开枪击毙他们，这种类型的隐形自杀被叫作"借助警察自杀"。

但总的来说，不管有没有明显的自杀意念，自我伤害行为都可以被视为有自杀企图的体现。自杀的企图还可有急性的、慢性的或隐秘的，有些自杀企图在很长一段时间内并无显露，但当新的问题来临时它就出现了。[2]自杀企图通常会持续数月，但对一些人来说也许会超过一年，对

1　雷明，迪金森.温暖消逝：关于临终、死亡与丧亲关怀[M].庞洋，周艳，译.北京：电子工业出版社，2016：48.

2　沃瑟曼.自杀：一种不必要的死亡[M].李鸣，等译.北京：中国轻工业出版社，2003：49.

于心境障碍患者来说可能会持续数年甚至更久。有些人在自杀的那一刻便立马感到后悔。冲动型自杀往往在自杀未遂后就不再自杀了。生死有时只在一念之间。当一个人下定决心自杀时，他内心的渴望和需求又是什么呢？

对不同的人来说，自杀企图有不同的含义，有时候需要深入分析才能明白想要自杀的人的真实意图。当有人说"我想要自杀"，并不意味着这个人真的想死。自杀的想法往往有其无意识的含义，比如"我很愤怒""我很受伤""我不知道该怎么办""我不知道该怎么活下去""我想和过世的亲人重聚""没有人感激我的付出，等我死了他们就知道后悔了"等。仅阻止某人自杀是不够的，我们需要知道他想通过自杀来传递什么信息，以及真正困扰他的问题是什么。比如，一个人在很愤怒时想要自杀，可能是因为他不想让自己意识到这种愤怒，而这背后可能跟他不喜欢把自己看作一个愤怒的人有关，或者因为害怕被让他愤怒的人抛弃。

门林格尔在《人对抗自己》一书中提出了一个观点，每个人都以他自己所选定的方式，或快或慢、或迟或早、或直接或间接地杀死自己。人性中固有的破坏冲动总是要寻求宣泄，如果这种破坏冲动不能施加于外界，就会转而投向自己。我们在临床实践中常常发现，患者并不像他们自己所说的那样希望恢复健康。事实上，有些患者还会有意制造某些痛苦、疾病和意外事故，以种种方式摧残、毁灭自己。有些人活活把自己作死，可能就是不太想活了。

有人说，自杀是苟活的失败。没有谁的生活是容易的。当压力过大，严重超出我们的承受能力时，生存就变成了一种不堪忍受的巨大折磨。如果人对生存感到绝望，觉得活着太过痛苦，自杀就可能成为一种解脱方式。即使最健康、最乐观的人，在某些情况下也有可能产生想一死了之的念头，而当他对苦难或对某一不可避免的灾难的恐惧超过了对死亡的恐惧时，他就可能选择自杀。[1]人在极度沮丧、抑郁时，若是看不到希望，自杀意念也就可能变成行动。如果对生的厌倦和恐惧压倒了对死的恐惧，便可能促使人走向自杀。

大部分人都不会无缘无故地想要自杀。一个人可能由于遭遇严重的挫折而产生自杀意念，甚至自杀死亡。自杀者在自杀的近一年内一般都经历过严重的负性生活事件，例如被性侵、经济问题、考试失败、重疾在身、婚姻冲突或亲人去世等。这些负性生活事件容易让我们体验到孤独感、无望感和无价值感，进而把自杀看成唯一可能的出路。这种情况的自杀大多因为自杀者的自恋受挫，他们想结束的也许只是痛苦而已，归于死亡也就不用再饱受欲望与现实之间的焦虑折磨。

按照弗洛伊德的观点，自杀主要源于人性中的死亡本能。当人们感到难堪、耻辱和憎恨的时候，通常会产生强烈的攻击反应。而由于良心的作用，至少在潜意识里，怀有攻击欲的人大多有一种类似被惩罚的需要。所以，攻击性有时候会转向自身。在严重的情境下，由耻辱和羞愧引起的自我憎恨可能会进一步导致自杀。从这个意义上讲，自杀就是对自我的谋杀。因而，我们可以把死亡本能理解为人的自毁倾向。如果自毁倾向没有被觉察到和抑制住，就容易导致人不知不觉走向自杀。

在某种程度上，我们都在创造着自己的环境。一个人要是真的想死，就很难活下去，他总会"制造"一些事端，让自己不能好好活着。自杀者也参与创造了一个自己在其中非用自杀就不能逃脱的情境。通常在自杀之前，自杀者早就有自毁的倾向，他们的心理和情感过程已经死去。往往在压倒他的最后一根稻草放下很久之前，自杀者就已经被一步步推向自杀的深渊，其自毁倾向通常比我们所能了解到的时间出现得更早。

---

1 叔本华.叔本华论说文集[M].范进, 译.北京: 商务印书馆, 1999: 18.

一个出纳的自杀

在一个小城镇有一个和蔼、诚实的出纳员，他人缘很好。有一天下班后，他把自己锁在办公室里，带着手枪。次日早晨，他死了。人们随即发现他私自挪用了数千银行基金。朋友们不相信这个人会做出这种事。后来的舆论是他经不起良心责备而无理性地自杀，因为他起先向诱惑让步，后来又懊悔不已。因此，自杀虽然凄惨，也是最适当的后果。

过了数星期，事情又有了新进展。人们发现他与一个女人有私通关系。于是大家对他自杀原因的解释开始有了变化。新的问题来了，也就有了新的解答。城镇里大部分人都认为："一个有家庭的正经男子如果牵涉到不道德的男女关系，他就没有了荣誉心。"还有些人认为："他要养活那女人需要钱，真正杀害他的是那个女人。"

有辨识力的人会进一步探讨这种复杂的出轨事件对一个堂堂男子的生活意义。至少他们要问：为什么"性"使他无力抵挡钱财的诱惑。其实，他最亲密的朋友才能了解他和太太的关系很不快乐。他的医生才能了解他二十年的婚姻生活，他一直因为太太的性冷淡而不得满足。

于是少数了解内情的人会说：是他的太太错了，她太冷酷、无情。

但这种解释也不全面。既然如此，为什么他当初还要和这个女人结婚？为什么他还要维持这段婚姻长达二十年之久？

这时他的一个挚友出声了：到底，你们都不懂他母亲，她冷酷至极，她看钱比看孩子重。因此，他没有选择对象的自由，也不能以更完满的方式与太太相处，这是不足惊讶的。事情确系如此。

现在我们已把这件城镇居民都以为明显又简单的事件做了深入的推演。我们可以理解，许多显而易见的原因背后还可能隐藏着不为人知而又错综复杂的缘由。[1]

1　迈宁格.生之挣扎[M].胡海国，等译.北京: 光明日报出版社，1988: 13-14.

　　负性生活事件很多时候仅是自杀的导火索，而并非导致自杀的根本原因。自杀一般有更深层次的原因，而这个原因有时甚至连自杀者本人也未必能觉察到。比如，有一个学生因为考试作弊被抓就跳楼自杀，细想一下，考试作弊被抓这件事本身就足以使一个人非得自杀不可吗？更深层的原因很可能是这个学生的低自尊，这使他很难承受任何有损自尊的挫折。那么，又是什么导致了他的低自尊呢？

　　破坏自己的正常生活是伤害自己的一种方式。按照精神分析的说法，自杀者通常有强烈的愤恨、敌意和攻击性。自杀可能是处理自身攻击冲动的一个结果。一个人对另一个人很生气，假若他那时正在刮胡须，他就很容易刮破自己的皮肤。如果人们过于压抑，无法得到快乐和发泄痛苦，他们就可能借助自杀这种有力的破坏形式，满足自己的本能愿望。[1]

　　弗洛伊德认为生与死在有机体内部发生着不可调和的斗争，这一斗争会在每个人身上产生自发的冲突，并在神经症患者身上表现为对治愈的潜意识恐惧。[2]在一个有自杀倾向的个体的意识中，生与死的意念总是进行着激烈的较量，他们在生死间左右徘徊。"我产生了一个矛盾的感觉：对生活的厌倦压倒了我，而对死亡的恐惧又同样强烈。"如果生的恐惧战胜了死的恐惧，那么，人就可能结束自己的生命。

　　生和死是分不开的，只害怕死几乎是不可能的。大多数恐惧，到后来不仅是对死的恐惧，也是对生的恐惧。我们的压抑中至关重要的事情也总是对生与死的恐惧。可以说，对死的恐惧也蕴含着对生的恐惧。当你想自杀的时候，你会发现有些东西比死更重要；当你想活下去的时候，你会发现有些事情比活下去更重要。没有能力肯定死，也就没有能力肯

1　弗洛伊德.一个幻觉的未来[M].杨韶刚，译.北京：华夏出版社，1999：54-55.

2　库少雄.自杀：理解与应对[M].北京：人民出版社，2011：121.

定生。有些人对什么都害怕，因为他恐惧生命本身，无力应对任何痛苦或危机。

生的恐惧，包括孤独、没有归属感、无法生存等，并不是对特定环境的反应，而是一种对活在这个世界上的恐惧。[1]生的恐惧使个体恐惧必须过着孤寂的生活，恐惧伴随独立自主而来的焦虑。否认和掩饰死亡，可能源于生的欲望得不到满足。只要生与死的冲突仍在进行，焦虑便始终存在。人只有承受生和死的恐惧，才能真正活着。人的一生就是在生的恐惧和死亡恐惧这两极间来回穿梭。

不仅怕死，也怕活，这是人生存的悖论。人在一生中进行着双重的斗争：为了生命，活出自我；以及为了永生，克服死亡恐惧。作为生命本身的自我肯定，既包含自我保存与自我发展的肯定，也包含对属于生命的死亡的肯定。如若缺乏存在的勇气，用以对抗生的恐惧和死的恐惧，人就容易衍生自毁的倾向。我们既要发挥出生的欲望的力量，也要接受对死的恐惧的存在。

自杀的类型形形色色。例如，迪尔凯姆在《自杀论》中将自杀分为利己型、利他型、动乱型、宿命型，门林格尔在《人对抗自己》中将自杀分为急性自杀、慢性自杀、局部自杀和器质性自杀。不同类型的自杀有不同的性质，它们的特点也不尽相同。自杀很少是单一原因造成的结果，而是生理、心理和社会等因素综合作用的结果。有些人只是因为遇到挫败和困难而一时冲动选择自杀。有些自杀者持有一种不可思议的死亡观，认为死亡是暂时且可逆的。根据前文关于对死的恐惧和对生的恐惧的论述，本书将从"为死而自杀"和"为生而自杀"两个角度来分析自杀。

---

1 祖卡夫，弗朗西斯.灵魂之心：情绪的觉察[M].阿光，译.北京：华文出版社，2010：130.

（一）为死而自杀

> 有时对死亡的恐惧把一个人抓得那么紧，
> 以致他开始厌恶他的人生，袖手旁观，
> 他悲伤的内心决定自杀，
> 浑然不知这恐惧是他抵御不了的源头。[1]

有的自杀就源于自杀者对死亡的恐惧。一些自杀未遂的人说："我自杀，其实是因为我很怕死。"对于他们来说，与其在恐惧中等待死亡，不如用死亡终结恐惧。蒙田在《论恐惧》一文中提到，有多少人因为忍受不了恐惧而上吊、投河或跳崖自杀，这足以证明恐惧比死亡更可怕、更难受。[2]有些人由于找不到生命的意义，认为唯有自杀才能解脱死亡焦虑的折磨。这些人对死亡感到恐惧和绝望，因而把自杀当作摆脱恐惧和绝望的出路。死后面临着末日审判，由此产生的恐惧比死亡本身更令人恐惧。当死亡是最大的危险时，人希望生；但当人认识到更恐怖的危险时，他希望死。[3]

有位来访者在咨询时说道："我想要结束自己的生命，是因为我不想再承受对死亡的恐惧了……我不想再处于持续的焦虑之中，我无法忍受，这太糟糕了，唯一的解脱方法也许只有自杀，死了，我便可以享受死后的安宁和自在。"我们在临床中可以发现，有些人在面对死亡时以放弃生命为代价来摆脱死亡焦虑，就像有些死囚提前结束自己的生命一样。在这里，自杀并不是为了死，而是用以对抗死亡焦虑的一种方式。这类人更多的是惧怕死亡，而不是不想活了。人们有时宁可跳下救生艇被淹死，也不愿面对更大的折磨——不知道自己能否或何时可以被拯救。

1　埃文斯.生活的哲学[M].贝小戎，译.北京：中信出版社，2016：108-109.

2　蒙田.蒙田随笔[M].李林，戴兴伟，译.上海：上海三联书店，2008：35.

3　克尔凯郭尔.致死的疾病[M].张祥龙，王建军，译.北京：商务印书馆，2012：20.

因为恐惧死亡，不敢去死，但又因为认识到人终有一死，有些人便丧失了活下去的希望。换句话说，一个人可能因为恐惧死亡而陷入对生命的憎恨，最终走向自杀。当死亡恐惧越来越强烈，并且挥之不去，它就会加剧人们继续活下去的困难，从而使自杀这种直接而彻底的逃避行为比以往任何时候都显得更有诱惑力。[1] 面对无法逃避的死亡焦虑，有的人反而逃到死亡中去。那些陷入孤立和绝望状态中的人，为了摆脱这种绝望的处境，除了自我毁灭之外，似乎没有别的出路。

自杀也是一种使死亡免于异化的形式。自杀是一种主动的行为，让人感觉到自己可以掌控自己的命运。在自杀中，死亡是一件自己可以安排的、确定的事。在这个过程中，个体可以确证自己的存在。除了自杀，有些人还会通过自残来确证自己的存在。

> 有一名男子，曾想自杀，一天他跳入河中，但河水较浅。他试图找到一个能将自己淹没的地方，这时一位海关人员察觉出他企图自杀，就用枪瞄准他，威胁说，不从河里出来就开枪了。于是男子心平气和地回家了，再也没有产生自杀的想法。[2]

死亡有时被看作解脱之道。当人们承受不了活着的焦虑和不幸时，便可能想回到生命之初的平静状态。弗洛伊德认为，当生存竞争日益加剧而使人极为疲惫时，死亡本能便可能会被唤起，使人想结束生命以获得解脱。我们在生活中偶尔也会听到有人说："要是能暂时死一下就好了。"人们恐惧死亡，竭力逃避死亡，但有时又通过自杀来逃避恐惧，这不能不说是一种悲剧。

通过自杀来逃离恐惧和痛苦是极端且不可挽回的。阿尔贝·加缪说：

---

1 辛格.我们的迷惘[M].郜元宝，译.桂林：广西师范大学出版社，2001：71.

2 迪尔凯姆.自杀论[M].谢佩芸，舒云，译.北京：台海出版社，2016：32.

"对尚未克服死亡恐惧的人来说，他们是无自由可言的。但不是用自杀的手段来克服死亡恐惧；要克服死亡恐惧，不可放弃自身……自由只有一种：与死亡携手共赴纯净之境。"[1]

（二）为生而自杀

> 人之所欲，生甚矣；人之所恶，死甚矣；然而人有从生成死者，
> 非不欲生而欲死也，不可以生而可以死也。[2]
>
> ——荀子《荀子·正名》

莎士比亚在《哈姆雷特》里写道：生存还是死亡，这是一个值得考虑的问题。加缪在《西西弗神话》开篇中也指出：真正严肃的哲学问题只有一个，那便是自杀；判断人生值不值得活，等于回答哲学的根本问题。[3] 只有人才会把生命的意义看作一个迫切的问题，把怎样生存看得比生存本身更为要紧。那些自杀的人在生前常给人一种印象：他们总是对人生的意义表达消极的态度。费尔巴哈曾说：一个愿意生活的人，一个在自己的观念或想象中愿意长生不老的人，怎么会自杀呢？[4]

有的人不愿意面对生活的压力，不愿意进入生活的种种不确定性。敢于生活，同时也意味着敢于去面对死亡。一个尚未坚强得敢于去死并因而尚未坚强得敢于生活的自我，它最根本的法则就在于，它对内在世界和外在世界的意识都打上否定的烙印；经由否定，对生与死的恐惧减轻到我们可以忍受的程度。[5] 丧失了生活勇气的人，会以某种方式从生活中退缩，而自杀可能就是其中一种极端方式。

1　贝克勒, 等.哲言集: 向死而生[M].张念东, 等译.北京: 生活·读书·新知三联书店, 1993: 125.

2　方达.荀子[M].北京: 商务印书馆, 2016: 402

3　加缪.加缪全集[M].丁世中, 沈志明, 吕永真, 译.石家庄: 河北教育出版社, 2002: 69.

4　宋永毅, 姚晓华.死亡论[M].广州: 广州文化出版社, 1988: 38.

5　布朗.生与死的对抗[M].冯川, 伍厚恺, 译.贵阳: 贵州人民出版社, 2009: 142.

导致人们自杀的原因还有一种古老的愿望——对永生不死的追求。有些人在准备自杀时坚信：自己在死后会被人们记住，或者以另一种形式永生。"如果我现在自杀的话，人们会在很长一段时间内记住我。"跟正常人相比，那些自杀未遂的人更倾向认为死亡是可逆的，相信死后还有另一个世界的存在。这些人不怕死，敢于去死，可能是因为在他们看来死亡并非终结或不可逆，甚至还可能是一件美好的事情。

日本人认为，在某些场合，为了履行对名誉的义理，自杀是理应采取的高尚行为，在捐献生命之际，能体验一种慷慨、凄凉与道德升华的满足。[1]武士道精神已经深入日本人的灵魂，是日本人思维方式的一个部分。"所谓武士道，就是看透死亡。于生死两难之际，要当机立断，首先选择死。"[2]这是日本著名的武士修身书《叶隐闻书》中的名句。当武士献出生命以维持其荣誉和名声时，他们的自杀会被视为英勇的行为。自杀似乎不是一个人的权利，而是他的责任和荣耀。如果他未完成这个义务，便是一种耻辱。一个人若以适当的方式自杀，就能够洗清污名，恢复自己在祖先世系中的名誉和地位。

一些恐怖主义分子狂热地信奉某种意义系统，这种意义系统主张自杀性攻击是"圣战"行为，认为只有这样才能确保其灵魂在永恒天国的最高等级获得永生，于是，客观上极不理智的想法在恐怖分子的头脑里彻底变成了理智的东西。[3]对恐怖分子来讲，自杀使个人的永生得以保证，是一种英雄式的行为，有利于自己的信仰。

我们不用刻意回避自杀的话题，但在谈论时不应将其看作一种光荣或浪漫的行为，也不能认为它是完全病态的。不恰当的宣传会让人们对自杀产生误解和恐惧，甚至有诱导人们自杀的危险。如果确实有死亡本

1　李建军.自杀研究[M].北京：社会科学文献出版社，2013：404.

2　山本常朝.叶隐闻书[M].李冬君，译.桂林：广西师范大学出版社，2007：9.

3　多兹尔.仇恨的本质[M].王江，译.北京：新华出版社，2004：13.

能的存在，那么在心灵的深处也必然会有应对这种本能的方式。死亡焦虑可能就是对死亡本能的一种反应，用以缓冲死亡本能的高涨。克尔凯郭尔指出，死亡焦虑中真正的恐惧不是死亡本身，而是我们每一个人在内心对斗争的双方都支持这一事实，即正如他所说的，焦虑是对一个人所恐惧之物的欲求。[1]

我们既要不害怕死亡，也要不厌恶生活，不能通过逃避生活来逃避对死的恐惧。因为恐惧死亡而自杀，或者因为活得不如意而自杀，都不是坦然之死。我们的生命并非只属于我们自己。自杀会给亲人、朋友留下无限的悲痛。活到死也是一种责任，自杀则明显放弃了这种责任。繁重的压力有时把我们推到了死亡边缘，但在死亡面前，我们仍然可以选择活下去。

四、冒险行为

一方面我们想活得久一点，但另一方面我们有时又会做些冒险行为，比如蹦极、酗酒、徒手攀岩、危险驾驶等。虽然这些行为不一定会被认定为自杀行为，但它们却又都会威胁到我们的生命的安全和身体健康。有些人明知道这些行为具有一定的危险性，却还是毅然参与其中。如果一味否认死亡的做法行不通，有些人可能就会企图以向死亡挑战的方式来征服死亡。

有研究发现，在意识到自己的必死命运后，人们更愿意从事如蹦极、激流冲浪、高空跳伞、危险驾驶、酗酒等高风险活动，相比女性，这种影响在男性群体更为普遍。[2]对他们而言，有一些风险还不够，必须是比

1　梅.存在之发现[M].方红，郭本禹，译.北京：中国人民大学出版社，2008：3.

2　Hirschberger G, Florian V, Mikulincer M, Goldenberg J & Pyszczynski T.Gender differences in the willingness to engage in risky behavior:a terror management perspective[J].Death Studies, 2002, 26:117-141.

平常大得多的风险才行，这样事后才能在潜意识里认为自己是无懈可击的。但这种对抗恐惧的行为往往会导致个体不能够准确地评估风险。

很多青少年在思考死亡时，可能一方面觉得死神离自己还很遥远，另一方面又觉得死亡是如此可怕，以至于他们可能会躲避死亡或藐视死亡，做些不怕死的事情，由此，死亡焦虑便被他们压抑了。[1]他们在内心深处相信死亡不会发生在自己身上。在得知一场海啸即将到达，有的人会前往海边观看，低估了自身处境的危险性。每个人都知道死亡随时可能降临，但总以为自己会是例外。

青少年喜欢追求新奇和刺激的经历，一些冒险行为也在成年早期达到高峰。如果没有死亡的风险，冒险可能也就不会充满刺激和惊险了。好像一个人只要充满活力，相信自己的生命力异乎寻常，他就会忘了自己会死这一事实，就好像死亡对他无计可施。我的一位来访者说："我已经接触到了死亡的边缘，它却抓不住我。"如果你觉得自己无所不能，那么你可能会觉得自己可以免于死亡。即便他听说过曾有人死于这些冒险，他还是相信自己会是足够幸运的那一个，拒绝向死亡屈服。

那些不愿意承认自己有死亡恐惧的人往往更有可能去寻求各种危险运动的刺激，从事这些运动本身似乎代表了勇敢，实际上却使他们无法很好地处理自己与恐惧的关系。[2]人们可能想通过冒险来对抗死亡，让自己感受不到死亡的约束，以缓解死亡恐惧和焦虑。在生和死交接的地方，死亡恐惧达到了顶峰，同时战胜死亡的渴望也达到了极限。当人从死神的手中成功"溜走"时，那种庆幸感和强大感以及对死亡的控制感也是无可比拟的。这既反映了人对死亡的恐惧，又体现了人与死亡的强烈对抗。

1　弗里斯.性、金钱、幸福与死亡[M].丁丹，译.北京：东方出版社，2010：191.

2　沃尔顿.人性：情绪的历史[M].王锦，刘建鸿，等译.上海：上海科学普及出版社，2007：30.

这些人所谓的不怕死，只是因为骨子里认为死亡离自己还很远。他们对自己可以刀枪不入的信念很难动摇。一个人越觉得自己强大，就越不会觉得自己在受死亡的威胁。各种疯狂活动都可能是人在释放内心的焦虑和恐惧。但当被迫停止冒险时，人们可能会发现内心的空虚和对死亡的焦虑。

除了在现实的冒险活动中体验死亡的刺激，虚拟世界同样可以激发人的死亡恐惧并使人力求获得战胜死亡的掌控感。在一些电子游戏中，玩家需要投身于不停地战斗和厮杀，在游戏过程中可能杀死对方也可能被对方所杀，无论是胜利时的喜悦还是失败时的愤怒，都可以使人处于兴奋状态，帮助个体释放内心的焦虑。有些游戏还可以让玩家获得英雄般的体验，生与死的界限也被逐渐消解。

同样的，一些人明明很害怕却还是喜爱看恐怖片、听恐怖故事，可能是因为恐怖的影片和故事所营造的氛围可以调动肾上腺素的分泌，使人处于紧张的状态，唤醒并放大平时被压抑的死亡恐惧，而由于人体平衡机制的调节作用，极度紧张过后便是极度的放松。这种放松有助于人排解压力和恐惧。其实，很多人对恐怖故事和恐怖片的兴趣从孩童时期就开始了。有人说孩子是天生的恐怖故事爱好者，他们会画出吓人的鬼怪，热衷于一些惊吓刺激的游戏。许多经典的童话故事里也带有阴森、恐怖、凄惨的元素。

实际上，适当地接触恐怖故事，对孩子的成长是有益的，也有助于我们调节心理压力。许多我们讲不清、道不明的恐惧和焦虑可以在恐怖故事中转移到怪兽、僵尸等具体的令人恐怖的东西上。而对恐惧的不断体验可以帮助我们更好地适应恐惧，减轻我们对恐惧的焦虑。当死亡恐惧被具体化，焦虑就有了出口。恐怖文学为我们提供了一个过渡地带，让我们在恐惧中学会放下恐惧，帮助我们建立面对死亡和恐惧的应对机制。

从某种意义上来说，我们的"胆子"是被吓大的。我们对恐惧的克服是从面对恐惧开始的。冒险行为让我们在近距离感受死亡的刺激中唤醒了对死亡的恐惧，让我们在恐惧中战栗和勇敢，也让我们在恐惧中心生侥幸。适当的冒险行为，可以帮助我们调节和释放由死亡恐惧累积的焦虑和压力。

然而，如果演变成极端，我们就会经常让自己置身于非必要的威胁生命的险境之中，尝试更多、更惊险的冒险行为来获得战胜死亡的胜利感，以此来缓解死亡恐惧。有些人在多次冒险之后产生自己不会死的幻觉："这次我与死神擦肩而过活了下来，那么下一次、下下次……每一次都会照旧。" 我们需要意识到自己终有一死，人只是个有限的存在者。

冒险应使我们更加敬畏生命和死亡，更加真实地面对死亡恐惧，而绝不是挑战死亡的权威。相反，不敬畏生命，人就会否定自己，否定自己的一切，甚而最后可能采取不负责任的自杀行为。我们应该认识到生命的脆弱和自己的局限，对自己行为的可能风险有客观而清醒的认识。当我们感觉到自己生命的局限，或者意识到冒险行为、不良生活方式都会导致死亡的时候，我们可能就不会再认为自己是刀枪不入的了。

五、酒精依赖

滥用酒精在某种意义上也是一种冒险行为，但由于它的特殊性——成瘾性和依赖性，还有它的相对普遍性，我们将它单独讨论。除了酒精，能让人产生依赖或成瘾的物质还有可卡因、苯丙胺类、尼古丁、吗啡、海洛因、美沙酮、大麻等。摄入这些物质会使人扭曲现实感知，使人暂时忘却生活中的各种压力。物质或药物的滥用有很多种类型，我们以酒精滥用为例来论述物质滥用和依赖在防御死亡焦虑中的作用。

摄入少量酒精可以使人感到放松，产生短暂的欣快感和愉悦感。有的人甚至觉得只有在喝酒时才能找到自我。由于身体有一个适应机制，对酒精的耐受性会随着饮酒的量和次数的增加而不断提高，所以为了获得同样的效果，人们就会越喝越多，欲罢不能。随着人们摄入的酒精越来越多，也就越容易酒精中毒。酒精中毒的人说话含糊不清，步履蹒跚，躯体反应迟钝、笨拙，注意力和记忆力减退。严重的酒精中毒甚至会导致人的死亡。酒精中毒还会损伤大脑的抑制力和判断力，使人难以衡量行为的危害性，容易做出冲动或冒险的行为，如攻击他人或尝试危险的性行为等。

有些人喝多了后就像完全变了一个人，有的从平时的少言寡语变得滔滔不绝，有的从腼腆怯懦变得狂妄自大，有的从胆小怕事变得暴躁无礼，有的甚至会乱发脾气、打架斗殴或对家人施暴。但是酒醒后他们又大多不记得或很难相信自己醉酒时的所作所为。

酒精中毒的人每喝一口酒，就会因酒精对大脑的生化作用，而使身体产生对更多酒精的渴求。酒精中毒并不限于一种饮酒模式：一些慢性酒精中毒者每天都会大量饮酒；一些则仅在周末狂饮；一些人则可以控制自己长期不饮酒，但会周期性地习复发，出现持续数周乃至数月的暴饮发作。[1] 长期大量饮酒会使人产生生物性的酒精耐受性和依赖性，因而需要摄入越来越多的酒精才能进入"中毒"状态。并不是说喝得酩酊大醉的就一定会上瘾，没有喝得大醉的也可能成瘾。

如果个体明知过量饮酒会对身体造成伤害的情况下仍然反复饮酒，或者因过量饮酒而不顾家庭或工作上的重要责任，那么他们可能就达到了酒精滥用的诊断标准，而在酒精滥用持续一段时间后就会逐渐成瘾。酗酒者在产生酒精依赖后会强迫性地使用酒精来满足心理需求，例如依赖酒精来缓解焦虑和逃避压力。因为酒精会让他们获得一种不真实的欣快感，似乎只有在喝醉的时候才能感觉自己还活着。

1　尼维德, 拉瑟斯, 格林.异常心理学[M].唐苏勤, 李秋霞, 陈淑芳, 等译.北京: 人民邮电出版社, 2018: 291.

身体的脱离

从某个时候起，
总在重复着同样的结局。
醒来无法清晰地回忆，
这是对现实的解离，
还是在和死亡玩把戏？
生命的开始就是一种抛弃，
没有原初的地方可以回去，
不知何时学会了逃避。
在酒醉中活来又死去，
或许是在等待时机，
找到往日的痕迹
和被压抑的主题。

酒精常常被人们用来逃避现实的打击、挫败以及种种难言的痛楚。如果人把自己的生活置于肉体的享乐、满足之中，而又无法得到渴望的一切，这时，他就会极力地欺骗自己，用酒精来麻醉自己，使自己处于一种仿佛已经拥有了渴望得到的一切的状态之中。[1]那些容易物质滥用和上瘾的人，大部分对焦虑和挫折的应对能力也较差。

我们常常把自己变得麻木、压抑、隔绝，以使我们不用去感知、思考或回忆我们不想感知、思考或回忆的东西。在想到与死亡有关的问题时，人们一般会尽力避免把焦点集中在自己身上，而醉酒可以扭曲人们的自我意识。随着自我意识逐渐模糊，与之相伴的各种烦恼和焦虑——无意义感、低自尊感、低自我价值感以及对死的恐惧等也都暂时消失了。

酗酒者常在清醒与醉酒之间来回摇摆。每摇摆一次，酗酒的问题就

1　托尔斯泰.托尔斯泰说欲望[M].王志耕,译.北京:商务印书馆,2016:28.

会更加恶化。酗酒的这种摇摆模式中包含着一系列的行为失控：每一次无节制地酗酒本身就是一种失控现象，因为一次酗酒总是会引起另一次酗酒。[1] 酗酒者越是想要保持清醒，就越有可能喝醉。随着每一次清醒与酗酒之间的摇摆，强度进一步升级：从一开始只是想要控制喝酒，后来却变成了尽量保持清醒，最后甚至变成只要活着就行。

　　酒精依赖在某种意义上是一种慢性或隐蔽的自杀形式，是一种试图逃避死亡的自毁方式。但是，很多酗酒者不知道自己为什么要过量饮酒，也不会承认酒精依赖是一种病，至少不是自己的主要问题。当酒醒之后，发现酗酒对其身体、财物或人际关系所造成的破坏，他们通常会极为懊悔和自责，并告诫自己再也不喝了或者下次一定要控制好酒量，不可再过量饮酒。可每当他们再次喝酒的时候，刚开始还会提醒自己要少喝一点，可喝到一定的量后，他们就会忘记自己曾经立下的誓言，完全失去控制，一杯又一杯地喝，直到再也无法举杯。

　　有人说：我喝的不是酒，而是忧愁。的确，很多沉溺于酒精的人，他们问题的根源往往不在酒精依赖，而在他们的人格成长、自我发展和原生家庭等因素上。尤其当他们遇到无法处理的挫折和焦虑时，就非常容易被酒精吸引。借着酒精的生化作用，他们感觉自己拥有了较高的自尊感，似乎不那么焦虑了。有些人原本在性格上就存在问题，具有爆发性和刺激性的倾向，一旦酒醉之后抑制力降低，被压抑的攻击性就容易表现出来。

　　如果一个人不太可能接纳他所经历的一切，那么他可能就会让自己进入到非真实的情境当中。醉酒可以暂时"封存"一些令我们感到痛苦的感觉和记忆，让我们忘却现实的打压和不如意，甚至营造出某种成功的幻觉，让我们获得自尊和成就感；也会让我们放下性格里的束缚，释

1　基尼.变的美学：临床心理学家的控制论手册[M].杨韶刚，译.北京：教育科学出版社，2013：165.

放我们一直压抑着的愤怒和悲伤等情绪。在酒精依赖的背后通常隐藏着一颗在痛苦中挣扎的心，一份求而不得的渴求，一道无法突破的自我限制，而酒精依赖可能只是一个表象而已。

酗酒会导致更多的焦虑、抑郁以及现实的困境，还会导致意志减退、判断力受损及身体功能损伤等，而为了摆脱这些负面感受，酗酒者可能又会再次以醉酒的方式逃离现实，由此陷入恶性循环。通常情况下，每个人都不得不在对生的恐惧和对死的恐惧的夹击下求生存，而为了排解这两者所带来的压力和焦虑，个体会建立某种机制来应对，酗酒就是其中一种方式。虽然酒精能够使个体的精神压力暂时得以解脱，他们的身体却越来越虚弱，这样一来反而会强化他们对生的恐惧和对死的恐惧。[1]

> 人啊，
> 你为何要把自己
> 喝得烂醉如泥？
> 任人叫也叫不醒。
> 难道你不明白，
> 神志不清，
> 失去意识，
> 何尝不是一次死亡吗？
> 又或者你真的想死，
> 以为这样可以重生？

酗酒与自杀之间似乎有很密切的关系。全球每年大约有 60 万起死亡事件是由与酒精有关的意外伤害造成的，所有致命的交通事故、坠落、火灾造成的死亡中将近一半与饮酒有关，超过三分之一的溺亡与饮酒有

---

1 哈里斯.当我们回到上帝怀里[M].费方利,译.武汉:长江文艺出版社,2013:76.

关。[1] 即使只是"微醺"，也比清醒时发生交通事故的风险大得多。一些常年过度饮酒的人可能在进入老年之前就已经因与酒精依赖相关的疾病而死了。一些企图自杀的人常在酒精的影响下才采取行动。当然，也不排除一些酗酒者的死亡纯属意外。

但是，如果仅把事故看成简单的偶然事件，我们就减少了为预防其发生而采取一些有效措施。意外受伤常常反映了个人内在的心理冲突和焦虑。在生活中我们也能够发现，一个出过意外事故的人比没有出过意外事故的人更容易再次发生意外事故。如果一个人经常发生意外事故的话，就表示这个人已经无法在意识层面解决自己的问题，而要"借助"事故来提醒自己需要停下来反思。

烂醉如泥算是人的一种死亡形式吗？当一个人因大量饮酒而不省人事时，他距离死亡还有多远？除了尚有呼吸，他看上去几乎和死了一样。有些年幼的孩子第一次看到烂醉如泥的父亲时会格外惊恐，不时用小手拍拍父亲的脸，呼唤他，想要确定父亲是不是还活着。对年纪较小的孩子来说，一方面敏感的觉察力告诉他，父亲并不是简单地睡着了，另一方面他对死亡的概念还很模糊，而对醉酒他又不是很能理解，所以只能在困惑和惊恐中等待父亲醒来。大部分情况下父亲都会醒来，也有的再也没能醒过来。过量饮酒有可能致死，但绝大多数酒徒从未把这种可能性当真。

酩酊大醉的状态如同一次小小的死亡。长期过量饮酒就等同于自寻死路。诚然，对有些人来说，生活的困苦和对死亡的焦虑时常达到令人难以忍受的程度，酒精至少可以让他们喘口气，在折磨人的痛苦中短暂逃避。但是，酒精作用下的虚幻世界有多美好，酒醒之后的现实世界就会有多冷酷。我们终究要面对终有一死的事实以及生活中的种种痛苦和

1　霍克西玛.变态心理学[M].6版.邹丹，等译.北京：人民邮电出版社，2017：439.

压力。通过酗酒来逃避现实和缓解死亡焦虑的人并不只是心理脆弱，还缺乏对生命的基本敬畏感。他们只看到自己的愁苦，而无视自己的责任，在自我放纵中虽生犹死。

酗酒是一系列病症而不是一种障碍，这些病症的发展在不同程度上受到基因和环境的影响。一个人之所以发展出酒精依赖，通常是遗传、家庭、人格、文化环境等多种因素共同作用的结果。人们会因为各种各样的原因酗酒，例如孤独、沉闷、追求优越感、炫耀自己的男子气概等。但从总体上说，缺乏人生意义和低自我价值感的人，更容易过度使用酒精并上瘾，而不是有节制地饮酒。大多数酗酒者都存在维持自尊、管理情绪和自我照顾上的困难，而对自身性格缺陷的审视能够减少酗酒的冲动。

任何一种成瘾在刚开始的时候都不存在生理上的依赖，通常需要相当长的一段时间去发展和强化。酒精无过，过在人的心志不坚。没有人不能控制自己，只有人不愿控制自己。我们须时常自省，了解并接纳自己的伤痛和渴望。昨日种种，譬如昨日死；今日种种，譬如今日生。只要能够重新开始生活，一切都为时不晚。

六、疑病症

> 甲：昨天在路上，一只狗舔了我的脚，我会不会得狂犬病？
>
> 乙：这不会的，你想太多了。
>
> 甲：我觉得还是有这个可能的。
>
> 乙：这个可能性非常低，几乎为零。
>
> 甲：但还是存在的，你说我该怎么办。

我们总会有身体不适的时候，但只要病好了或者经检查诊断没有大碍，我们就会放下担心。但有些人过于关注这些不适，总怀疑自己得了某种重病，时常去医院做许多不必要的医学检查。即使检查结果正常，他们也会觉得自己有病而只是还没检查出来。关注自身的健康状况，是对自己负责的表现，但如果过分关注各种不适感并为此焦虑不安，就要考虑其是否有心理方面的问题。

我们把这类总担心或相信自己患有严重躯体疾病的心理病理观念称为疑病症。患者认为自己的症状是由严重的疾病引起的或坚信自己得了某种绝症，反复就医，经多种医学检查均不能打消其疑虑。疑病症患者因为注意力高度集中，产生精神交互作用，对身体的感受、反应非常敏感，容易捕捉或放大一些不适感，注意力更加聚焦于此，于是形成恶性循环。疑病症患者可能会把普通的头痛解释为患有脑瘤的信号，或者把轻微的胸痛看作心脏病发作的信号。疑病症患者所疑的病大多是艾滋病、狂犬病、癌症等较为严重或致命的病，这类疾病的致死性已经深深烙印在患者的观念里。

疑病症患者的核心问题是健康焦虑和担忧，对疾病和健康持有不正常的观念，即先入为主地将躯体症状曲解为健康出现严重问题的信号。他们一般不会有意伪造躯体症状，而是对躯体的变化如微弱的疼痛过分敏感。而过分的担忧和焦虑本身也会产生躯体症状，如乏力、头晕、出虚汗，甚至昏厥，并由此陷入恶性循环。如果疑病症患者存在真实的躯体症状，并为此寻求帮助，则被诊断为躯体症状障碍；而如果患者并未持续体验到身体症状，而只是担心自己可能罹患某种重病，则被诊断为疾病焦虑障碍。[1]

医生感到生病了：一个疑病症的案例

罗伯特是一位 38 岁的放射科专家，刚刚从一个著名诊断中心回来，他在那里住院观察了 10 天，接受了全方位的胃肠道检查。诊断证实他并没有任何明显的躯体疾病，但是他的症状并没有

---

1 霍克西玛.变态心理学[M].6版.邹丹，等译.北京：人民邮电出版社，2017：170.

得到缓解，他对这一结果非常不满和失望。这位放射科专家已经被各种躯体症状困扰了数月，包括轻微的腹痛、腹胀、肠粘连、腹部有硬块等感觉。他开始相信自己的症状是结肠癌的表现，并且开始每周做便潜血检查和每隔几天就躺在床上仔细检查腹部的"硬块"。他还悄悄地为自己做了 X 射线检查。

他在 13 岁时被检查出心脏有杂音，并且他年幼的弟弟死于心脏病。尽管检查显示他的心脏杂音是良性的，但他怀疑检查的准确性。他担心自己的心脏真的出了什么问题。在医学院读书时，他就担心自己患上了在病理学中学过的疾病。毕业后，他反复关注自己的健康状况，并形成一个典型模式：注意到特定症状，专注于症状可能的意义，接受一系列检查且结果都是阴性。直到有一次他九岁儿子的一句话才促使他去寻求心理咨询。当他摸着自己的腹部时，他儿子突然走进来问："爸爸，你这次把它想象成什么？"当他说这件事时便开始抽泣，并对自己感到羞愧和愤怒。[1]

躯体症状障碍患者一般具有多个令人痛苦的躯体症状，并耗费大量精力寻求医治和思考这些症状。虽有轻微的身体不适，但患者把症状看得太重，以至于产生严重的心理负担。他们对身体的感觉通常较为敏感，也更加关注躯体症状，并认为这些症状是癌症、中风或心脏病等严重疾病的信号。一个躯体症状障碍患者可能因为一点点胃部的不适，便开始漫长的求医生涯："医生，求你帮我再做一下活检吧！我的胃真的非常不舒服，症状真的很像胃癌。"一些躯体症状如高血压、疼痛感、消化性溃疡等本来就容易受到我们心理状态的影响。

对疾病焦虑障碍患者来说，让他们感到痛苦的不是躯体症状本身，而是这些症状意味着什么让他们感到恐惧。疾病焦虑障碍患者一般体验

1　尼维德，拉瑟斯，格林.异常心理学[M].唐苏勤，李秋霞，陈淑芳，等译.北京：人民邮电出版社，2018：218.

过强烈的死亡恐惧，由此引发的死亡焦虑让他们将这种恐惧转移到身体的疾病上。一些患者顽固地认为自己患了某种疾病，甚至坚持进行非必要的医学治疗。还有的患者知道自己现在没有患病，却坚信将来一定会得这种病。每个人一生都要和疾病打交道，我们需要有和疾病共处的勇气和智慧。

这类患者大多不会承认自己心理有问题，而只承认自己身体有病。要说服患者接受心理治疗并非易事。当一个人疑病时，他可能将焦虑转移到了身体上，想要通过确认身体健康来找到安全的感觉。他们的问题并不在身体上，而是心里的不安。有趣的是，当他们真的生病时，他们反而没有那么焦虑；而当这些症状缓解或痊愈时，疑病焦虑可能会再度出现。

躯体症状障碍和疾病焦虑障碍可能是个体经历过的死亡威胁所导致的创伤后应激障碍的表现。很多疑病症患者有严重的死亡恐惧，不敢去面对和想象自身的死。如果人们想要甩掉死亡，首先就要把身体抛开。当我们仅仅认同自己的生物性存在时，死亡恐惧就会接踵而来。

　　甲："我明明胃不舒服，为什么医生都说没事，是不是没有检查出来？"
　　乙："如果是胃癌的话，你会怎样？"
　　甲："我就会死，我会受不了的。"
　　乙："那你为什么不去想想你的死呢？"
　　甲："我不敢去想，那太令人难以忍受了。"
　　乙："你这是怕死吧。"

我们会主动使自己生病吗？疑病症患者到底希望自己有病还是没病？

疾病是我们调整与外部世界适应过程的一部分。生病可以减轻患者身上的责任。"如果我是一个有严重疾病的人，你们可能就不会再要求我做这做那。"生病还有许多其他好处，例如受到关注、被宽容和获得同情等。疑病症还可以让患者只关注于身体的症状或疾病，而不用去面对更让人恐惧的死亡。有些疑病症患者在难受时会说："我真希望，我得了个大病，然后死掉。"这句话可能蕴含着患者渴望受到惩罚。也许，对疑病症患者来说，一个治疗方法是把他们潜意识中的罪恶感检出，减少他们自我惩罚的动力。

疑病症患者的寻医行为一般都是在寻找一种确定性的保证，保证自己的身体没有处于危险之中。确定性的寻找是寻找可靠的安全，人们所不喜欢的不是不确定性本身，而是不确定性使他们有陷入危险的可能。然而，谁也不能保证不会出事，谁也不会轻易相信所谓的保证。我们幻想完全健康的状态，幻想彻底消除疾病和痛苦，这些幻想和期望使我们焦虑，不能够活在当下。

七、惊恐发作

此时此地，我觉得自己就要死了

这种感觉前所未有。我坐在车里等红灯，突然感觉心跳异常剧烈，好像马上就要爆炸了。它就这样发生了，没有任何征兆。我的呼吸也开始变得急促，却无法获得足够多的空气。这种感觉就像快要窒息了，车子把我封闭起来。我觉得自己马上就要死了。我的身体在剧烈地颤抖、流汗。我以为自己是心脏病发作。我迫不及待地想要逃离，跳下车，马上走开。

不知为何，我成功地把车开到路边，瘫坐在那里等待自己平息下来。我告诉自己，如果我马上就要死了，那就等死吧。我不知道在死亡到来前自己能否等到救援。我说不上来是怎么回事，那种感觉就消失了，我在那里坐了很长时间，想要弄清楚刚刚到底发生了什么。和惊恐发作一样突然的是，一切都消失了。我的呼吸渐渐平静下来，心脏也不再剧烈地跳动。我还活着。无论如何，至少这次我是不会死了。[1]

惊恐发作亦称为急性焦虑发作，通常只持续数分钟，可由具体的情境或事件诱发，也可能没有明显的预兆或诱因。无论哪种情况，惊恐发作都是一种恐怖的经历，常伴有显著的自主神经功能障碍，如头晕、颤抖、心跳加速、窒息感等，多数患者还会有濒死感、失控感和将要发疯感。一些患者可能坚持认为自己就要死了，另一些患者则相信自己迟早会疯掉。惊恐反应的焦虑与危险之间没有明显的关系。

第一次惊恐发作通常是突发的，患者一般不知道如何应对，感到危险逼近或大难临头，有想要逃离当时情境的冲动。如果无法逃离，他们可能会变得无法动弹，直到惊恐发作消失。最初的惊恐发作过后，患者对身体症状的恐惧会增加。惊恐发作一旦复发，他们可能完全不知所措。患者通常也会有继发性的预期性焦虑，担心惊恐发作不知何时会再次来临。随着时间的推移，患者可能会将惊恐发作与特定的情境或线索联系在一起，比如封闭的电梯、拥挤的地铁。他们认为回避这些地方可以预防惊恐发作。慢慢地，他们会给自己设置许多限制。因而，多数惊恐障碍患者也伴有广场恐怖症，害怕自己处于难以逃脱的情境中。

多数惊恐障碍患者难以平衡分离与依恋的关系，他们对于失去自由与安全均有着相当高的敏感性。这样的问题导致患者生活的活动范围大大缩小，他们会逃避分离，因为那太令人害怕了；他们也逃避依恋，因为那太令人紧绷了。[2]在他们小的时候，他们发现父母并不能随时在身边，也不能永远保护或安抚他们。他们也许会外化自己的不足，并将之投射

---

1 尼维德，拉瑟斯，格林.异常心理学[M].唐苏勤，李秋霞，陈淑芳，等译.北京：人民邮电出版社，2018：160.

2 嘉宝.动力取向精神医学：临床应用与实务[M].4版.李宇宙，张书林，赖孟泉，等译.台北：心灵工坊文化事业股份有限公司，2007：357.

到父母身上，从而认为父母是不可信任的，对父母无法陪伴在自己身边而感到愤怒。但是，他们又担心这些愤怒的念头会伤害到父母或将父母驱走，而使他们失去赖以生存的父母。

惊恐障碍患者可能有一个不寻常的内部报警系统。也许对躯体不适感的灾难性解释是惊恐发作的主要原因。惊恐障碍患者容易将身体的微小变化与潜在的可怕疾病联系起来，例如将暂时的眩晕感、心悸看作心脏病发作或发疯的征兆。患者经常担心自己会患上危及生命的疾病，即便通过全面的体检排除了这种可能性，他们还是认为自己会死于心脏病、惊厥或其他躯体疾病。惊恐障碍的首次发作大多由于死亡焦虑冲出了防御机制所致，导致患者以身体或精神的紧张来表现他们的焦虑。

一个惊恐障碍患者因起身过快而感到眩晕时可能会想："我真的感到头晕目眩。我想我要昏倒了。也许我正在经历一次疾病发作。我的天啊，发生什么事了？"这样的思维方式加剧了焦虑感和生理变化。对生理变化的错误归因会强化对威胁的认知，进而提升焦虑水平，导致更多与焦虑有关的躯体症状。然后，患者又灾难化地解释这些感觉，也就容易演变为惊恐发作。

患者担心自己的身体状况，对躯体感觉保持高度警惕，尤其害怕会再次惊恐发作，这样一来，持续的唤起状态更容易使其出现惊恐发作。焦虑的轻微增加，甚至都未被人意识到，也能诱发条件化恐惧，并发展为惊恐发作。如果患者没有认识到这个过程，惊恐发作就会被认为是无缘无故发生的。当然，也有些患者具有人格或生物学方面的易感性，轻微的刺激就能让他们心率加快、呼吸急促和手心出汗。

多数患者在惊恐发作时常被淹没在身体的不适感中，感到自己的心跳强烈得使他们不能承受和应对。他们的注意力几乎全都贯注在身体的恐惧反应上，并由此产生许多灾难化想象。这种灾难化想象会使他们进入激动不安的状态，从而更加相信会发生不幸的事。其结果是一个愈演愈烈的恶性循环，最终使患者陷入惊慌失措之中，进而回避某些特定的情境。那些害怕因心跳加快而死的患者，当感觉心率变快时会立刻停止所有的活动。

因此，患者首先应该通过医学检查来确认自己的身体是健康的，弄清楚这些生理症状并非心脏病的征兆。在正确理解心身有内在联系的同时，患者还要学会放松，尽量缓慢地深呼吸，让自己平静下来，增强对症状的控制感，尤其不要让自己的呼吸失去控制。越经常有规律地练习放松，患者就越能使自己平静下来。患者还应该识别自己对躯体感觉变化的灾难化认知，认识到大部分恐惧都是想象出来的，并告诉自己：不管惊恐发作多么令人痛苦，自己都不会死，它很快就会消失。

一个惊恐障碍患者在经过治疗后学会了如何更好地控制惊恐发作，他这样描述到："对我而言，我不再害怕它们。当我知道自己不会死后，我相信自己可以控制它们。当我感到惊恐即将发作时，我会进行放松练习，并在整个过程中思考。这样似乎真的可以削弱它们的力量。起初大约每周我都会发作一次，但几个月后，减少到大约一个月一次，之后它们就彻底消失了。或许这归功于我应对它们的方式，或者它们可能神秘地消失了，就像它们神秘地出现一样。我很高兴它们一去不复返了。"[1]

死亡焦虑几乎是一切焦虑的根源，会催生各种各样的情绪和防御行为。人类行为的一个深层动机就是防御死亡焦虑。每个人的成长经历不同，性格和心智模式也不同，因此每个人的死亡焦虑及其防御方式也是不同的。聚餐、唱歌、聊天等各种娱乐活动，甚至包括学习、工作等，都可能成为我们防御死亡焦虑的方式。对死亡焦虑的僵化防御会伤害我们面对现实的能力。试图遏制一种焦虑会导致更多的焦虑。那些被用来

---

1 尼维德, 拉瑟斯, 格林.异常心理学[M].唐苏勤, 李秋霞, 陈淑芳, 等译.北京: 人民邮电出版社, 2018: 168.

防御死亡焦虑的行为会渐渐失控，成为新的焦虑的来源。企图逃避死亡焦虑的人往往最后只剩下逃避本身。唯有正视死亡，我们才能摆脱死亡焦虑的神经症式防御。

第二章　认识死亡

一只动物奄奄一息时，
既没有希望也没有恐惧，
一个人等待着死亡，
却有着一切惧怕和希望；
许多次他死去了，
许多次他又重站起。
一个充满骄傲的伟大的人，
面对杀气腾腾的恶棍，
依然放声嘲笑，
种种迷信的花招；
他从骨子里认识死亡——
是人创造了死亡。[1]

——叶芝《死亡》（裘小龙，译）

是什么使你第一次意识到人会死？又是什么使你知道死亡正在发生？人真的会死吗，死意味着什么？为什么我们会说"有些人死了却还活着，有些人活着却已经死了"？

虽然我们都会死，但实际上很多人都不愿去想到死，对死亡更是知之甚少。我们往往在掌握死亡概念之前就对死亡产生了恐惧。因为恐惧，我们总是有意无意地回避死亡，而回避又让我们对死亡产生了更多的恐

1　徐建中.最后的华尔兹[M].北京：外语教学与研究出版社，1994：43.

惧。可以说，越是没有认真思考过死亡的人，越是会对死亡感到恐惧。

我国哲学家冯友兰先生在其《死生》篇中提出，一般动物，它们虽有生而不自觉其有生，虽将来有死，而不知其将来有死；不知其将来有死，所以亦不知怕死。[1] 在未面临死亡威胁的情况下，一般动物无法预先意识到死亡的存在，也就不会担心由死而来的问题。而人有自我意识及思考未来的能力，在死亡来临之前就能够思考死亡的问题。但是，人在潜意识里很难接受自己死后将不复存在，而倾向于相信自己不会真的死去。

在现实生活中，我们无法完全与死亡隔离：动物、陌生人或身边人的死亡，电视、网络等媒体报道的各种灾难事故等，这些都在提醒着我们死亡的存在。正是这些不断累积的死亡经验塑造了我们的死亡概念。可以说，人关于死亡的概念大多是后天习得的，但这种习得的个体差异性很大。有些人直觉地领悟到自己的生命随时可能终结，虽然他们年轻健康，看上去似乎没有什么合乎逻辑的原因会死。有些人明白自己会死则是在他们被诊出不治之症之后。那些经常卧病在床的人，有的人更加珍惜生命，积极地生活；也有的人感觉生不如死，丧失了生活的动力。纵使我们经历相同，我们对死亡的体验也会有所不同。

人的死亡观念既受生活经历的影响，同时也影响着其生活经历。如果我们在童年早期经历过亲人的死亡，那我们可能会较早意识到死亡的存在。日本亲鸾圣人四岁丧父，八岁丧母，他意识到下一个死去的人将可能是自己。九岁那年他就立下了出家的决心，并请慈镇禅师为他剃度。慈镇禅师当时问他："你这么小，为什么要出家呢？"亲鸾圣人说："虽然我只有九岁，但父母却已双亡。我不知道人为什么一定要死，为什么我父母要与我分离，所以我要出家探索这些道理。"

死亡的意义在很大程度上取决于人们所处的社会文化的引导。在我

1　梁漱溟，胡适，季羡林，等.大师的境界：谈"生"论"死" [M].北京：国际文化出版公司，2015：182.

们还很小的时候，文化传统就以传说故事、民俗谚语等形式给我们"灌输"有关死亡的观念。父母通常也会潜移默化地把自身关于死亡的观念和态度传递给子女。随着年龄和心智的增长，一个人对死亡及其意义的理解会不断发生变化。对死亡的思考和观念必然影响我们的人生观。譬如，有些人认为死了便一了百了，化为腐骨，什么也没有，不如在有生之年尽情享乐；有些人则相信人死后有灵魂，只有在活着的时候多行善事，死后灵魂才能去往天堂或极乐世界。

不论死亡焦虑来自创伤性经历的影响，抑或是来自对死亡认识的匮乏，了解和探索死亡都是帮助我们转化死亡焦虑的重要途径。人不仅存在于现实世界当中，也存在于他的观念世界当中。我们对死亡的认识会影响我们安身立命的方式。所以，我们需要厘清自身的死亡观念所暗示的一切。至少在某些时候，当我们不能确定死亡到底是什么时，我们对生命意义的理解也会出现问题。

第一节　死亡的特性

什么是死？说"一个人死了"是什么意思？

当你在感受死亡的时候，你不一定能深刻地认识它、理解它，而当你进一步认识它、理解它之后，你就能更深刻地感受它。

我们所讨论的死亡并非仅指临床意义上的一种生理状态——有机体功能发生了不可逆的全面丧失，也非仅指某一具体的人的死亡，还包括哲学、心理学和生存论意义上的死亡。我们对死亡的认识通常由若干对相互矛盾的范畴组合而成，例如死亡是必然的还是偶然的，是终结的还是非终结的，是可逆的还是不可逆的。当涉及不同人的死，比如仇人的死、亲人的死或是自己的死时，我们对死亡的态度往往又是不同的。

如果我们认为死亡会导致生命所有功能不可逆的终结，并且认识到所有生命都不可避免地会死，那么我们难免会对死亡会感到恐惧和焦虑。每个人与死亡打交道的经验不尽相同，因而每个人都有自己看待死亡的方式。每个人对死亡概念的理解都是其个人的一种建构——从无限多的可能性中选择了一种解释。甚至于可以说，我们认为死亡会发生，是因为我们认为存在死亡。

从生理意义上来看，生死的界限可能比较确定，但在心理上则没那么明确。医生在检测完一个人的身体状况后会判断其是否死亡，但一些有宗教信仰的人则可能会相信灵魂不死，因而，对所谓的"死亡"也就存在着各种各样的解释和理解。[1] 如果一个人还有子孙，你会认为他的生命仍以另一种形式存在吗？例如，在中国人的意识与情感中，生命的延续是那样的重要，以至于人们普遍认为"父死子继曰生"。

通常情况下，人们在参加葬礼时都会心情悲痛，或是对逝者的不舍，或是由他人之死而联想到自己也会有这一天。总之，在面对他人之死时，大多人首先感到的都会是忧伤和惋惜。但在这由死而来的伤感中，有的人只感到了绝望，而有的人却看到了希望。人们之所以害怕死亡，有时是因为把死亡或死后的世界想象得过于恐怖。而对有的人来说，死并不意味着痛苦，也不一定是人生的悲剧，而是一件幸福的事——告别亲人去往美好的极乐世界。

所以，人们对待死亡的态度往往由其对死亡的认识所决定。对死亡的不同认知会带来对死亡的不同态度和反应。关于死亡的假设和推论并没有放之四海而皆准的真理。在重新认识死亡之后，我们会重新评估重要事情的优先次序。当我们把注意力集中在对死亡的认知上时，或许能够从死亡那里获得忠告和力量。

1　杨莉萍,格根.社会建构论心理学及其发展:对话科尼斯·格根[J].教育研究与实验,2012(04):77-83.

一、必然性

> 死亡很大。
> 我们是它嘴巴里
> 发出的笑声。
> 当我们以为站在生命中时，
> 死亡也大胆地
> 在我们中间哭泣。[1]

——里尔克《死亡很大》

死亡的必然性是指所有的生物最终都会走向死亡。不管你是贫穷还是富裕，死亡都会将临到你头上。因而有人说，生命中最公平的一件事就是每个人都会死。事实上，死亡存在于生命的整个过程之中，并不是在到达一个所谓的终点时才发生。

鲁迅在《野草·立论》中讲了一个故事，大意是：一户人家生了一个男孩，合家欢喜不已。孩子满月的时候，家人抱出来给客人看，自然是想得一点好兆头。对这个出生不久的孩子，说孩子将来要发财的，他得到的是一番感谢；说孩子将来要做官的，他得到的是几句恭维；说孩子将来是要死的，他得到一顿大家合力的痛打。[2]

说孩子发财也好，当官也好，多少有不实之处，也没有足够多的根据，用鲁迅的话说是"许谎"。说那孩子要死，却是必然的事情。所有人都是前往冥土的旅客，没有人是例外。即使一个人一生健康无恙，顺遂无灾，也不能改变最终会死的命运。我们终生都与死亡共舞，死亡在某个未知的时刻等待着每一个人。

一般而言，如果人们经历过死亡威胁或熟悉的人的离世，那么便相

1　里尔克.里尔克精选集[M].李永平，编选.北京：北京燕山出版社，2010：66.

2　鲁迅.野草[M].西安：陕西师范大学出版社，2011：46.

对容易意识到死亡的存在。甚至可以说，人的童年正是结束于意识到死亡不可避免并对其产生恐惧的那一瞬；作为人类的无奈也在于，他必须一生背负这种恐惧，直至生命终止的那一天。[1] "一个人生前的一切会在死亡的那一刻消散殆尽。一想到我终有一天要死去，可能只能活50年、80年或者90年，那真是太沉重了，我不敢去想象那一天的来临。"

有一位来访者在咨询中讲述了他第一次深刻意识到死之必然的感受："大概在六七岁的时候，有一天下午，那一瞬间好像顿悟了一样，我猛然意识到死亡是怎么一回事：人死了就变成灰烬，死亡就是一个人从这个世界上彻底消失，不复存在。那时，有一个非常重要的感觉就是'我必然会死'，这种感觉让我大吃一惊，我整个人特别难受和悲伤，然后一个人在家里大哭了一场。我爸妈回到家的时候问我为什么哭，我当时好像说不出所以然来。等到我十来岁的时候，我爷爷去世，当时我爷爷年纪比较大了，我还记得全家人对着爷爷的遗体磕头，那个场景我倒觉得一点都不恐怖，没有那种恐惧的感觉。"

我们从生活的经验中也可以推出"人必有一死"的结论。但是，如果人的活着不只是肉体的存活，还有灵魂或精神的存活，那么，人还真的必然会死吗？

灵魂是人类最早也是最富有智慧的发明之一。在一些文化和宗教体系中，灵魂不受肉体生命的限制，可以独立于肉体而存在。弗雷泽在《永生的信仰和对死者的崇拜》中指出，人类死亡观念的发展进程中存在着一个原始阶段，即拒绝死亡，他们认为自己生来是不死的，一切死亡的发生都是非自然的。[2]

德国哲学家恩斯特·卡西尔在《论人：人类文化哲学导论》中说：

1　叔本华.叔本华：爱与生的苦恼[M].刘越峰，译.北京：中国画报出版社，2012：47.

2　弗雷泽.永生的信仰和对死者的崇拜[M].李新萍，郭于华，译.北京：中国文联出版社，1992：17.

像自然死亡这样的事从未被原始土著人所认知，人终有一死的概念与神话思维和原始宗教思想是完全相斥的。[1]原始人无法设想自己之死，也不相信自己真的会死。在他们看来，死的发生并不是必然的，生命具有不可打破的统一性和连续性。例如，太平洋中南部汤加人对去当地考察的欧洲人说，几个月前被埋葬的人仍然活着，为了说明这一点，他们抓住欧洲人的一只手，并紧握着它，说："这个会死，但您的生命，任何时候都不会死"，同时用另一只手指了指欧洲人的心。[2]

原始人并不承认死亡是必然的，或者说根本不去考虑死亡的必然性。原始人深信灵魂只是暂时寄居于躯体之中，死亡则是躯体和灵魂的分离；灵魂是不死的，人死后，灵魂去了另一个地方。印度人则把留下灵魂的肉体比拟为他们早晨从之起身的床。北美的印第安人甚至相信，每一个动物都有自己的灵魂，死掉的狗的灵魂在另一个世界会继续为自己的主人服务。

人类的祖先创造了一个超自然的世界，在这个世界里，死亡并非不可避免，也并非不可改变，"认为人会死"反而是一件奇怪的事。这些超自然的观念毫无疑问是更加复杂的信仰体系的基础，人们借此获得可以超越死亡的持续感，以减轻对于死亡的恐惧。各种艺术、神话、宗教和风俗的共同作用，使得超自然概念的构造、维系和具体化成为可能。

> 如同诞生，死亡也属于生命。
> 如同放下脚是走路，抬脚也是走路。

> 我将死了又死，

1　卡西尔.论人：人类文化哲学导论[M].刘述先，译.桂林：广西师范大学出版社，2006：20.

2　泰勒.原始文化：神话、哲学、宗教、语言、艺术和习俗发展之研究[M].连树声，译.桂林：广西师范大学出版社，2005：353.

从而知道生是无穷无尽的。[1]

——泰戈尔《飞鸟集》

有些临终的老人会说：我先走一步。这句话很有意思，它意味着：我们都在同一条路上，我先走一步，你们慢慢再来。他们也许没有认识到，这句话中暗含着强烈的"共命感"。对死亡的必然性认识得越清楚，人们越可能热爱生活和珍惜生命。能领悟到自己必然会死，不管这种领悟是清楚的还是模糊的，总是人不同于动物的特征之一。

二、终结性

"但是每件事物都会死亡，"韦苇说，"生活里有悲哀也有死亡。她们需要了解这一点。她们似乎以为死亡就是睡着了。"

"唉，她们还是孩子呢，"奎尔说，"应该保护孩子，不让她们了解死亡。孩子做噩梦了怎么办？也许会越来越严重的。"

"可是，亲爱的，如果她们不知道死亡是什么，又怎么能理解深层次的生活呢？季节、自然和宇宙万物……"

"也许，"韦苇说，"她之所以做那些噩梦，是因为她害怕睡着了就不会再醒来。"[2]

——安妮·普鲁《船讯》

在生与死之间有没有一个明确的界限？人死后，是否还有某种"生活"？如果有灵魂，那么在肉体死了之后灵魂会以另一种形式继续存在吗？人死后能和已经死去的亲人再次重聚吗？

在生命的早期发展阶段，幼儿并没有清晰的死亡概念。年龄较小的幼儿通常会把死亡与睡眠混为一谈，毕竟睡眠是儿童能够类比死亡的直

---

1 泰戈尔.泰戈尔箴言[M].白开元，译.北京：作家出版社，2016：200.

2 普鲁.船讯[M].马爱农，译.北京：人民文学出版社，2006：358.

接线索。如果对五岁以下的孩子说"人死了就是永远睡着了"，那么对死亡的恐惧将影响到他们的睡眠。大约自九岁起，儿童一般会认识到人皆有一死，他自己也不例外，但这通常并非他自己的体悟；在此之前，死在儿童的生命中扮演着类似于在人类史前史及早期历史上的角色：它被视为既非终结，也非不可避免。[1] 很多选择自杀的青少年并不清楚死亡究竟意味着什么，他们也许只是想从压抑的生活中解脱出来。

日本小说《夏日庭院》中的杉田，一个六年级的学生，对他的小伙伴们说："人死了，一切就结束了，所以没有什么鬼不鬼的。灵魂啊，天堂啊，地狱啊，这些都是懦夫才会想到的事。"[2] 从生活经验来看，死亡意味着生命的终止，死者再也不会拥有意识，这似乎是再清楚不过的事实。

即便没有系统地学过医学知识，我们对死亡的认知也有一定的共识：一个人一旦死了，其身体机能便会全部丧失，不能够再维持生命的正常运作。各种反射消失、血液凝固、心脏停止跳动、躯体冰冷僵硬，这些体征足以使我们判断这个人已经死了。假如人只是肉体的存在物，不考虑复活的情况，那么死便意味着一切的终了。死了，我们便失去一切，失去追求美好未来的权利。

人面对死亡时总是希望与恐惧交织着的：一方面是不死的强烈欲求，不肯相信一了百了，希冀生命可以永生；另一方面却是完全相反的现实感知，死者长逝，死是终结和毁灭。[3] 但是，人不单纯是生理意义上的肉体，至少在活着的时候，人还有精神生命。在很多文化传统里，灵魂是人生命之本，是生命不死的一种表达和注解。如果灵魂不灭，人

1　云格尔.死论[M].林克，译.上海：上海三联书店，1995：12.

2　汤本香树实.夏日庭院[M].金晖，译.海口：南海出版公司，2016：160.

3　郭于华.死的困扰与生的执著：中国民间丧葬礼仪与传统生死观[M].北京：中国人民大学出版社，1992：35.

的灵魂就不会随着身体的死亡而毁灭。人类对死亡终结性的思考实质上是对身心关系或灵魂与肉体关系问题的思考。

在灵魂观念产生之前，人并不埋葬尸体，而是弃尸于荒野，如同禽兽对待同类尸体一般。在原始社会中晚期，先民们就有了灵魂不灭和祖先崇拜的观念，并由此引出最初的丧葬观念和习俗。[1] 正是灵魂观念和鬼魂崇拜产生了原始的埋葬行为和仪式。这些仪式基本都源于古人对死者灵魂的恐惧，或是为了利用死者灵魂的力量为活人谋利益。如今，在很多文化里，人们依然举行很多仪式、典礼为死者送行，让死者死后也享有体面和尊严。葬礼不只是处理尸体，还表达了生者对死者的尊重与怀念。

丧葬礼仪既是在和亡人告别，更是在宽慰生者，它使得死亡变得不那么恐怖，在某种意义上也是在教化后人，有助于生者缓解死亡恐惧以及从心理上应对亲人离世的事实，让他们觉得亡人的生命并未因肉体的死亡而终结。在这些仪式活动的帮助下，人们更可能对未来充满希望，并创造新生、秩序和意义。

在哀悼亲人的过程中人体会到了死的滋味，不能再同死亡保持距离了。至亲的死亡常常占据着我们的思绪，他们像活着的时候那样经常出现在我们的梦境中。也许正是通过梦的媒介，我们才产生了灵魂的概念。每当伴侣或亲人逝去，人们会很自然地倾向于怀念已逝的人，去寻找其灵魂逗留的痕迹。[2] 对死者的长久怀念，导致人们由此认为人死后生命还会继续。

在原始人的世界里，死亡常与欢庆仪式相伴；原始人之所以这样做，乃是因为他们认为死亡并非终结，人经由死亡而得以进入超然的生活形态。对他们来说，生命是神秘的，生者和死者之间有着说不清的感应。

---

1 陆建松.魂归何处——中国古代丧葬文化[M].成都：四川人民出版社，1999：3.

2 纽曼.恐怖：起源、发展和演变[M].赵康，于洋，等译.上海：上海人民出版社，2005：7.

他们没有活人与死人的界限意识，或者从根本上就否定这种界限的存在。生命不会因为死亡而遭受绝对的毁灭，而是继续存在于大自然中，并与大自然同在。

原始人不但不相信自然死亡，而且相信死人"活着"。列维·布留尔在《原始思维》中写道：对原始人来说，没有不可逾越的深渊把死人与活人隔开，相反的，活人经常与死人接触，死人能够使活人得福或受祸，活人也可以给死人善待或恶报。[1] 对原始思维来说，人尽管死了，也以某种方式活着，死人与活人的生命互渗。在许多地方，如在新赫布里底群岛，人们认为灵魂会经过两三次死亡，直到彻底消失；只有经常纪念和供奉牺牲才能使它们保持与活人之间的联系，才能使它们"活下去"。[2]

在原始人的思维里，灵魂在肉体死亡之后以另一种人类看不见的形式永恒存在，并且对人类保持着影响。在他们看来，死亡仅仅是对肉体这一外在形式的告别，它并没有切断灵魂与生者之间的种种联系，反而加固了这些联系。北美洲的奇卡索人相信，死人的灵魂乐于往还于生活过并保留着自己形体的环境中；阿留申群岛岛民设想，死人的灵魂不被觉察地在亲属中间走来走去，并在他们旅行时伴随着他们；在非洲，人们设想，死人的灵魂来到活人中间，同他们一起吃一起喝。[3]

人死后生命以某种形式继续存在的观念由来已久。中国人几千年以来就相信有前生后世。很多文化传统也没有将死亡看作一个终点，而是看作一种生命状态的改变，是向另一段生命的过渡。有些教义让人相信死后灵魂会升天或转世，他们的生命会以其他形式继续存在。对于信徒来说，坚守某种宗教和文化的信仰可以让他们相信生活是有秩序的。威

---

1 布留尔.原始思维[M].丁由，译.北京：商务印书馆，2009：337.

2 利普斯.事物的起源[M].李敏，译.西安：陕西师范大学出版社，2008：304.

3 泰勒.原始文化：神话、哲学、宗教、语言、艺术和习俗发展之研究[M].连树声，译.桂林：广西师范大学出版社，2005：427.

廉·詹姆斯说："一个人的信仰，无论教义有何特殊之处，在我看来总有根本的一点：代表了对一种不可见的秩序的信，因为正是这种秩序解释了自然界的谜团。"[1]

对基督徒来说，死亡不是一切的终结，现世的生活成了通往永生之路的驿站；死亡也不再是生命的结束，死不过是通往永生的"睡眠"，虽然不是好事，但也不是最坏的事——只有一个人犯了罪，得不到救赎，才是最坏的事。[2]有些人不是恐惧死亡本身，而是恐惧审判日的到来及那最后的惩罚。如果一个人在很小的时候，在其社会化和参与宗教仪式或习俗的过程中就被灌输永世惩罚的威胁，那么这个人到了成年之后会更加相信这种威胁。[3]

有关死亡和死人的风俗也许是一切风俗中最为持久的。即使是在今天，活人仍然持续与死人保持着某些联系：我们每年都会给逝去的祖先扫墓、祭祀，以尽心竭力地赢得祖先的好感，尤其是要避免激怒他们。如果不是承认死者的灵魂存在，我们就不会举行这些仪式。在许多民族的节令中，都可以找到纪念死人的特别节日，如中国的清明节。这些流行的风俗活动清楚地说明了已故的祖先拥有特别的力量。

对相信来世、轮回或天堂的人而言，死亡并非生命的终结。如果你相信灵魂不灭，或者认为肉体在死后某一天可能会复活，那么你就会同意死亡不是终结。若没有对某个不可毁灭的东西的持久信任，人就没法活下去，即使对信任本身以及不可毁灭的东西一无所知也没有关系，这种情形的可能表现之一是各人相信自己的上帝。[4]

1　萨瓦特尔.永恒的生命[M].于施洋，译.北京：北京大学出版社，2010：21.

2　吴功青，徐诗凌.等待复活——早期欧洲墓葬概观[M].北京：北京大学出版社，2017：58-59.

3　邓巴，等.进化心理学：从猿到人的心灵演化之路[M].万美婷，译.北京：中国轻工业出版社，2017：136.

4　罗伯逊.卡夫卡是谁[M].胡宝平，译.南京：译林出版社，2013：133.

荣格说，从心理健康的观点来讲，我们最好还是把死亡视为只是个过渡而已，只是生命过程中的一部分。[1]我们有理由认为，相信一切都以死亡而告终的人与相信肉体死后还有生命的人，他们对生命的理解和态度可能是不一样的。终点是有的，但不是死，也不是无限和永恒。萨提斯·莫迪在《超越死亡》里说："肉体死了，生命是否彻底终结，我不确定，但我想，生命也许会以其他形式依然围绕在我们身边。"[2]死不仅是一种结束，也是一种开始。对活着的人来说，尤为如此。

三、因果性

面对死亡的那一瞬间，我们会迅速蹦出来一些疑问："这不是真的！""为什么是我突然得了绝症？""如果我是一个更善良的人，是不是就不会得这个病？""为什么偏偏是我的孩子出了意外？""为什么我得以幸免？为什么死的不是我，而是我的妻小？"从某种意义上说，理解死亡发生在自己和所爱的人身上的确是一件困难的事。

死亡的因果性指导致死亡的原因，即人为什么会死。人很难想象自己会猝死，而总是把死亡和衰老、糟糕的行为、可怕的事故、原本就该遭受的报应相联系。而且，由于人们对现代医疗水平抱有越来越高的期待，甚至把医学神话，在医院死亡成了不正常的现象。然而，医疗技术毕竟有其局限性，仍有许多疾病尚无全面有效的救治方法，更何况一个人的健康状况涉及许多先天和后天的因素。即使寄希望于医生和医疗技术，我们也要树立正确的生死观，接受死亡是生命发展的必然结果。

由于死亡具有不确定性，死亡的原因往往被描述为来自外部的力量。也就是说，死亡是我们偶然碰上的，而不是我们必有的某种经历，不是

---

1 荣格.寻求灵魂的现代人[M].黄奇铭，译.上海：上海译文出版社，2013：123.

2 莫迪.超越死亡[M].歌沐，张劼，译.武汉：长江文艺出版社，2018：155.

一个自然的生理过程。[1]我们也总是习惯于强调死亡的偶然性——事故、疾病、感染或中毒等所致，这种习惯反映了我们在潜意识中将死亡的必然性修正为偶然性。

人类对死亡的认识是一个不断发展的过程。对原始人来说，死亡包含神秘的原因，而且基本上都是来自外力作用的横死。或者更准确地说，任何死亡都不是真正偶然发生的。当死亡发生时，原始人会寻找超自然方面的原因。原始人不相信自然死亡，他们认为死亡的发生一定能够找到神秘的致死原因，比如神灵或鬼魂的恶意造成的，或者是某些不怀好意的巫师在作怪。[2]

原始人坚信，如果没有这些原因，人是可以永远活着的。在他们看来，死亡并不是生命过程的一部分，如果有人死亡，那么他肯定是被害死的。原始人不会把身体机能的衰退和死亡联系在一起，死亡被他们看成是由许多看不见的原因造成的。人终有一死的观念是与神话思维和原始宗教思想相冲突的。

或者说，原始人所认为的"自然死亡"与现代人所理解的自然死亡完全不同。若有谁被施过巫术的武器杀伤了，哪怕只是一点擦伤，也必死无疑，而这种死在原始人看来是自然的。人受了施过巫术的长矛刺伤，唯一有效的疗法是采用更厉害的反巫术。一个老人因衰老而终，原始人也会竭力发现是谁的巫术置他于死地，并对这个假想的凶手进行报复。[3]

原始人之所以要牵涉超自然力量，并非真是为了解释事件本身，而是聚焦于事件背后隐藏和暗示着的人性意义，即它对人类的重要性。[4]假

---

1 德斯佩尔德,斯特里克兰.最后的舞蹈: 邂逅死亡与濒死[M].9版.陈国鹏,等译.上海:上海人民出版社,2013: 9.

2 马东佑.感悟人生——让生有意义,死无恐惧[M].广州:中山大学出版社,2008: 49.

3 布留尔.原始思维[M].丁由,译.北京:商务印书馆,2009: 311.

4 柏格森.生命的真谛[M].冯道如,等译.南京:江苏凤凰文艺出版社,2015: 84.

若事件的结果具有重大的人性意义，那么其原因也必然具有同等重大的意义。一块巨大的瓦片被风吹落，接着砸中某路人并致其殒命，我们会说事发偶然。如果我们仅仅看到大风吹落瓦片，瓦片掉落地面，之后瓦片摔碎，此外什么也没有发生，那么我们只会看到因果律在发挥作用，而很少会关注到偶然性的痕迹。可见，要使偶然因素真正成立，事件的结果必须具有人性意义。偶然性的思维在于解释为何瓦片恰好就在某人经过那里的那一刻掉落。如果不是抱有这种偶然性的死亡观念，死亡势必会引起原始人的恐慌和非理性的防御行为。

在一些民族和地区的神话中，死亡或起因于人类的某种罪恶，或是由于神的疏忽。原始信仰中关于死亡起因的神话解释在早期人类生活中是不可或缺的。它们虽然朴素稚拙，却是早期人类关于外界和自身生命现象的思考。

死亡原因的复杂性和神秘性也是我们对死亡感到恐惧的原因之一。幼儿缺乏对死亡的客观认知，对死亡的因果关系常常会发生混淆。当问一个五六岁的孩子关于他祖父的死，他可能会问："谁让他死的？"对幼小的孩子来说，死亡是可以避免的，只要不吃有毒的食物或保持健康就不会死了，死亡是由疾病、事故或灾难等意外事件造成的。

一个小孩因母亲未满足自己的需要便怒气冲冲，暗地里巴望她一命呜呼，但当母亲真的死了时，孩子可能会遭受严重的心理创伤，他会觉得自己对母亲的死负有责任。"我做了这件事，我有责任，我不好，因此妈妈死了。"这时大人要一再向孩子保证母亲的死和他无关。你可以说："孩子，或许你脑海里曾经出现过'妈妈要是死了就好了'这样的念头，但这样的念头不会真的让人死掉。"

法兰克是个 56 岁的电工，他回想自己儿时的经历："大人告诉我祖母睡着了，但没有人告诉我，她何时会醒来。葬礼时他们让我留在车里，当时我只有 5 岁，却清楚地记得每个细节。他们说：'这样对你比较好，以后你自然会明白。'但我只明白了一件事，死亡是很可怕的，而且我始终不曾和祖母道别。大人一直隐瞒死亡，怎能期待我相信死亡是人生自然的一部分？我不怪家人，他们也是为我好。但倘若他们没有将死亡当作这么可怕的事，也许今天我便不会如此畏惧死亡。我甚至无法为母亲扫墓，凡是与死亡有关的事都让我畏惧。我希望让子女有更好的观念，当我离开时，我知道子女会难过，但我不希望他们为此感到不安或无法感受痛苦。"[1]

　　小孩的世界是以自我为中心的，他们认为凡事多少都与自己有关，也不甚了解愿望和行动之间的差别。尤其是若父母曾对他说过"我迟早要被你气死的"这类话，孩子就有理由把自己当成"罪魁祸首"。如果一个孩子认为他是导致某位亲人去世的原因，那么罪责感可能会成为亲人去世后的主要情感体验。

　　小孩子还容易将衰老和死亡联系起来，把长大成人与死亡联系在一起。一个四五岁的孩子可能会突然对父母说："我每天都害怕死亡，我希望我永远不会长大，那样我就也不会死了。"他们可能会一再确认自己的父母并不老甚至永远都不会衰老。他们还没能认识到死亡会发生在任何年龄阶段。这对孩子的心理来说是一种保护，毕竟他们认为自己离衰老还很遥远。小孩子会天真地说："我要活到一千多岁，永远都不会变老。"

　　一位父亲在谈到人都有猝死的可能性时说："我现在就想给家人留一封'遗书'，告诉他们'无论我什么时候死，以什

1　罗斯, 凯思乐.当绿叶缓缓落下——与生死学大师的最后对话[M].张美惠, 译.成都: 四川大学出版社, 2008: 120.

么方式死，我都可以接受，你们不要懊悔在我生前没有照顾好我，你们已经做了你们最大的努力来爱我，我非常感恩与你们在一起的时光，你们也不要内疚，生死有命。我的死，与你们无关。我没有太多遗憾，希望你们可以继续过好将来的生活。我的孩子，即使没有爸爸给你引导，你也会拥有一个精彩而丰富的人生，我充分相信你可以做到。当你忙于学业或工作时，偶尔会没来由地想起我，这表示那一刻我正在想你。在你的一生中，有时可能会感到孤单，但你绝不是一个人，因为我永远在你心中，让我们为彼此祝福吧。'"

对现代人来说，因为疾病、衰老、灾难或意外事故，人会死是再明显不过的事实。死亡可以是外力作用的结果，也可以是人自为的结果，如自杀、吸毒、酗酒等。死亡更是生命发展的固有特性和必然结果。我们会死，是因为我们一生下来便注定会有这样的事情发生。

四、不可逆性

在医学上，死亡意味着有机体的生命体征发生了不可逆转的丧失，如呼吸和脉搏停止，而这些生命体征对一个活的有机体来说非常重要。有机体一旦死亡，其肉体就不能重获生命。人们常说人死不可复生，讲的就是死亡的不可逆性。

死亡的不可逆性在幼儿心中并不清晰。死亡在他们看来通常是暂时的、局部的甚至是可逆的，而不是一个不可逆的事实。一个两三岁的小孩可能会说：他没有死，他只是睡着了，过几天就会醒来。"我知道爷爷去世了，但是他什么时候回家呢？"大多数三岁或以下年纪的儿童还不能认识到，死亡是人体机能的完全终止。他们还想象不出一个死者同他面前的任何一个活人之间的本质差异，也不能理解躺在棺材里的人为何已经不能感觉到别人的存在，甚至还会担心他们在棺材里要如何呼吸。

一个三岁孩子的父亲六个月前死于一场车祸。有一天小男孩的妈妈走进来对他说："我有一个惊喜要给你。"小男孩急切地问："是不是爸爸回来了？"在另一个场景下，同样是这个小男孩在玩积木。他建了一座房子，把一个人放在了房子里。当人们问他放进去的人是谁时，他回答道："哦，那是爸爸，他要睡一百年呢！"在孩子看来，爸爸并没有死，他只是去旅行或沉睡了。[1]

幼儿往往认为死亡是可逆的，人死了可以再活过来。即使是六七岁的孩子，有的也不太知道"死亡"是什么，如果父亲或母亲死去，孩子常常会认为他们只是在做一次短期旅行，不久就会归来。[2]而因为幼童还很难理解"永远""无法复活"等概念，所以大人们在跟孩子解释死亡时，常常会用"他去了一个非常遥远的地方，要很久才能回来"等比喻来说明。

虽然三岁以下的孩子还难以分辨死亡和分离，但他们也会对死亡有所理解。有证据表明，三岁的孩子就已经可以意识到死亡并为此感觉不安，死亡给孩子带来的困扰比成年人认为的开始得更早。儿童关于死亡的困惑或困扰如果得不到正确的引导，强烈的好奇心可能会使其转而寻求不可靠的信息来源，进而导致他们形成错误的死亡观念。

有时，小孩子在对父母或兄弟姐妹生气时，会希望他们死了，因为小孩子并不理解死亡的不可逆性，他们并非真的希望他们的亲人死去，只是在发泄自己的情绪而已，或是希望父母消失一会儿。[3]弟弟希望抢他玩具的哥哥死去，可几分钟后，他又会想要哥哥和他一起玩。有的儿童由于认为死亡是可逆的，为了报复大人或是把死亡看作痛苦的一种解脱

1　雷明，迪金森.温暖消逝：关于临终、死亡与丧亲关怀[M].庞洋，周艳，译.北京：电子工业出版社，2016：66.

2　傅伟勋.死亡的尊严与生命的尊严[M].北京：北京大学出版社，2006：13.

3　迪朱利奥，克兰兹.同学，咱们聊一聊死亡[M].涂晓红，译.北京：商务印书馆，2005：17.

方法，而选择自杀。扭曲的死亡观念是儿童自杀的原因之一。

根据皮亚杰的认知发展阶段理论，前运算阶段的儿童还不具备完全理解死亡的心智能力，因为他们还没有守恒的思维，而这种思维是成熟的死亡概念的先决条件。在 9 ~ 10 岁的时候，孩子对死亡的理解才比较贴近实际，他们开始把死亡看作一个不可逆的生物学事实。[1]如果到了这个年纪的孩子还相信死亡是可逆的，部分原因是这个阶段的孩子刚刚开始明白自己也可能会死。如果他们的某个亲人或同伴突然死去，他们会更强烈地感觉到对自己会死的恐惧。而相信死亡是可逆的可以帮助他们缓解对死亡的恐惧。

如果一个 15 岁的孩子这样说："我知道爸爸已经死了，但我不明白他为什么不回家吃晚饭。"我们会认为，他不是在理智上不明白死亡的不可逆性，而是在情感上还没有接受这一事实。面对痛苦的现实，他保护自己的方式是否认现实，相信死去的爸爸还会回来跟他们一起吃饭。不同年龄的孩子对死亡的理解有所不同，我们在与孩子谈论死亡时必须要考虑到这一点。

对一些文化传统来说，真正的生命是来世的，死亡仅仅是从人类世界转入更高级的灵魂世界中去。濒临死亡的苏格拉底相信，死只是灵魂与肉体的分离，失去了肉体，精神能活得更好，肉体只是个障碍而已。他认为："死对一个人来说是一场戏的开幕，他的整个生命就是这场戏的彩排，一场灵魂从身体的'拘留所'或'牲畜栅栏'的限制中解放出来的戏。"[2]他坚信人死后灵魂可以得到永生，在另一个世界得到更大的福祉和自在。

在苏格拉底那里，死亡不仅不是返回到无机物的无生命状态，反而

1　罗斯.论死亡和濒临死亡[M].邱谨，译.广州：广东经济出版社，2005：147.

2　包礼祥，丁世忠.对死亡的追问和对永生的祈愿——再论《荒原》的死亡意识[J].江西社会科学，2007（03）：86-88.

是通往更高层次的存在的道路，进入一个更欣愉、自由的世界。灵魂不朽的观念在一定程度上解决了肉体死亡带来的困惑，实现了生命的连续与永恒。在灵魂不灭、生死轮回观念的影响下，人们倾向于认为死只不过是从一种生命形态转为另一种生命形态的过渡。荷花凋落时，即是浮起时。

在中国人的思维中，天地万物之生而又生，生生不已。日出日落，日复一日；四季轮回，年复一年。天地万物都在循环往复之中，生死亦然。生在天地之化中，死而归化于天。生死的变化，如同四季的更迭、大化的运行，是自然而然的事情。

庄子认为，死生为一，在不断运行中循环往复，生与死是可以相互转化的，不必为自我之死而悲痛，也不用为亲人的去世而伤心。他用欢乐代替悲哀，透露出一种生死无界的境界。庄子认为人的生死不过是气的聚散而已，生本从无中来，死又向无处去。庄子对死亡的否定，正是抓住了常人固执于生命，一叶障目，他要求人们打破有限与无限的界线，将自我有限的生命存在同宇宙无限的生命本体联系起来，从有限中体悟、洞识到生命的永恒性本质。[1]

中国人相信事物处于变化当中，而事物又总是回到它们的初始状态。董仲舒在《春秋繁露·阴阳始终》开篇第一句话即说："天之道，终而复始。"[2] 天人合一，天道人性不分彼此。董仲舒将人的生死关系放在天地自然中去探讨和领悟。人生也有四季，从孕育到死亡，四季周而复始，人的生命也会死而复生。从这个角度来看，彻底的灭亡是不存在的，所谓的死亡只是永恒生命中的一个环节。如果人们知道生和死是分不开的，视生死更替犹如昼夜更替，便不会有死亡恐惧。人之"生"是"生生"

1　何显明.中国人的死亡心态[M].上海：上海文化出版社，1993：77.

2　董仲舒.春秋繁露[M].张世亮，钟肇鹏，周桂钿，译注.北京：中华书局，2012：440.

之道的表现；人之"死"也是"生生"之道的一种表现，此即"死犹生"。死亡只是生命循环的一个自然事件。

在中国传统文化及其所衍生的民间宗教信仰的影响下，大部分中国人在内心深处都相信死亡不是人的彻底毁灭，而只是生命形态的转化，人死后就转入另一个世界。在另一个世界里，生命依然以各种方式继续着。葬礼就是帮助死者进入另一个世界的仪式。民间传统的丧葬礼俗也告诉我们：死亡并不是断绝寂灭，不是永恒的不在，而是另一新生命的开始。电影《入殓师》中澡堂奶奶在准备火化时，殡仪馆工作人员说了这么一句话："在这里待得越久，我就越相信，死亡是一扇门，它不意味着生命的结束，而是穿过它，进入另一阶段。"死亡是走向另一生命的通道，是死前生命和死后生命之间的桥梁。

在叔本华看来，死并无可悲之处，因为死后的不存在和生前的不存在毫无二致。他说，如果死亡之所以显得可怕是因为我们想到了不存在，那么我们想到自己还未存在时，肯定也同样感到恐怖；所有用来证明死后继续存在的证据同样也能用在生前，用于证明人在生命开始之前就已经存在。[1]死亡在死亡之前开始，生命在生命之后延续，我们不应该把一方看成另一方的终点。

五、不确定性

> 人能以多少种方式突然死去？
> 再小心谨慎，也不能预防
> 那随时都有可能降临的危险。[2]
>
> ——贺拉斯

---

1 尼采,叔本华,等.生死,最漫长的告别[M].王绚祯,李娟,等译.南京:江苏凤凰文艺出版社,2017:94-95.
2 蒙田.蒙田随笔[M].李林,戴兴伟,译.上海:上海三联书店,2008:74.

　　索甲仁波切在《西藏生死书》说道：死亡虽是团大迷雾，但有两件事情是可以确定的：其一，我们总有一天会死；其二，我们不知何时或如何死去。[1] 也就是说，人终有一死，这是确定的；但在什么时候以何种方式死去是不确定的。用海德格尔的话说，何时死亡的不确定性与死亡的确定可知结伴同行。[2]

　　陶渊明在《拟挽歌辞三首》中写道："有生必有死，早终非命促。昨暮同为人，今旦在鬼录。"死亡可能赶在生命之前进入那死婴，也可能让那古稀老人等待又等待。每个人在任何年龄段都可能会死。死亡并不是患者和老年人的"专利"。一些重大灾害和人身伤害事故经常成为头条新闻，这些报道更加让我们觉得人生无常。

　　当我们年幼时，人生经历尚浅，我们可能不会真的觉得自己会死，对死亡的不确定性还没有特别深刻的体会。有许多生命才刚刚开始，甚至还未见天日，就已经戛然而止。他们生的经验如此有限，还没能够意识到死亡的这种不确定性，更谈不上为这种不确定性而焦虑。但是他们的死亡会警醒周围的人，让他们在哀痛和惋惜中更加真实地体认到死亡的不确定性。

　　随着年纪越来越大，人生阅历不断增加，我们对死亡的概念会越来越清晰，也在逐渐加深对死亡不确定性的认识和体认。我们越来越能够明白死亡在前方等着我们。地震、水灾、火灾、疾病和事故等各种天灾人祸均可导致死亡。这些突发性的或非正常的死亡常常叫人措手不及，对我们的冲击和影响也更为强烈。我们总以为来日方长，但经历意外后可能会发现世事无常。

　　死亡不是到期付款，它是人生中最大的不确定性和不可控因素。不

1　索甲仁波切.西藏生死书[M].郑振煌，译.杭州：浙江大学出版社，2011：19.

2　海德格尔.存在与时间（中文修订第二版）[M].陈嘉映，王庆节，译.北京：商务印书馆，2018：357.

可避免的死亡如影随形地站在我们背后，不知何时会逼近身来。我们不知道自己能否在死之前都将事情处理好。人在达到自然寿命之前便可能死亡，年轻人猝死已不是一个新鲜的话题。死亡的不确定性使死亡成了临近之事，仿佛就近在咫尺，这难免会令人焦虑不安。

随着年龄的增长，躯体和生理机能的日益衰退，死亡的脚步声越来越近，死亡逐渐成了一个不得不去面对和思考的主题。我们或许能够凭借运气躲过各种灾害和意外，却无法改变必死的结局。在年轻力壮时，我们对死亡不确定性的恐惧更多源于意外或疾病导致的突发性死亡；而到年老时，相对于死亡的不确定性，我们更多地焦虑死的必然性和濒死的过程。衰老迫使我们不得不去适应死亡。即使年迈，我们也仍然不知道自己会在什么时候死去，所谓的平均寿命对每个人本身的寿命来说并没有太多参考价值。但是，与青年时相比，年老让人们更倾向于相信自己时日已不多，也就是很多老人常说的"多活一日便是少活一天"。而丰富的人生阅历也会改变老人对死亡的态度。

人生无常，世界上的事没有永恒的，宇宙一切随时都在变。在我们认为自己很安全的时候，危险和死亡可能就潜伏在身边。我们的身体可能突然就无法运转，我们甚至不生病也会死。国内一位年轻歌手在公开自己患癌的消息中写道："我自问善良务实，勤奋认真，从未做过坏事，为何会遭遇这些？我没有癌症家族史，作息健康，每日健身又注意养生，癌症为何还会选择我？"生命实在太过于脆弱，所谓来日方长终究抵不过猝然离场。

在生活中，我们偶尔会听闻某个熟悉的人突然去世。前一刻还在一起吃饭说笑的朋友，后一刻就阴阳相隔。因脑卒中和心脏骤停而致死的死亡率在逐年增加。当可怕的瘟疫袭来，很多人会陷入恐慌之中，因为它将人和死亡的距离拉近了。一些人甚至担心自己一旦被感染上，可能会因无药可救而只能等死。加缪在小说《局外人》中写道，一个人对他所不了解的东西，总是会有一些夸张失真的想法。当我们对正在扩散的传染病所知甚少时，对不确定性的恐慌便更容易在人群中蔓延开来。这种恐慌常常就含有对死亡的突发性和不确定性的恐惧：死亡不再是远在天边，而是总潜伏在我们身边。

生命是脆弱的，生和死像一根线连着的两端，弹指之间我们可能就会失去生命。2020 年 1 月 26 日美国前篮球巨星科比·布莱恩特，这个习惯在凌晨四点就开始训练的人，和他最具篮球天赋的二女儿，因飞机失事，生命终结于凌晨四点的一场大雾。这让很多球迷感到非常震惊和悲伤。这个意外提醒我们，死亡离我们并不遥远。

死之必然已经够令人恐惧了，而死之不确定性又给人增加了更多的焦虑。当看着瘟疫造成的不断增加的死亡病例，以及各种突发事故、灾难事件的报道，我们的死亡焦虑难免会被激发出来。每天晚上当我们躺下，准备好迎接明天的到来，这种会继续活着的信念给了我们入眠的安定感；而"明天和意外，不知道哪一个会先到来"的想法，则会让我们在焦虑中辗转难眠。"我可能会平安地活到八十岁，也可能不知道什么时候走在回家的路上就被车撞死了，我无法预知死亡何时会降临到我身上。"

在一个没有抗生素、类固醇和有效手术的时代，很多现在能够被治愈的或者至少可控的疾病很少能够被治愈或控制。那时候，死亡随时可能发生，婴儿夭折、英年早逝或突发性死亡司空见惯，人们也习惯将其作为人类生存状况的一个自然部分。现在，医疗技术的快速发展似乎让人们有了这样一种观点：任何疾病都能被治愈或控制，死亡不再是一个偶然事件，而是一个可以被无限推迟的事件。人们忘记了自己的有限性，忘记了自己终有一死，越来越无法理解和接受突发性死亡。病人与家属不能够正常地接纳死亡也是医患关系紧张的原因之一。

死亡天使的信号

一名男子和死亡天使结下了友谊。有一天，他对死亡天使说："你是万世最成功的人：无论你想去哪儿，总能达到目标，我对你有一个请求：在你来接我之前，请及时通知我。"死亡天使答应了。有一天他来找这名男子，并对他说："明天我会来接你走。""你不会是认真的吧？"男子说道，"你答应过我及时通知我的。"死亡天使回答道："我已多次给你信号，可你从未明白过：当你的父亲去世时，你不知道那预示着什么；当你的母亲过世时，你没听见这个信息；当我把你的姐夫、邻居和朋友相继接走时，你视而不见……你明天跟我走吧！"当第二天天使将男子接走并带上天时，他指给男子看成群的死者，这些死去的人正大喊着："你为什么不及时通知我们？我们本来还可以完成许多事情的！""你现在看到了，"死亡天使说，"人们是怎样对待我的信号的！"[1]

很多时候，人们并没有意识到自己随时可能会死，而总是认为死亡来得太快太突然。当死亡来临时，它几乎总是出乎人的意料。人筹划着自己的一生，安排自己的日常生活，仿佛不知道人生会因死亡突然降临而终止似的。一个年轻人在得知自己就快死去时，最初的常见反应是觉得很不真实、难以相信："为什么是我？为什么这么快？一定有什么地方搞错了！不可能是我！如果我很老，那我能明白，但为什么是现在，我的生命才刚刚开始！"

如果何时死亡以及如何死亡可以预知的话，人们也许就不会那么焦虑了。朱光潜在《谈恐惧心理》一文中说："一个人如果真正到了绝境，面前只有死路一条，无可避免，恐惧无济于事，他也就不会恐惧，许多死囚很潇洒自在地上刑场，道理即如此……一个人当着险境，常是悬在

1　佩塞施基安，波斯曼.恐惧与抑郁——自我帮助和积极心理治疗指南[M].张宁，译.北京：社会科学文献出版社，2000：54-55.

虚空中，捉摸不定，把握不住，茫然不知所措，才感到恐惧。"[1]

> 要是确切知道自己还能活多少年的话，这种生命就更美好了！这样，你就可以适应环境，有目的地安排生活，用不着留下任何半途而废的事情，也不会去做任何无法完成的工作，它还会使你能真正利用时间。[2]

但是，从另一方面来看，死亡具有不确定性在某种程度上也给人们留有回旋的余地。一个人知道自己的确切死亡日期，也可能是他的不幸，他可能因此变得沮丧、颓废。

人生本无常，世事太难料。不仅死亡的发生常常是不确定的，生活本身也充满着诸多变化和未知。有的人今朝享有荣华富贵，明日就遭遇了突发的不测。当面对过多的不确定性，哪怕这些事并非有多重要，我们也容易焦虑不安。生活中大部分你真正在乎的事情可能都充满了不确定性，如果你无法接受这种不确定性，你可能会拼命地想去消除它——而这样做，不仅是一种徒劳无功的方式，而且绝大多数时间里还会使你更加焦虑，备受折磨。多数人很难持久地生活在不确定性的焦虑中，他们需要有一种控制感，哪怕这种控制感只不过是一种幻觉。而一个人越是想要控制一切，焦虑也就越容易占据他的心头。

生活中充满了不确定性，无常是这个世界的一部分。世界上唯一不变的就是变化本身。多数人往往在遭遇突如其来的变故时才意识到无常的存在。其实，造成痛苦的不是无常本身，而是由于对无常缺乏了解而产生的恐惧，或是对无常的抗拒所带来的焦虑。如果一直想在心理上获得确定感，就会助长恐惧感，更会陷于"如果发生意外"的不安中。如

---

1 梁漱溟,胡适,季羡林,等.大师的境界:谈"生"论"死"[M].北京:国际文化出版公司,2015:47.

2 西美尔.生命直观:先验论四章[M].刁承俊,译.北京:生活·读书·新知三联书店,2003:86.

果生活的目标是以某种方式致力于对抗疾病和死亡，那就是一种不正常的状态。尊重生命的有限，正视人生的无常，直面死亡的必然性，这或许会让人不快，但却是每个人终生的必修课。

《金刚经》曰："一切有为法，如梦幻泡影，如露亦如电，应作如是观。"生灭无常，我们要学会尊重无常，提升对不确定性的容忍度，多积累和不确定性相处的经验。我们可以对不确定性的内容进行想象，借此找到害怕的具体情境，比如如果自己得了重症该如何面对。当我们能够想象最可怕的处境时，内在与外在的支持力量也会显现出来。

寻找生命的真义，就要接受死亡，并且和一切的无常为友。有时生活之所以令人着迷，恰恰是因为它存在许多不确定性。我们必须放下想要控制一切的想法。真正在心里接受无常，培养和保持开放性的心态，可以让我们慢慢解脱执着的观念，不再盲目地追求安全感。试想一下，如果消除了所有的不确定性，生活会变成什么样子？你愿意生活在这样的世界里吗？

第二节　谁的死亡

你可还记得，
第一次遇见死亡，是什么时候。
那时你哭了吗，
还是因震惊而呆住？
或者
完全不知道发生了什么。
你是不是以为
死亡永远不会发生在自己身上？
你有梦到过亲人的死吗？
小时候妈妈不在家，

你有没有担心妈妈再也不会回来了?

无论愿意与否,在日常生活中我们都无法避开死亡,电影、电视等视听觉媒体向我们呈现了各种各样的死亡。面对别人的死亡,我们不一定会感到不安和恐惧。"死的是别人,又不是我,我不会有事。"虽然在理智上我们明白死也是自己最终的归宿,死亡随时可能来临,但在内心深处我们却总是抱着侥幸心理,觉得自己不会那么快就死。看别人死去与面对自己的死,就像在动物园里看老虎与在山上遇见老虎一样,情绪反应是大不相同的。我们对自身之死的想象总是有限的。

即使不愿意面对死亡,不主动去思考,死亡仍然会以各种方式出现在我们的生活中。我们每个人对死亡都会有一些直觉的认识。幼儿很早就会注意到死亡,对死亡感到好奇。死亡的主题一直普遍地存在于儿童的游戏当中。通常到四五岁左右,孩子就会萌生这样一些问题:人会死吗?我会死吗?爸爸妈妈也会死吗?

> 欧文·亚隆五岁的儿子和他一起在海边散步时,突然对他说:"你知道,我的爷爷和外公都在见到我之前就死了。"亚隆便问他儿子,"你有多么经常想到关于死亡这类事情"。这位五岁的孩子以一种陌生的、成人式的口吻回答说:"我从来没有停止过对此的思考。"[1]

每个人在一生中会多次遇到死亡,每次可能都会有不同的感受。有时候,我们会直接地参与别人的死亡,例如参加葬礼;但在这个过程中,我们不一定会联想到自己的死亡。死亡降临到路人甲、朋友或是至亲的身上,对我们的心理冲击是不一样的。随着年龄和生活经历的增加,他人的死亡会不断提醒并最终让我们认识到人皆有一死:我们憎恶的人,

---

1 亚隆. 存在主义心理治疗[M]. 黄峥, 张怡玲, 沈东郁, 译, 北京: 商务印书馆, 2015: 81.

我们所爱的人，也包括我们自己。

对自己必死的发现和体认并不能依靠认知推理而使人铭记在心，因为我们总是会本能地遗忘自己必有一死，而一般只有在濒临死亡等极端的状态中，我们才会真切地感受到对自身之死的恐惧和威胁。[1]有的人心思细腻敏感，在经历亲人或朋友的死时就会联想到自身之死。而有些人却好像并不知道死亡，始终没有切身的死亡体验。

出于对死亡的恐惧和排斥，父母一般会尽可能地避免让孩子目睹死亡。但是，大人们对死亡的各种避讳，反而给死亡蒙上了神秘的面纱。孩子既好奇又不敢询问，很容易把死亡想象得过于可怕。由于大人们的避而不谈，孩子就不能自如地表达他们对死亡的想法和感受，而大人对死亡的恐惧、焦虑和偏见却不知不觉中渗透到孩子们的心里。

死亡从属于人的存在本身，是一种日益迫近的可能性和不确定性。任何人都不能代替他人去经历死亡，每个人都必须独自承担自己的死亡。一个人在年轻的时候就开始思考死亡，与到了只能躺在病床上时才开始思考死亡，二者的意义是截然不同的。

一、他之死

看着垂死之人苦苦挣扎和痛苦呻吟，你会感到恐惧吗？他人的死可曾让你意识到自己终究也会死？死亡什么时候开始进入你的心里？

每时每刻都有人死。有时候我们走在大街上，遇见出殡的车辆，看到有人为死去的亲人号啕大哭，难免会心生感伤，发几句哀叹。在这种情景下，我们虽然对死者及其亲属的不幸深感同情，但我们不一定会从他人之死联想到自身的死。我们会对自己说，"我知道我会死，不过在那之前我还可以活很长一段时间。"我们总是把死亡看作与己无关的外

1　孙利天.死亡意识[M].长春: 吉林教育出版社，2001: 9.

部事件，看作发生在他人身上的偶然事件，从而掩藏了自身会死的真实性和必然性。

用海德格尔的话说，我们一直在旁观他人的死，即便是感同身受，也改变不了旁观者的身份。我们总是漠视自己的必死性，对他人之死产生一种事不关己的态度。倘若死亡发生在自己所憎恶的人身上，甚至会幸灾乐祸——这是他应得的报应。从他人之死中，人们可能会获得人皆有一死的信息，而为了逃避自己必有一死的恐惧，人们又会竭力远离将死之人。

伊丽莎白·库伯勒-罗斯在《生命之轮：生与死的回忆录》中叙述了这样一个故事：苏西一家刚搬到镇上不久，苏西就生了一种怪病，村民们虽然为苏西的家人感到不幸，但和所有小城镇的人一样，他们生怕如果自己离得太近，这种可怕的疾病就会乘虚而入，钻到自己家里来。最后，新搬来的这家人在最需要情感支持的时候，却被全村的人孤立起来，只能独自面对病魔的折磨。[1] 很多时候，临终病人要承受着社会对于死亡的恐惧所带给他们的孤独和隔离。

作家余华在读小学四年级时，父母把家搬到了医院，他们家的对面就是医院的太平间，自然免不了要常常接触到死亡："我家对面就是太平间，差不多隔几个晚上我就会听到凄惨的哭声。那几年里我听够了哭喊的声音，各种不同的哭声，男的、女的、老的、少的，我都听了不少。最多的时候一个晚上能听到两三次，我常常在睡梦里被吵醒；有时在白天也能看到死者亲属在太平间门口号啕大哭的情境。"[2] 对死亡的这样一种日常化接触，导致童年的余华似乎对死亡不那么恐惧。

对年龄较小的孩子来说，死亡属于过于抽象的概念，离他们的经验太远，他们很难把死亡看作人的普遍的、不可避免的结局，甚至认为死

1　罗斯.生命之轮：生与死的回忆录[M].范颖，译.重庆：重庆出版社，2013：21.

2　王世诚.向死而生：余华[M].上海：上海人民出版社，2005：24.

去的人还能再活过来。他们也很难由亲人的死联想到自己终有一天也必然会死。

> 有一个小孩跟着他父亲到动物园去，他们看到一只非常凶猛的狮子被关在笼子里，它在那里走上走下的，那个男孩变得非常害怕，他年纪还不到九岁，他告诉他父亲说："爹，如果这只狮子跑出来，而你有了三长两短，你要赶快告诉我搭几路公交车回去。"[1]

这个小男孩显然不明白死亡的确切意义。对他来说，死亡可能和错过回家的公交车一样，是一件令人不快的事，但也仅此而已。幼儿可能觉得死亡是一趟短暂的旅行，虽然他们并不确定这是一趟什么样的旅行。在他们的观念里，死去的人只是离开了，而不是永远消失。

儿童一般要到九岁之后，才会对死亡有比较稳定的认识，开始意识到死亡的必然性和终结性，并且认识到自己也会死。但他们似乎还难以真正相信这一点。日本小说《夏日庭院》中描述了这样一个场景，在山下奶奶去世后的几天，山下的同学河边说了这样一段话："我满脑子都是这些事儿，什么死人啦，自己什么时候会死啦，死了以后会怎么样啊。虽然我知道人早晚都会死，可是无法相信这个事实。"[2]

而在此之前，如果家中有人去世，儿童可能会意识到发生了一件十分严重的事情，或许会因周围的悲痛氛围而感到悲伤和恐惧，但仍不能完全明白到底发生了什么，无法理解死亡的确切含义。当孩子不被允许参与讨论某个与他亲近的人的死亡，不被允许参加葬礼或纪念仪式时，他们可能会感到被孤立，还有可能试图用他们自己的想象或外界传达的

1　奥修.死亡[M].林国阳，译.上海：上海三联书店，1998：43.

2　汤本香树实.夏日庭院[M].金晖，译.海口：南海出版公司，2016：15.

信息来填补与死亡有关的信息空白。[1]孩子甚至还会担心自己被这个世界抛弃。所以，大人最好对孩子说实话，不要拿虚无缥缈的故事来搪塞他们。孩子具有生动的想象力，如果不跟他们讨论死亡的话，他们会有更多的疑惑和恐惧。大人自己不相信的事也别告诉孩子，尤其不要告诉孩子死者去旅行或永远睡着了。

一些杀人成瘾的杀人犯，企图通过杀人获得对死亡的征服和掌控感，从而减轻自身的死亡恐惧和焦虑。这不仅是一种否认自身必死性的特殊形式，也是一种极端自私、狭隘的变态心理。越是不承认自己会死、不接受自己的必死性，可能对他人之死也就越冷漠。目睹大规模的死亡，人们自我保护的心理反应通常是麻木和冷酷。一位老兵曾这样说：“看到战友死了，我无动于衷，我不认为自己可能会死掉。”

建立死亡集中营的纳粹分子在屠杀那些没有防卫能力的人的时候，他们对他人的生命显然漠不关心。奥托·兰克认为：在战争中，屠杀和牺牲他人减轻了自我的死亡恐惧；通过他人之死，人使自己豁免于死亡和被杀的惩罚。[2]当一个人手里掌握着他人的生死时，他的自我可能会不断膨胀，以至于他会陷入一种错觉中：越来越相信自己是死亡的主宰，自己永远不会死。

一个刚参加工作（屠宰厂）的年轻人最终会习惯屠宰场的情境，死亡在这个过程中就与主体分离了，被客体化了，不再是个体的内部经验。这种对“他”之死的淡漠态度使我们与死亡本身隔开了一定的距离，从而让我们忘记自身的死亡，也就不会为死亡这一最终的不幸所烦忧和焦虑。

在复杂的现代社会，他人之死的意义减弱了。2011年3月日本发

1　雷明，迪金森.温暖消逝：关于临终、死亡与丧亲关怀[M].庞洋，周艳.北京：电子工业出版社，2016：71.

2　贝克尔.拒斥死亡[M].林和生，译.北京：华夏出版社，2000：116.

生了一次大地震，有记者就这次地震采访日本导演北野武。北野武说了这样一段话："我认为在如此困难的时期最重要的是'同理心'。地震造成的死亡人数可能超过 1 万，甚至超过 2 万，这样巨大的死亡人数也会成为电视和报纸的头条。但是，如果您将这场灾难简单视为'2 万人丧生的事件'，那么您根本不会理解受害者……人的性命不该说是两万分之一，或八万分之一，它的意思是，有一个人死了这件事发生了 2 万次。"每一个死者都曾是一个鲜活的生命，都有自己的亲人和家庭。

没有人是一座孤岛。不要问丧钟为谁而鸣，它为每一个人敲响。每一个生命都应该得到尊重。即使医学上断定一个人已经"死亡"，我们也不能认为这个人就立刻变成了"物品"。如果缺乏情感方面的锻炼和教育，甚至在思想认知上加以错误地引导，我们很容易将他人非人化。而当我们把他人侮蔑为动物，认为他们比我们低人一等，就可能在惩罚或杀死他们时不会内心不安。

虽说他人之死也会提醒我们死亡的存在，但我们很少因为他人之死而有很深的死亡体验。罗兰·巴尔特曾写道：在街上，在咖啡馆里，我看到每个人都处在某种不可避免地面临——死亡，即非常准确地讲是某种必定死去的情形之下；而且，我还清楚地看到，他们并不知道这一点。[1]对只经历过"他之死"的大多数人而言，死亡仍是模糊而遥远的，好像死亡是别人的事，和"我"无关。

二、你之死

> 如果，你活得够久，
> 总有那么一天，
> 父母，伴侣

1　巴尔特.哀痛日记[M].怀宇，译.北京：中国人民大学出版社，2012：52.

或者某个亲爱的挚友，

他们的溘然长逝，

震惊了你的世界，

粉碎了你的幻觉，

——死亡只是别人的事。

而后，你开始小心翼翼

撕开生活的面具

和种种谎言，

也就在那时，

童年再也无法回去。

作为一名特派记者，安德森·库珀在一次前往飓风灾难现场进行报道时，首次看到了自己本国受难同胞的尸体，他说："他是我遇到的这场风暴导致的第一个死人。在这之前，我当然看到过溺死的人，比如在斯里兰卡以及其他一些地方，可是，我从来没有在美国见过。我本来并不认为这会有什么差别，实际上的感受却截然不同。"[1]

对于库珀来说，本国同胞的死和异国人的死给他带来的震撼是不一样的。同样是死者，本国同胞与他的共同特征更多，给他心理上的感受也更近。正如同龄人的突然死亡，通常对我们的冲击力更强，更容易让我们感到死亡近在咫尺。父母死时，孩子会想："妈妈或爸爸为什么遗弃我"。而丧失手足的孩子则会对自己说："我可能是下一个。"因为这动摇了孩子只有很老的人才会死的信念。

谈论陌生人的死，我们相对容易将自己抽离出来，但当死亡发生在身边的朋友或家人身上时，那种随之而来的震撼和哀痛就较为刻骨铭心了。当然，这种震撼的情况还与当事人的年龄及心智状况有关。例如，一个四岁的孩子可能会在妈妈去世后这样想："虽然妈妈死了很可惜，

---

1 库珀.边缘信使[M].夏高娃，译.北京: 北京联合出版公司，2019: 166.

但是以后妈妈不在了，我想怎么玩就怎么玩，没人可以管我了。"显然，一个幼童会这样想更多的是因为其心智尚无法理解死亡这种有些抽象的概念，不明白妈妈的死意味着什么。

如果一个在情感上对我们非常重要的人死了，那么要接受他死去的事实对我们而言是十分困难的，我们总会满心期待他能够回到我们身边。这个对我们非常重要的人就是"你之死"的"你"。面对心爱之人的死，我们会极度悲伤，痛不欲生，甚至感到绝望，实际上我们的内心也在经历着死亡。很难有东西可以弥补爱人之死给我们造成的伤害和悲痛。在这种悲痛之中，人不能再同死亡保持距离了，不得不直面死亡。在这个意义上，"你之死"将死亡真实地带到了我们身边。

有时仅仅在脑海里想一想"你"之死这件事，对我们来说也绝非易事。一位来访者在咨询中讲述了他曾经关于父母之死的想象的经历，他说："大概是在上小学六年级的时候，我突然想到一个问题，就是我的父母迟早会先我而死，不知道那个时候我为什么会去想这个问题，但每次想到父母会先我而死这个事，我整个人就特别恐慌，不敢再往下深想。这件事情哪怕就是在脑海中一闪而过，我都有一种天崩地裂的感觉。到了初中的后半段，这种恐惧时不时还会浮现出来。读高中之后，我基本上就不太去想这件事情了，但实际上我还是很依赖父母。直到我上了大学之后，甚至年纪再大一些，比如说现在，我觉得我可以去想这个问题了：假如有一天父母离世了，我该怎么办。我想我还是会难过、悲伤，但我能够去想象了，没有了小时候那种很恐慌的感觉。那种恐慌的感觉说白了就是：如果父母不在的话，我就无依无靠，无法活下去。"

害怕父母尤其是母亲的死亡，是婴幼儿神经症的一种普遍形式。这一症状也常和害怕与母亲分离有关。大多数人都认为母亲的去世比父亲的去世更加让人难以接受，可能因为母亲的传统角色是养育者和照料者。"哪怕父母不在了，我还是能够活得下去的"这样的一种感受和信念，要在我们成长到比较独立的情况下才会出现。当自己能够独当一面,也无惧生存时,对父母的依赖性就会减少许多。但在心理上,无论到多大年纪,我们对父母的依恋可能都深刻到骨髓里。所以,就算自己年近半百,也仍然会对父母的离去悲痛不已。

只要父母还活着,我们和死亡之间似乎就还有一个缓冲。而一旦父母死了,我们与坟墓之间的那堵墙就不在了,不可避免地要和死亡正面交锋。父母在,人生尚有来处;父母不在,人生只剩归途。父母在世时,他们可能是子女的精神支柱。因为在父母面前,孩子永远是孩子,无论遇到什么事,父母都仿佛是永远的守护者。而父母去世后,这种安全感就丧失了。

我们第一次感到死亡的真实性通常不是来自他人之死,而是来自"你"之死。"除非你爱一个人,然后他死了,否则你没有办法真正碰到死亡……死亡唯有在一个所爱的人死的时候才能碰到。"[1]我们大多是在亲人去世时才开始认识死亡的。爱一个人增强了我们的死亡感,因为我们会担心爱人死去。冉克雷维在《不可逆转的时刻》中也提道,"第二人称的死亡,亲人之死,这是一种特有的哲学体验……我看见他死了,是我的另一个之死。"[2]"你之死"的体验击碎了死亡与己无关的侥幸心理。特别是长期共同生活的伴侣的死亡,会让我们深刻体验到死亡的切身性。

> 死对我并不陌生。还在三四岁上,我就见过两次死人:一回是我三叔,另一回是我那位卖烤白薯的舅舅……真正感到死亡的沉痛,是当我失去自己妈妈的那个黄昏。那天恰好是我生平第一次挣钱……她是含着我挣来的一口苹果断的气。登时我就像从万丈悬崖跌下。入殓时,有人把我抱到一只小凳子上,

---

1 奥修.死亡[M].林国阳,译.上海:上海三联书店,1998:3.

2 冉克雷维.不可逆转的时刻[M].戴捷,译.上海:上海三联书店,2007:4.

我喊了她最后一声"妈"——亲友们还一再叮嘱我可不能把泪滴在她身上。在墓地上，又是我往坑里抓的第一把土。离开墓地，我频频回首：她就已经成为一个尖尖的土堆了。从那以后，我就开始孤身在茫茫人海中漂浮。[1]

——萧乾

罗兰·巴尔特在母亲去世的翌日，开始写《哀痛日记》，其中有这么一段："越来越多的、不可避免的无聊。我想念她，她就在我身边，现在，一切都崩溃了。至此，便是沉重、漫长哀痛之庄重的开端。两天以来，我第一次接受了自己也要死去的念头。"[2]母亲的死让罗兰·巴尔特真切地想到自己也会永远地死去。一位女性来访者在母亲死后说了这样一句话："妈妈的死让我确信，所有人都是要死的。"

人们对死亡的焦虑不会因为父母在世就不会出现，但会因为父母离世而变得更有刺痛感。父母之死通常会唤起我们童年早期对分离和孤寂的恐惧。多数人也是在"你之死"中第一次真切地看到尸体的。而只有看到尸体，你才知道这个人死了，退出了生命的游戏；只有看到尸体，你才能看清自己，知道自己也会有那一天。[3]因为尸体把生者和死亡的现实牢牢地绑在一起。

"你之死"的悲痛体验常常使人觉醒，让人真正体会到死亡的存在。亲人的去世迫使我们去思考死亡的真相和生命的意义。"你"之死，会让我们悲恸不已，对逝者情感上的不舍和留恋让我们倾向于相信人死后其灵魂并没有毁灭，这样的信念帮助我们不被哀伤所吞噬，在死亡面前还存有一丝希望。

1　萧乾.萧乾散文[M].杭州:浙江文艺出版社,2000:325-326.

2　巴尔特.哀痛日记[M].怀宇,译.北京:中国人民大学出版社,2012:12.

3　道蒂.好好告别:关于死亡你不敢知道却应该知道的一切[M].崔倩倩,译.北京:中国友谊出版公司,2019:212.

有一种"你之死"很特殊，那就是子女的死。人们相对比较容易接受老年人的死亡，而较难接受子女的死亡。按照生命的自然规律，我们会更多地将死亡和年老、衰弱联系在一起。我们通常对年迈的长辈的离世有心理准备，而很少将死亡与年轻的生命联系在一起，因此子女的死亡给父母带来的打击会更强烈。如果孩子的死是人为所造成的（例如自杀或者被谋杀）；或是非常突然的（例如发生事故）；或是由于疏忽造成的，这将导致孩子的父母对肇事者的愤恨、谴责，或者对自己疏忽的深深的内疚，这些因素都会深入悲痛情绪当中。[1]

在中国"生生不息"的文化传统中，父母与子女有一种深刻的生命联结。有的父母为了保护子女，往往甘冒任何危险，即使牺牲性命也在所不惜。子女是父母生命的一部分，有时还是父母生活的意义所在。失去孩子，父母就失去了自己生活的一部分，失去了希望和梦想。"孩子的死去，意味着我的未来毁灭了。"

一天，一个富商向一位禅师祈福，希望事业兴旺，阖家幸福。大师挥动笔墨，写下了"祖死 父死 子死"六个字。

富商很生气。"你怎么这样诅咒我的家人？"他问。"这不是诅咒，"大师说，"是对你最大的祝福。我希望你家里的每个男人都能活到当祖父的年纪，希望你家里不会有儿子死在父亲之前。还有什么比家人以这样的顺序去世更幸福的事情吗？"[2]

有人认为，父母和孩子之间的亲密感是随时间变化的，相处的时间越久，情感也就越深厚。我们容易认为：相比儿童，婴儿的夭亡所带来的痛苦会比儿童带来的小一点，因为父母尚未走进婴儿的内心世界。达

1　科尔，内比，科尔.死亡课——关于死亡、临终和丧亲之痛（第6版）[M].榕励，译.北京：中国人民大学出版社，2011：192.

2　弗里斯.性、金钱、幸福与死亡[M].丁丹，译.北京：东方出版社，2010：191.

尔文的第三个孩子在出生仅三周后就离开了人世，他的妻子在给她嫂子的信里写道："如果她活得更长，忍受更多的不幸之后死去，我们会感到更加悲痛，和那样的悲痛相比，我们现在所感受到的伤心也就不算什么了。"[1]

但是，丧子之痛因人而异，并没有完全相同的体验，也并不存在所有人都必须经历的特定阶段。逝者的死对生者的意义，取决于他们之间的亲密程度以及逝者对生者的重要性。失去孩子的伤痛程度不能简单地用孩子的年龄来衡量，而要用寄托在孩子身上的爱和希望来衡量。毫无疑问，无论孩子处于什么年龄阶段，孩子的死亡对父母来说都是一个重大的丧失。

有一种特殊形式的子女之死，那就是"失独"——家里唯一的孩子死了。这是一种更为深刻的"你之死"。对"失独父母"而言，"失独"的严重性在某种意义上更甚于自己的死亡，他们可能会觉得人生再已无可期。"失独"不仅会让父母体验到自身的死，而且也让他们失去了把繁衍后代作为生命延续的途径。孩子死了，家族血脉传承的永生便不复存在。特别是在"不孝有三，无后为大"的中国孝道文化里，没有子嗣对一个人乃至对一个家族的生命意义的打击是非常大的。

有些"失独父母"被悲伤压倒，从现实世界中退出，进而迷失了自己，陷入悲痛的无底深渊中，甚至陷入某种与外界隔离的抑郁状态。有一位母亲在接受访谈时这样描述自己的感受："我感觉天塌下来了，万箭穿心，破碎的心无处安放，失去了精神支柱，孤立无助，害怕晚年凄凉绝望，这几年来无所适从，随时间煎熬度日。"[2]在一些父母的眼中，孩子死了，生活也就停止了，剩下的就是慢慢等死。他们丧失了生活的

1　赖特.道德动物[M].周晓林，译.北京：中信出版社，2013：189.

2　沈长月，夏珑，石兵营，等.失独家庭救助与社会支持网络体系研究[M].上海：华东理工大学出版社，2016：27.

动力，像一团飘浮在空中的雾气。有的甚至会疯癫，或因绝望而自杀。孩子的死亡将父母置于关系断裂的处境之中，这种断裂之后的失根、无所附着让父母掉落出日常性之外。

伴侣之死也是一种非常重要的"你之死"。许多人通常会在与伴侣的关系中界定自己，伴侣的去世会把他们的一部分带走，而且通常是最宝贵的一部分。随着伴侣的离世，很多人同时也失去了快乐、安全感和对未来的期望。当死去的伴侣更年轻时，悲伤可能会更为强烈；幸存的伴侣既为伴侣的死亡而悲伤，又为他们期望共同拥有的未来的幻灭而悲伤；如果死亡是突发的，痛苦程度会进一步加深，即便这对夫妻年事已高，突然的死亡也会带来强烈的丧失感。[1]爱一个人会对对方形成一种依赖，同时也在冒着失去对方的危险。

"绝不准比我先死。"当我们这样说的时候，实际上已经把所爱者的生命置于比自己更高的地位。通过爱，通过把我们自身的价值赋在对方身上，我们就使爱人变得比我们自己更为重要。爱人是我们与世界的一个联结，甚至是我们的精神支柱。我们常常把自己对死亡的恐惧，转换成另一种形式的恐惧，即害怕死亡会降到我们挚爱的人身上，以至于对父母、伴侣或子女等会死的恐惧比自己会死的恐惧更为强烈和真实。我们的所爱变成了我们存在中如此紧密的部分，以至于我们钟爱的人的持续存在对我们来说比我们自己的存在还要重要得多。生活中，有些人似乎对自己的死漠不关心，他们更害怕自己所爱之人的死，他们担心父母、伴侣或孩子的安危，即使这些人看上去状态很好并没有处于什么危险之中。

往者不可留，逝者不可追。一个至亲的人离世究竟意味着什么，往往需要经过一段时间我们才能慢慢体会和领悟。一位受访者在访谈中讲

1　塞缪尔.悲伤的力量[M].黄菡,译.桂林:广西师范大学出版社,2018:50.

道："爷爷去世的时候我很伤心，我知道我再也见不到他了。但那时，死亡的面貌于我而言仍是模糊的。直到爷爷去世几个月后的某一天，我打开水龙头洗手，看着哗哗的水流涌出，再也回不去，我突然悲从中来，更加深刻地意识到爷爷再也回不来了，他永远地离开我们了，他的离去是如此彻底。那一刻，我才真正体验到死亡意味着什么。"时间或许可以抚平一些伤痛，但我们也要在心里为逝者重新找到一个位置。

如果我们想到自己爱的人会遭受不幸、病痛和死亡，也许我们就会给予他们更多的爱。当你拥抱你的父母、伴侣或孩子时，请好好珍惜每一次拥抱，因为你无法知道这会不会是最后一次。不要对和你共度一生的人漠不关心，别总是和他们争吵，让他们过于担心。终有一天我们将看不到彼此，因为死亡一直潜伏在我们身边，等待着每一个人。

三、我之死

> 我记得在一个廉价品商店玩了弹球机之后，我在家附近的路上走着，突然一个观念像雷一样击中了我，那就是我会像其他所有人一样死去，所有活着的人，还有将要出生的人。这就是我第一次意识到我自己的死亡。[1]
>
> ——欧文·亚隆

我们知道人都会死，然而，有多少人真正相信死亡也必定发生在自己身上？你真的认为自己的生命随时可能终结吗？你是否还记得第一次意识到自己会死时那一刻的感受？你有想过你会怎样离开这个世界吗？如果有灵魂，它会随肉体的毁灭而消失吗，还是会到另一个世界去？

我们害怕自己所爱的人有朝一日会死去，这种恐惧仍然不同于对自己之死的恐惧。有些人根本无法想象自己的生命会彻底结束。毕竟，潜

---

1 亚隆.成为我自己[M].杨立华，郑世彦，译.北京：机械工业出版社，2019：44-45.

意识里我们很难相信自己会死，总是认为死亡这种不幸的事情不会发生在自己身上。如海德格尔所言，人们知道确定可知的死亡，却并不本真地对自己的死"是"确知的。[1] 自我意识最根本的恐惧是关于自身死亡的知识。

一个人会说他知道自己终有一死，但实际上他并未在意。有些人可能会想："每个人都会死。死不是什么大不了的事，死再自然不过了。我不会有什么问题的。"这种想法很美，但当死亡真正来临时，谁都会惊慌，甚至恐惧到不知所措。不知有多少身患绝症的患者在确诊后发出感叹："为什么别人都可以好好地活着，而我却要先死？"有的人最后不得不在悲愤中离开这个世界。

一些上了年纪的老人有时会揶揄自己说"我已经是半截入土的人了"，但实际上很多时候他们只是口头说说而已，并没有做好迎接死亡的准备，死亡对他们来说仍只是一种假设。以至于当死亡真正来临或确知自己命将不久矣时，他们却万分恐惧，难以接受，喃喃自语道："不，不会是我，我不可能会死"。有的人到了临终，才不得不去面对死亡的本己性。

有些人以为自己不怕死，只是因为不了解死亡，等到死亡来临的时候，那种恐惧和焦虑就会彻底迸发出来。哪怕很有勇气的人，表面上说不怕死，能够谈论死亡，但真到了要死的那一刻，能够坦然面对的人实际上非常少。毕竟，不论我们身为何人，做过何事，死亡总是一件新的事，永远是第一次的经验。

面临死亡时，人们通常会出现三种"自保"现象：（1）与己无关，虽然我们都知道死亡，也确知人总有一天都会死，却觉得死亡与"我"无关；（2）自己不可能会死，死亡于"我"是最不可能的可能，很少

1　海德格尔.存在与时间（中文修订第二版）[M].陈嘉映，王庆节，译.北京：商务印书馆，2018：356.

有人会认真地把自己的死亡当作最真切的可能性来对待；（3）对他人死亡的漠然，对他人的临终无法"共命共感"。[1] 我们常说的"接受死亡"，很多时候只是在认知上将死亡当作一个自然现象而已，并未涉及对自身之死的接受。"是的，我知道任何人都会死，但是我不想成为那个死的人。"

> 伊凡·伊里奇看到自己快要死了，经常处在绝望中。在内心深处，伊凡·伊里奇知道他快要死了，但是他对这一点不仅不习惯，而且简直不理解，无论如何也不能理解。他在基泽韦特的《逻辑学》中学过三段论法的例子：卡伊是人，人都是要死的，所以卡伊也要死。这个例子他毕生都认为是对的，但它仅仅适用于卡伊，而决不适用于他。对卡伊这个人，及一般的人，那是完全正确的。但他既不是卡伊，也不是一般的人。[2]

弗洛伊德说，我们很难设想自己之死，每当我们试图去设想死亡时，我们都能看到我们实际上是作为一个旁观死亡的人而活着；说到底，没有人相信自己会死，在潜意识中，人人都确信自己会永生。[3] 人们很难在未面临死亡威胁时就去想象或接受自身的死。在弗洛伊德看来，无意识对死亡的态度和原始人一样：不相信死的必然性和自己也会死。原始人认为生命是不朽的，且可无限延长，死亡的观念只有在稍后才被勉强接受。[4]

有些人曾和死亡擦肩而过，比如，在事故中差点儿送命。有过这种濒死经历的人，对人终有一死的感受会更为深刻，对死亡临近的体验会更为真实。但是，当生命危机过去，人们大多又像平时一样遗忘了死亡。尤其是在身体健康的时候，人们对死的态度都会较为乐观，以为自己可

1　余德慧，石桂仪.生死学十四讲[M].北京：中国长安出版社，2011：26.
2　托尔斯泰.伊凡·伊里奇之死[M].许海燕，译.北京：东方出版社，2017：225.
3　弗洛伊德.论创造力与无意识[M].孙恺祥，译.北京：中国展望出版社，1986：221.
4　弗洛伊德.图腾与禁忌[M].文良文化，译.北京：中央编译出版社，2009：97.

以一直活着。真切的"我之死"的意识很难成为自我意识中稳固的东西，也许只有在罹患绝症或身处极端的生存状态下才会再次出现。

> 非常奇怪的是，尽管我曾两次毫无畏惧地面对过死亡，却没有学会不害怕死亡。我已经缓了过来，恢复了健康，也觉得自己变得强壮些了，而我的想象力开始再次排斥对死亡的恐惧。我觉得，那个时候我并没有认识到这一点。就像有人也许看着某个人在小船上睡着了，却不知小船顺流而下，就要被卷入可怕的大瀑布湍流之中，而这一切只有当我回头再望的时候，才会清晰地意识到。[1]

乔达摩·悉达多王子第一次巡游，尽管国王做了精心的安排，但他还是见到一个头发花白、一瘸一拐的无牙老人，这让他大吃一惊，因为他从来没有见过人衰老的模样。接着他又碰见一个染了瘟疫的人，最后看到一具在柴堆上熊熊燃烧的尸体。这次出巡让悉达多直面了衰老、疾病和死亡，从此有感于人生的无常和生老病死的逼迫，内心再也无法安宁，于是他放弃了安逸的生活，出家修道，寻求解脱。

对他人之死的震惊有可能转移到我们自己身上。面对他人的衰老、疾病和死亡，乔达摩·悉达多所感受到的不仅仅是对他人不幸的哀痛，而且类比思维使其联想到自己："我"跟他们一样，也会衰老、生病，并最终死去。死亡来临时，我们不得不和这个世界分离。在种种无常中，最令人难以接受的大概就是自己的死亡。

> 小说《伊凡·伊里奇》的主人公伊凡·伊里奇在一次生病后发现自己终是凡人，感到自己的身体正在走向死亡，于是他产生了对死亡的恐惧和焦虑。"问题不在盲肠，也不在肾，而

1　本森.向死而生[M].邢锡范，译.哈尔滨：黑龙江教育出版社，2015：93.

是生与死的问题。是的，有过生命，可是它正在离开我，离开我，而我却没法留住它。是的，何必欺骗自己呢？我要死了，除了我以外，难道大家不是都看得清清楚楚吗？问题仅仅在于还有多少星期，多少天罢了。也许就是现在，过去是光明，现在却是一片黑暗。过去我在这里，现在却要到那儿去！到哪儿去呢……如果我不在了，那么还有什么呢？什么也没有了。那么当我不在的时候，我在哪儿呢？难道是死吗？不，我不想死。"[1]

很多人忘了自己是会死的，直到临死时才发现自己难以接受这个事实。即使一个人相信灵魂的存在，相信自己的灵魂会上天堂，但当死亡来临时，他的信念可能会发生动摇。毕竟，有谁能证明灵魂真的存在呢？又有谁能保证他一定能上天堂呢？但肉体走向衰亡却是真真切切正在发生的，而且是不可逆的。由此，伊里奇深切感受到了死亡的本己性，死亡变得清晰而真实，不由得感叹生命到了尽头的悲凉。

也许只有步入死亡前期，比如住进临终病房，在生死边缘徘徊，人们才切实体验到自身的必死性，从"我不会死"的睡梦中醒过来。很多人在第一次意识到自己会死时都会感受到恐惧。从"他之死"到"我之死"的意识转变，是最为困难的生命经历，但也是最能促进自我觉醒的生命经历。

作为一名神经外科医生，保罗·卡拉尼什在得知自己被确诊癌症之后有了这样的感悟："我开始意识到，如此接近自己的死亡，好像什么都没改变，又好像一切都改变了。查出癌症之前，我知道总有一天我会死，但不知道到底是哪一天。查出癌症以后，同样地，我知道总有一天我会死，但不知道到底是哪一天。不过，我对死亡的感觉变得更尖锐和强烈了。"[2]

---

1 托尔斯泰.伊凡·伊里奇之死[M].许海燕，译.北京：东方出版社，2017：222-223.

2 卡拉尼什.当呼吸化为空气[M].何雨珈，译.杭州：浙江文艺出版社，2016：117.

癌症确诊使得卡拉尼什真切感受到死亡的临近，体认到再也无法保全自我。当死亡真实地发生在我们面前时，我们还是会惊呆，尽管我们知道它迟早会来。

一个人的死对世界的影响很小，毕竟离了谁地球都照常转，但对他自己而言，失去生命就意味着失去一切。我们越是以为自己与其他人迥然相异，认为自己有更强的生命力和更大的重要性，我们就越无法想象自己的死亡。而只有当能够想象自己的死亡时，我们才可能真正做出一些转变。

在发现自己必然会死之前，大多数人对死亡仅有懵懂的感受，总是相信自己的生命会永远延续。例如，对 2～5 岁的幼儿来说，他们的自我的发展还不是很健全，所以能以较无畏的态度面对死亡。有些人甚至到老了还不能接受自身会死的可能性。在弗洛伊德看来，在人的潜意识中，每个人都认为自己的存在具有永恒性。而随着人对死亡的经验累积，最终我们会逐渐意识到：死是必然的，是真正属于"我"的，他人不能代替自己去面对和接受死亡。

一旦人类既发现了死亡的不可避免性，又发现了死亡的终极性，人类就摆脱了原始死亡观的束缚，初步实现了对自己的死亡的发现。[1] 死亡不再是一种遥远的可能性，而是与自己密切关联的确定性。这种对"我之死"的意识打破了我们自认为伟大的幻想，撕碎了我们的自欺——总以为自己不会死，逼迫我们承认自己的局限，并纠正自我中心思维的片面性。如果我们在情感上认识到自己终究会死，将有助于深化我们对当下的感觉，并承担起生命的责任。

生命有限并非只是别人的事，死亡是我们生命中的一部分。我们之所以对死亡大惊小怪，是因为我们没有把死亡视作生命的一部分。一个

1　段德智.死亡哲学[M].武汉：湖北人民出版社，1996：37.

人唯有能够想象自己的死，才能说得上对死亡有了真正的体验。正因为死亡与"我"紧密相连，我们对它的思考才有了意义。除非我们敢于谈到自己的死，否则我们无法真正谈论死亡。

> 必须懂得生活有限的一面：
> 一直到某个时刻，死亡还是十分遥远的事情，因此我们对它漠不关心。它是不必看的，看不见的。这是生活的第一阶段，最最幸福的阶段。
> 随后，我们突然看到死亡就在我们眼前，驱也驱不走。它始终和我们在一起。[1]

正如余德慧在《临终心理与陪伴研究》里所说的，"过去，我常常想到死，但很少想到我会死；后来，有时候我想我会死去；现在，我知道我的死是毋庸置疑的……"[2]死亡本来什么也不是，而在发现自身的必死性后，死亡却成了一切。人对死亡的焦虑，归根结底是对"我"之死的恐惧。从这个意义上讲，所谓发现死亡就是对"我"之死的发现和体认。

第三节　死亡的意义

对人来说，死亡不仅是一个生理事件，更是一个心理事件。从生存论的角度看，死并不仅仅意味着心跳的停止或大脑的死亡，确定人的死亡还必须涉及人的自然过程以外的东西，必须涉及社会文化规定。

我们有时会听到一些老人说："人啊，有时候就是瞎活着！"确实，

1　昆德拉.不朽[M].王振孙，郑克鲁，译.上海：上海译文出版社，2003：81.

2　余德慧，等.临终心理与陪伴研究[M].重庆：重庆大学出版社，2016：42.

很多人既不知道自己为什么而活着，也没有准备好如何去死。有些人经年累月地工作，等到退休时才发现自己年华老去，结果被恐惧所裹挟而手足无措。试问，那些因突发的车祸或灾难而不幸身亡的人可曾想过自己会以这样的方式死去？我们是不是和他们一样，视生命为理所当然，从未想过死亡会突然降到自己身上？

必有一死的命运虽然无法改变，但面对死亡的态度却能够拯救我们。对死亡的认知会深切地影响我们的生活方式和态度。对死亡的不同认识和态度，使人的生命呈现出不同的面貌。譬如，有些人认为死了便一了百了，什么也没有了，所以在有生之年应及时行乐，尽情尽兴；而那些相信生命轮回或者死后有审判的人则可能会克己修行，积德行善。死亡并非在死亡的那一刻才限定、塑造我们的生命，它本身就是我们对生命进行润色加工的重要因素：死亡给生命带来的限定影响着生命的整个过程。[1]

没有死亡，就没有人会像哲学家那样去思考。在柏拉图看来，真正的哲学就是练习死亡，通过思考死亡而为死亡做准备。若我们有意识地去思考死亡，就会对生命有更多的理解，对于这个世界的认知也会愈加开阔。怀着对死亡的敬畏，才知道生命的可贵。死亡提醒着我们生命是短暂的、脆弱的，敦促我们要认真生活，努力活出生命的意义。死亡常常使我们对人生意义的寻求变得迫切起来。我们对待死亡的态度直接影响着我们对待生命的态度。关于如何活着，死亡是最好的导师。

史铁生说：要站到死中去看生。一个人只有想到自己的死亡，才能理解人存在的意义；只有认识死亡的面孔，才能感受生命的深度。正是死亡，帮助我们体会到生命的宝贵，意识到什么是活着并对此感恩，促使我们去过一种有意义的生活。没有痛苦和死亡，我们可能不知道该何

1　西美尔.生命直观：形而上学四论[M].刁承俊，译.北京：北京师范大学出版社，2017：104.

去何从。死亡是生命的终结，也是人类创造力的源泉；死亡让我们勇往直前，促使我们完成目标，去爱、去学习和去创造。[1] 我们需要在短暂的人生中尽可能实现生命的意义，才能更好地承担起自身不可避免的死亡的命运。

每个人都会衰老病死，所有的生命都有它的过程。我们越想追求永生，我们可能就会越焦虑。如果我们单纯地把死亡看作生命的终结，又怎能找到向死存在的意义呢？我们不只是为了活着，更是为了活得有意义。人创造了死亡，死亡也创造了人。对死亡意义的认识，有助于我们从死亡恐惧中摆脱出来。

一、由死观生

死亡让我们意识到生命的可贵，一旦失去就不可复生，使得我们的生存有了紧迫感。电影《时时刻刻》中，伦纳德和伍尔芙对坐着，伦纳德问伍尔芙为什么在她的书里一定要有人死。伍尔芙回答道："为了对比，这样活着的人才会更加懂得珍惜生命。"要是没有黑暗，我们就无法理解光明。没有死亡，我们可能就无法理解生命的意义。

唯有能够正视死亡，认识到生命的局限性和短暂性，我们才会明白人生的真谛。卡斯塔尼达说："死亡是我们永恒的伴侣，它永远在我们的左边，一臂之遥……死亡永远在监视着你，直到有一天它会轻轻触拍你……当你不耐烦时，你应该转向左边，向死亡寻求忠告。如果死亡对你打个手势，或你瞥见了它，或者你只要感觉它在那儿守望你，你就可以抛弃许多令人心烦的琐事。"[2] 每天都有人死去，活着的我们都是幸存者。

---

1 道蒂.好好告别：关于死亡你不敢知道却应该知道的一切[M].崔倩倩，译.北京：中国友谊出版公司，2019：274.

2 卡斯塔尼达.前往伊斯特兰的旅程——巫士唐望的世界[M].鲁宓，译.上海：上海文艺出版社，2011：36-37.

我们经常在生病时才知道健康的重要性。很多人直到临死前才懊悔自己浪费了青春年华。好好活着，在生命的过程中不断成长，才是死亡教导我们的功课。死亡提醒我们生命是有限的，提醒我们要珍惜和感恩生命。试想，如果没有死亡，我们还会感激生命吗？只有正视死亡、懂得生命的脆弱，人才能对生命心存敬畏。

海伦·凯勒在《假如给我三天光明》一书中说："我们常常可以看到，那些受到或曾经受到死亡威胁的人，会在自己所做的每一件事中找到一种常人难以体会的生活的甜蜜和幸福。然而，我们大多数人都把人生视为理所当然。我们知道有一天我们必然会死去，但我们年富力强的时候，死亡好像是不可思议的，而我们也很少想到它。日子好像永远过不完似的。所以，我们常常做一些没有意义的事情，几乎意识不到我们持着一种懒散的生活态度。"[1]

倘若我们永远不会死，可能就无法热切地去爱一切。只有当面对死亡的最终命运时，我们才具有一种迫切感，一种实现自身潜能的动力。对有些人来说，他们直到死都没有真正活过，当他们要死去时，才觉得生命好像刚刚开始。我们要把我们的人生放在人必然会死的背景中来感受。唯有努力活过的人，才会在死亡来临时坦然无惧。活得够不够不在于年龄，生命的意义不在于它的长短，而在于我们如何使用它。

> 一些花朵只是盛开短短几天就黯然凋落，但它们带来了春的气息，让人们看到了希望。所以人人都喜爱它们。虽然很快就凋落了，但它们已经完成了自己的使命。[2]
>
> ——罗斯

1　凯勒.假如给我三天光明[M].刘军，译.合肥：安徽人民出版社，2012：116.

2　罗斯.生命之轮：生与死的回忆录[M].范颖，译.重庆：重庆出版社，2013：231.

古罗马哲学家塞涅卡曾说过，"我们生来就注定只有短暂的寿命，以至于除了极少数人之外，所有人都是正打算开始生活，就发现生命已近尾声了……然而对能够合理安排人生的人而言，他们的一生已经够长了。生命，如果你能善加利用，便是悠长的。"[1] 我们总觉得自己还有很多时间，而这正是问题所在。死亡离我们并不遥远，它像个行踪不定的幽灵，不知何时就将我们逮个正着。

谢利·卡根在《死亡哲学：耶鲁大学第一公开课》中说，不是因为我们终有一死，也不是因为从绝对量上来说我们只能存活很短的一段时间，我们才要小心谨慎，而是相对于有那么多值得追求的目标，以及达成这些目标又那么复杂困难而言，我们的时间太有限了。[2] 人生有那么多事可以做，而要把它们做好又是那么难，所以我们必须非常谨慎，因为我们没有那么多的时间把值得做或想做的事情都做一遍。

我们如何使用时间在很大程度上取决于我们觉得自己还有多少时间。相比一个认识到自己的时光是多么有限的人，一个认为自己离死亡还非常遥远的人更有可能浪费生命。死亡的意义还在于它向我们提出了一个重要的命题：思考如何过好这一生，如何规划生命剩余的有限时间，决定哪些事情是值得追求的并努力达成它们。在这个过程中，我们在一定程度上获得了面对死亡的自由，这种规划和选择也体现了人生的意义所在。

人们常常在面临死亡威胁时，才清醒地意识到自身的死，发现自己没有好好珍惜生命。试想一下，两个年龄一样的年轻人，其中一个被医生"宣判"为将死之人，但如果他最终能够接受自己的"死期"，且没

---

1 塞涅卡.哲学的治疗：塞涅卡伦理文选之二[M].吴欲波，译.北京：中国社会科学出版社，2007：1-2.

2 卡根.死亡哲学：耶鲁大学第一公开课[M].贝小戎，蔡健仪，庞洋，译.北京：北京联合出版公司，2016：331.

有被死亡恐惧所打倒，那么他将可能重新规划自己仅有的时间，余下的生命或许短暂但却可能过得充实。从某种意义上看，他在临死之前可谓又重新活了一次。

而另一个身体健康的年轻人，如果他总觉得自己的时间还有很多，死亡离自己还很遥远。他从未想过要好好规划人生，也没思考过生命中对自己最重要的事情是什么，几乎一生都在浑浑噩噩中度过，那么当他逐渐衰老而走向死亡时，他会因为活得更久而对人生更有满足感吗？

> 只有死亡的观念才能使人不自我放纵于任何事物上，只有死亡的观念才能使人不自我否定于任何事物上。这样的人不会陷于渴望，因为他对生命及其中一切事物产生一种寂静的渴望。他知道他的死亡在偷偷接近，不会给他时间去抓住任何事物，于是他不带渴望地尝试一切事物。[1]

不要等到身患绝症，临近死亡边缘，才明白人生的意义是什么，开始追寻生命的意义。如果我们能够在平常的日子就想到自己终究要死，并去做那些对自己来说真正重要的事情，那么临死时就不会像伊凡·伊里奇那样恐惧死亡。明日死谁知，今日当精进。《法句经》有言：若人寿百岁，怠惰不精进，不如生一日，励力行精进。

要是人们知道自己随时会死，可能就不会为争夺那些不必要的身外之物而浪费时间和精力。每个人一生多少都会做一些让自己后悔的事，也会因未做一些事而倍感遗憾。不要等到死亡来临之际，才醒悟过来，才知道自己真正想要的是什么：哪些事情无关紧要却在上面耗费了太多心力，哪些事情是应该做的却一拖再拖。

---

1 卡斯塔尼达.解离的真实：继续与唐望的对话[M].鲁宓，译.北京：北京联合出版公司，2018：170.

有个商人总是向自己的孩子们许诺说带他们去钓鱼，但是，他太忙了，一直没有兑现诺言。一天，一支葬送队伍抬着一口棺材经过他家门口。"你们认为他要去哪？"他问孩子们。"钓鱼。"孩子们异口同声地回答说。[1]

死亡令人战栗，但对死亡的惧怕于我们而言何尝不是一剂良药？"死亡是我们仅有的明智忠告者。当你觉得一切都不顺利、一切都要完蛋的时候，转身问问死亡事实是否如此。你的死亡会告诉你，你错了；除了它的触摸之外，一切都无关紧要。它会告诉你：'我还没有碰你呢！'"[2]人生除了生死，其他都是擦伤。与死亡相比，眼下生存的困境也许算不得什么。

也许当我们开始思考死亡时，我们才能更好地对待生命前行的方向。死亡从生命的终点逼迫我们去思考生命的意义，提醒我们去认真回应类似"我是谁，我从哪里来，要到哪里去"这样的生命叩问。相反，拒绝思考死亡，往往让我们在死亡来临时惊慌失措。与其感叹生命的短暂和脆弱，不如好好规划自己的人生，以免在离开人世的那一刻留下遗憾。

二、由生观死

我们唯有献出生命，才能得到生命。[3]

——泰戈尔

《史记》里说：人固有一死，或重于泰山，或轻于鸿毛。人的高贵正在于此：用有限的生命去追求无限的意义。"我的人生是否有意义，

1　弗里斯.性、金钱、幸福与死亡[M].丁丹，译.北京：东方出版社，2010：244.

2　卡斯塔尼达.前往伊斯特兰的旅程——巫士唐望的世界[M].鲁宓，译.上海：上海文艺出版社，2011：37.

3　泰戈尔.泰戈尔诗精编[M].冰心，郑振铎，译.武汉：长江文艺出版社，2014：67.

而且这个意义不会被不可避免的死亡所摧毁？"对那些参透人生意义的人来说，泰然地死去应当不是什么太难的事。

在一些文化传统中，死亡并不是最终的消灭，死亡恐惧也不是最深的恐惧，死亡只是一个过渡，人们从这里"借道"走向真正期待或害怕的地方：接受"法官"的审判。[1] 如果你一辈子作恶多端，你会被判罚永远"吃苦"；相反，如果你一直听从律法和善心的指引，你便会永远幸福。死亡让我们思考安身立命之道和灵魂是否不朽的问题，并将其与生前的善恶行为结合起来。

其实，不管是相信轮回说，还是相信复活说，它们最终指向的都是我们生前应当如何生活。死亡的存在或者说对因果报应的恐惧，让人们在俗世生活里更能够遵从律法、自我约束，维护共同的文化世界观。文化世界观为人提供了秩序、意义和价值体系，让人感觉自己是一个比自身更强大、更持久的群体或文化的一部分，维护文化世界观在某种程度上能给人带来不朽的使命感。

若想死后不朽，生前必须活得精彩。在活着的时候我们若是能把生命发挥到极致，使生命绚丽多彩，那么在面对死亡时我们也许就能坦然以对。生命的意义取决于我们生前的经历和所做的事情。随着年龄和阅历的增长，我们对死亡的意义也会不断发展出新的理解。

如果真的可以长生不老，我们会不会得过且过，漫不经心地对待一切，无限期地拖延想要做的事情？如果没有死亡，我们最不缺的就是时间，一切都可以重新开始，那么人生规划将无从谈起。我们很有可能彷徨在无所事事和百无聊赖之中，生活只剩下单调和乏味。倘若一个人无法死去，他真的有动力一直活下去吗？如果我们的生活充满了无意义，只是痛苦与无聊的轮回，那么我们为什么要永生？

1　萨瓦特尔.永恒的生命[M].于施洋, 译.北京: 北京大学出版社, 2010: 88.

　　如果我们知道自己永远不会死，我们就不可能热烈地去爱。罗洛·梅在《爱与意志》中提到，爱与死的关系在人生儿育女之后最容易显露出来。譬如，人在做父亲之前，可能很少想到死并以自己的这种"勇敢"而自豪；但在做父亲之后，他从他对子女的爱中体验到一种面对死亡的脆弱感：残酷的死神随时可能掳走他的孩子。[1]爱与死亡的体验是交织在一起的。没有持续不断的死亡感，我们可能会失去感受的能力，生活也就变得索然无味，甚至极为痛苦。

　　荣格在《红书》里谈到死亡时说，"没有死亡的话，生命就毫无意义，因为漫长的时间会抬起身子，否认其本身的意义；想要存在和享受存在，你需要死亡，那限制就会让你履行你的存在。"[2]对生命意义的理解必须以对死亡的认识为前提。只有依据对死的意义的理解，人才确立自己的人生态度，建立生活的行为原则和价值体系。

　　而且，即使我们能够永远活着，也不意味着会青春永驻，我们可能被年老体弱困住。如果我们丧失活力、衰弱地活着，不得不更长久地忍耐失能和失智，那么长寿就远非一件美好的事，反而是一种折磨和惩罚。假若一个人的知觉还在，但他的运动神经全废了，那可能比死了还可怕。如果长寿确实不那么美好，甚至是一件糟糕的事，那么死亡就是一种恩典和解脱，帮助我们结束痛苦、无聊和煎熬。

　　我们在追求长寿的时候，也要考虑生命质量。西塞罗说："假如我们不是永生的，那么，一个人在适当的时候死去也是件值得欣慰的事情。因为'自然'为一切设定了极限，人的生命也不例外。可以说，老年是人生的最后一幕，这时我们已疲惫不堪，尤其是当我们自己也觉得已经活够了的时候，那就该谢幕了。"[3]

1　梅.爱与意志[M].冯川，译.北京：国际文化出版公司，1998：103.

2　荣格.红书[M].林子钧，张涛，译.北京：中央编译出版社，2013：121.

3　西塞罗.论老年 论友谊 论责任[M].徐奕春，译.北京：商务印书馆，2009：40.

　　从物种生存和进化的角度看，死亡也是有意义的。一方面，死亡是物种进行自我更新的一种方式，让物种的进化有了丰富性，以更好地适应不断变化的生态环境。另一方面，现在人类的正常寿命已经足够繁殖后代，倘若人都不会死，那么大自然供给人类生存的资源也许早已耗尽，而耗尽之后人类离灭亡也就不远了。从某种意义上可以认为，死亡是人类和社会发展的新陈代谢。试想一下，如果所有人都永久地活着，随着人类的不断繁衍，我们无法想象终有一天会发生什么。

　　面对 2020 年新冠肺炎疫情，大多数国人逐渐体会到一种当集体在面对死亡时的"共命感"。疾病不应该把人们隔离，恰恰相反，它应该为人类相爱提供机会。逆行者也好，坚守岗位的也好，当记者问他们：你害怕吗？他们都很坦然地回答："怕，当然怕！但还是想努力做得更多一点。"死固然可怕，死亡恐惧也从未消失，但是为了拯救更多人的生命，强大的信念是可以战胜死亡恐惧的。

　　从人的脆弱性和有限性出发，在灾难和死亡面前，我们更容易理解人类是一个命运共同体，思考和寻求生命的终极意义。当我们感觉自己属于一个宏大的"整体"，我们更愿意齐心协力解决问题，更愿意在追求自身发展的同时造福于人类共同的福祉。也许，这就是死亡所带来的意义：促使我们去思考生命的意义，提醒我们规划有限的时间去追求值得做的事情，并让我们存有敬畏之心和过一种有道德约束的生活。

第三章　超越死亡

有的人活着
他已经死了；
有的人死了
他还活着。[1]

——节选自臧克家《有的人》

　　在自我意识发展起来之后，人终有一天会意识到死亡的存在，并确知这是所有人都无法逃脱的结局。我们无法确定的是，这结局何时到来以及如何发生。死亡之剑高悬，不知何时落下。死亡的这种确定性与不确定性常常让人在恐惧和焦虑中备受煎熬。

　　在等待中，有的人因恐惧而退缩，在活着的时候就把自己交给了死亡；有的人因焦虑而不安，穷尽一切办法寻求解脱之道；有的人因绝望而放纵，让欲望主宰自己的人生；还有一些人，他们知道自己会死却不为其所困——既然终归要死，那就活着的时候好好活。死亡可以是打击和毁灭，也可以是重塑和新生。

　　发现死亡，意味着我们要面对人之生存的一个悖论——向死存在。这迫使我们不得不去思考：既然生老病死无从逃脱，那我们活着的意义是什么？是什么使短暂的人生有了意义？有些人在信仰中找到了自身存在的意义，有些人在子孙后代身上看到了血脉的延续与生命的传承，有

1　臧克家.臧克家诗选新编[M].北京：人民文学出版社，2012：429.

些人通过努力实现自身价值即便死也无憾。正是走在寻求超越死亡之路上，才让我们不负光阴、不枉此生，建构起生命存在的意义与价值。

生与死是一体的，否定了死就等于否定了生。死亡是活过的生命，生活是在路上的死亡。越是怕死，就越是恐惧人生。如果你惧怕死亡，你就会常常处于担忧之中，如此一来就无法全然地安住在当下。只要还未接受死亡以及死亡的不确定性和终结性，那么，死亡焦虑就会一直在我们的心里作祟。

接受死亡并不意味着我们的死亡焦虑就会自动消失。面对死亡，我们会焦虑、恐惧，这是正常的。死亡焦虑有时还来自我们的想象和莫名的虚无感。我们不可能完全摆脱焦虑，也并不是没有焦虑就是好的——而是即使焦虑，我们依然选择面对和继续前行。

人们常常热衷于追求权力、财富、地位、生育等，以为有了这些，就能死而无憾、死而不朽。殊不知，这种观念可能使人将自己局限在一种狭隘的人生轨道里。而对死亡的觉悟，有助于我们从这些执念的束缚中解脱出来。人不仅生存着，而且领会着自己的生存，要赋予生命以意义。就像马克思·韦伯所说的，人是悬挂在自己编织的意义之网上的动物。追求生命的意义是人类存在的一种基本需要，人也就在实现人生意义的过程中实现了自我。

然而，意义只能产生于与他人、社会和人类的关系之中；离开与他人的关系，不仅死亡的意义，而且一切意义都是不可能的。[1]那些洞察到生存的关系属性，肯定自己与人类、万事万物之间存在联系的人，则会相信生命的意义不会因死亡而突然中断。我们有限的生恰恰在关系之中获得无限的意涵。人渴望超越死亡，超越自身的存在，也只有这样，才能达到人与天地万物融为一体的境界。

1　孙利天.死亡意识[M].长春: 吉林教育出版社, 2001: 153.

第一节　死亡焦虑的纾解

蒂利希在《存在的勇气》中说，对命运和死亡的焦虑是最基本、最普遍、最不可逃避的焦虑。[1] 没有什么能像死亡焦虑一样，一直纠缠着人类。我们每个人都会有死亡焦虑，要么是潜在的，要么是显在的。不管是潜在的还是显在的，它都是多数人难以忍受的体验。死亡焦虑是个复杂而棘手的问题，如果处理不当，就可能导致各种各样的症状或使原有的问题进一步恶化。

从死亡焦虑中解脱出来的最好方法是觉察它、承认它。如果我们能够意识并接受它的存在，那么它对我们的控制就会弱化很多。我们需要建设性地面对死亡焦虑，了解死亡威胁到自身的什么价值，觉察自己的哪些行为与死亡焦虑有关。要转化死亡焦虑，我们还必须认识到，人不仅是自然的存在，还是社会的、精神的存在。当肉体死亡之后，人的社会生命、精神生命还将继续存在。

即使我们倾向于否认人必有一死的事实，但在整个生命过程中，我们内心深处知道自己终将死去，所以，我们有一个基本的、普遍的需要就是保持和发展个人的连续性的感觉。[2] 面对死亡，永生的信仰对人类而言似乎是不可或缺的。永生有两种基本形式：一个是肉体不死，另一个是精神不朽。如果我们的肉体能够一直活下去，那我们就实现了真正的永生。然而，就目前的医学发展水平来看，我们还不能实现肉体永生。

人不仅仅是单纯的生理意义上的肉体，至少在活着的时候，人还是精神的个体。要追求不朽，就必须把生物自我排除开去，而用象征永生

1　蒂利希.存在的勇气[M].成显聪，王作虹，译.贵阳：贵州人民出版社，1988：39.

2　Drolet J.Transcending death during early adulthood: Symbolic immortality, death anxiety, and purpose in life[J].Journal of Clinical Psychology, 1990, 46(2):148-160.

的事物来支持自己，因为生物自我意味着死亡。[1]也就是说，如果要追求永生，我们就要追求精神或象征意义上的永生。在肉体死亡之后，人的身份和名誉或者是生命中留下的精神和物质财富，都将继续存在于这个世界上——这就是"象征性的永生"。[2]我们可以通过"立德、立功、立言"等多种创造个人成就和社会价值的方式来实现象征意义的永生。

人类还可以通过宗教信仰建构的超越死亡的美好蓝图，例如死后复活、得道成仙或进入天堂享福，或者相信死后精神上会与某个"永恒的生命"存在联系，或者把自己与其他所有生命、大自然乃至整个宇宙看作一体，来追求和实现永生。宗教、神话与祭祀都在创造一种超自然的世界。大多数人都愿意相信，在肉体死亡之后生命仍会以其他形式继续存在。如果死亡无法被象征性地超越，人类的生活就会受到威胁。从这个意义上说，建立信仰是缓解死亡焦虑的一个重要途径。

一、建立信仰

宗教是一套信仰和礼仪的体系，人凭借这一体系去寻求理解、解释，以及应对不确定性和神秘的世界，并将之认定为一种人可在其庇护下生活的解释疑虑和消除恐惧的神圣帷幕。[3]几乎所有的宗教都有永生的神话或信仰，认为死亡并非人类的最终归宿，并借助典故、传说将死后的世界描绘成一个充满希望的美好家园，而使人类在意识到人皆有一死后心灵能够安定。任何一种宗教都把解决生死问题作为自己的主要使命和信仰基础。

在原始人心里，引发宗教观念的最主要因素是恐惧——对饥饿、野

1　兰克.超越心理学[M].孙林，孙苹，孙恺祥，译.贵阳：贵州人民出版社，2018：48.

2　所罗门，格林伯格，匹茨辛斯基.怕死：人类行为的驱动力[M].陈芳芳，译.北京：机械工业出版社，2016：78.

3　约翰斯通.社会中的宗教——一种宗教社会学[M].8版.袁亚愚，钟玉英，译.成都：四川人民出版社，2012：24.

兽、疾病和死亡的恐惧。[1]与其说宗教起源于人类的恐惧，不如说它是对恐惧的一种防御。对来世的信念使人们可以象征性地超越死亡，确实减少了人们对死亡的恐惧。在意识到自己必死的命运之后，人们往往变得更加虔诚，更愿意把"真实"这个词语跟上帝、天堂、天使、奇迹等词语联系在一起。

和永生的彼岸世界相比，现实世界不过是短暂的存在。"死后生命"以永生方式超越了生命的有限性。例如，基督教告诉信徒，人死后会跟耶稣基督会合，这让信徒相信自己可以永生。有些基督徒为了追求信仰而放弃世俗生活，并不是因为世俗生活不好、不可爱，而恰恰是因为它太美好，但又不稳定，人们才会希望一个永生的世界，以将这种美好永远保存下去。[2]

佛教认为所有的生命都在六道中不断轮回转世。死亡并不是生命的终结，而是另一生命形式的开始。佛教实践体系的出发点定位于对生死的终极超越，发展到中国佛教，"了生脱死"更成了佛教解脱理论的终极目标。[3]佛教把死亡作为人生痛苦的重要方面，又以超脱人生苦海为根本教义，因而佛教更像是专门为死亡所准备的人生哲学，强调在生活中积极修行，以为将来的死亡做好准备。对修为有成的佛教徒来讲，死亡并不是一件令人悲伤的事情，相反它是一个到达更高境界的契机。在佛教经典的论述中，从死亡到重生的这个转换阶段也总是被描绘为修行中最为重要的环节。

道教的基本信仰之一便是修道成仙，死亡被认为是生了羽翼飞升成仙，死后的世界是一个比生命更有意义、更有动力、更有前景的生命现象。

1 爱因斯坦.走进爱因斯坦[M].许良英,王瑞智,译.沈阳:辽宁教育出版社,2005:113.

2 吴功青,徐诗凌.等待复活——早期欧洲墓葬概观[M].北京:北京大学出版社,2017:71.

3 海波.临终关怀语境下佛教生死观的当代价值转换[J].世界宗教研究,2014(01):44-51+194.

死亡与再生观念也是萨满教的核心观念，它突出体现在各种仪式活动中，尤其是"成年仪式"，参加这种仪式的个体经历象征性的死亡与复活，从而完成身份的转变，由自然生命状态进入社会生命状态。[1]

倘若人不是以必有一死的方式生存着，那么以"永生文化"为根基的宗教必然会随之土崩瓦解。假如人不是必然会死，那么诸如罪恶感、生死轮回、末日审判、祈祷、拜佛、求签等这样的宗教情感和行为也将不复存在。宗教创造的永生体系让我们相信，通过参与某些具有永恒价值的事情，我们就超越了死亡。我们可以发现有相当比例的人群，乃是由于遭受了疾病或死亡的威胁，或是出于一种绝望时的无助感，而产生了对宗教信仰的诉求。

若没有死亡，便没有了宗教。费尔巴哈曾说，唯有人的坟墓才是神的发祥地，若世上没有死这回事，也就没有宗教了。人是一种有死有限的存在，宗教则为人敞开或展现了不死、无限的永恒存在。从这种意义上说，宗教其实就是为了解决人的死亡焦虑而发展出来的。弗洛伊德认为，相信上帝以及上帝的永生承诺，只是一种为了帮助我们摆脱死亡恐惧的文化童话。

世界各地的民俗信仰中都有对永生的追求。几乎每种文化都发展出了一种永生系统，以否定死亡的存在，并使人们相信自己在以理性的方式面对死亡。正是由于宗教为死亡安排了一个位置，人们才能够安心地活下去。

当社会处于战乱、灾害频发、瘟疫流行或外来文化入侵时期，这些都容易对我们的观念和信仰造成冲击。当一个社会处于动荡时期，当自杀率和犯罪率居高不下时，人们对死亡的恐惧也会上升。当我们不再认同自身所处社会的文化价值观，就容易怀疑人生的意义，因而也容易受

1　黄发有.张承志: 永生的文化精魂[J].贵州大学学报(社会科学版), 1998(06): 70-76.

到死亡焦虑的困扰。

建立信仰可以转化和解脱死亡焦虑。但是，并不是每个人都能够建立某种信仰，我们也不能期望人们对信仰都有同样的情感投入，都对死后的世界充满信心。对那些怀疑死后世界的人来说，这就不是一个可行的方法。多数现代人只从知识体系出发去看待宗教，从心里面真正信仰宗教的人在不断减少。而且，对于死后审判或是陷入六道轮回的恐惧，反而可能让人们更加恐惧死亡，由此进一步催生死亡焦虑。

二、繁衍后代

> 虽我之死，有子存焉；子又生孙，孙又生子；子又有子，子又有孙；子子孙孙无穷匮也，而山不加增，何苦而不平？
>
> ——摘自《愚公移山》

《列子·汤问》中的《愚公移山》所呈现的画面是：愚公打算将没有完成的"事业"传给儿子，儿子终其一生还可以继续传给孙子，父子祖孙就形成了一条生生不息的生命发展链条。在生生不息的发展链条中，生命的延续性被展现出来，也因此而得到保证。

从生物学的角度来说，生命存在的最大意义就是繁衍。在中国文化中，对血脉承续的信仰非常强大。父母通常会把子女看作自己生命的延续。"我的生命会通过我的孩子而得以延续，等我的孩子再有孩子，他们的生命也将在他们的孩子身上延续，他们孩子的生命将在他们孩子的孩子身上延续……"这就不难理解为什么会有那么多的人千方百计地想要生育一个自己的孩子，甚至不惜冒着生命和健康的危险。

生殖是一个自然的不朽体系。摩洛哥有句谚语说得很直白：如果一个人身后留有子嗣，那么他就没有死。换句话说，即使自己死了，只要子女还活着，生命就仍在延续。对那些渴望在生物学意义上获得永生的人来说，繁衍后代不失为一种有效的方法。因而繁衍后代在某种意义上可以缓解我们的死亡焦虑。

> 无论我以善或恶的眼光去观察人类，我发现每个人都有一
> 个本能的倾向，那就是竭力去做任何有益于保存人类种族的事
> 情。这并非源于他们对种族的热爱，而仅仅是因为世界上再也
> 没有比这个本能更根深蒂固、声强势壮、不可抵挡及无法战胜
> 的事情了——这一本能就是我们人类种族的本质。[1]
>
> ——尼采

道金斯在《自私的基因》中写道，我们及其他一切动物都是各自的
基因所创造的机器，我们与生俱来的任务就是把我们的基因一代接一代
地传递下去。[2]在漫长的进化历程中，人类一直非常看重生命的繁衍。我
们生命中有很大一部分时间用于养育后代，大多数利他行为也是父母为
其下一代做出的。通过生育子女，把自己的基因遗传给下一代，通过无
穷无尽的血缘联结而活下去，我们获得了某种意义上的生命延续。而且，
孩子的成功也会给父母带来荣耀，增强父母的自尊，从而相应地降低父
母的死亡焦虑。

父母对孩子生命的在乎程度一般是随着孩子的成长而发生改变的。
具体来说，在子女的生殖潜力到达顶峰之前，父母对子女的投入会一直
增加，而在那之后，父母的投入就会开始减少，所以对父母来说，失去
一个到了青春期的孩子要比失去一个尚在襁褓中的婴儿可能会令他们更
加悲痛。[3]这一方面是因为父母和已经到了青春期的孩子相处时间更长，
彼此间的情感联结更深，对其未来有较多的期待；另一方面是因为，青
春期的孩子已经具备生育能力，即将为父母带来繁衍后代上的回报。

1　尼采.成为你自己[M].陈永红，译.南京：江苏凤凰文艺出版社，2017：66.

2　道金斯.自私的基因[M].卢允中，张岱云，陈复加，等译.北京：中信出版社，2012：225.

3　赖特.道德动物[M].周晓林，译.北京：中信出版社，2013：186-187.

　　人们在被提醒自身必死的命运后，会增加生育孩子的意愿，这种意愿在男性群体中要比女性群体更为明显。周欣悦等以中国人为被试，通过实验研究发现，与死亡相关的观念提示可以增加被试的生育意愿，生育子女可以作为缓解死亡焦虑的一种方式。[1]一些调查研究也得出同样的结论：死亡恐惧和生育意愿之间存在正相关，也就是说，死亡恐惧越强烈的人，其生育后代的意愿也越高，原因在于人们认为生育后代是自我生命的延续。[2]父母对子女的催婚、催生，背后可能源于他们内心深处的死亡焦虑。

　　一个人死了，他的儿子会记得他，为他献祭；儿子死了还有孙子，孙子死了之后有曾孙……受传统生育文化的影响，中国人通常认为子孙是自己生命的延续，因而繁衍后代实则是在追求自己生命的不朽。[3]个体的生命是在崇拜祖先、孝敬父母和生养后代中获得不朽的。父母和子女存在某种意义上的"共命"关系。对一些父母而言，孩子就是他们的生命，甚至比自己的生命还要重要。

　　孟子讲"不孝有三，无后为大"不是简单地表达对后嗣的重视，而是透露出"生生不息"的生存论要求。子孙后代是自我生命的延续，亦是祖先生命的延续。"无后"中断的不单是个体的血缘传承，还意味着让祖宗断了血脉和香火。从宗法伦理的角度来看，"无后"是不孝的。儒家的生育观念建立在孝道基础之上，子女向父母及列祖列宗尽孝的主要任务之一就是延续父母与祖先承续下来的生命。

　　在西方，生命的延续基本上只指个体层面的生命延续，而对中国文化传统而言，生命的延续除指个体自身生命的延续之外，还带有很重的

1　Xinyue Z, Qijia L, Marley S C, et al.Existential function of babies: Babies as a buffer of death-related anxiety[J].Asian Journal of Social Psychology, 2009(12):40-46.

2　Hoelter J W, Whitlock J L, Epley R J.Fertility attitudes and the fear of death[J]. Psychological reports,1979(3):795-800.

3　王夫子.殡葬文化学：死亡文化的全方位解读[M].长沙：湖南人民出版社，2007：165.

家族生命延续的意味，这也是"传宗接代"的本意。[1]血亲关系是中国古代宗法制度的基础。传宗接代是为了香火不灭，而要承续香火，就必须有祭祀祖先的后代。子孙越多说明家族香火越旺。家族血缘的伦理关系把个体的死生都规定并肯定下来，使个体感到自己具有某种超越死亡的能力，从而摆脱死生自然属性的束缚，把自己的存在和存在过程都隶属于家族群体。[2]

　　家族本位的思想成为中国生育文化的一大特点。对很多中国人来说，传宗接代成为人生的第一要务和主要使命，这个观念已经内化到心灵深处，一些人甚至把生育上的成就看作自己人生最大的成功。受中国传统生育观念的影响，有的人甚至认为：没有孩子，人生是不完整的。人生与婚姻的最大目的就是"立后"，个人与家族的最大不幸就是"无后"；如果不生一个（男）孩子，就没有人继续施行对祖先的敬礼，而这种"香火中断"被视为最大的不幸。[3]

　　早生、多生、重生男的"早、多、男"是我国传统婚育观念的基本特征。生育子嗣是中国人追求不朽、实现生命永恒的基本途径之一，也是生命的价值和意义所在。一些女性甚至把生育当作人生最主要的使命，把能否生育及是否生男孩当作衡量女性价值的标准。有了儿子，家族便有人为祖宗上坟、祭祖，延续香火。而且儿子还可能光宗耀祖，继承自己未完成的事业。

　　在医疗卫生条件落后的情况下，许多疾病无法得到有效的医治，很多孩子难以活到成年，于是普遍存在的一种现象是：一对夫妻之所以要生育好几个孩子，往往是为了至少能保住其中的一两个。即使是现在，有人还会觉得只生育一个孩子没有安全感。无儿无女或有女无儿

1　李银河.生育与村落文化·一爷之孙[M].北京：文化艺术出版社，2003：130.

2　李向平.死亡与超越[M].上海：上海文化出版社，1997：35.

3　齐晓安.东西方生育文化比较研究[M].北京：中国人口出版社，2006：29.

便意味着"无后"或"绝户"，这在中国古代通常会被视为人生最大的不幸。

"无后"使人在生物学意义上的永生盼望遭到了破灭，使人的生命意义面临威胁和挑战。"后"不仅保证了血脉的不断传递，对于个体而言也具有重要的精神意义。"无后"不仅指没有后代这一生物学事实，还包括由此延伸出的一系列社会文化意义上的问题。中国人对"无后"的焦虑和悲痛不仅仅是生存意义上的、道德意义上的，也是潜意识里渴望生命永恒的失落。

但是，如果我们活着的意义只在于繁衍后代，那么个人生命的目的何在？一代又一代不停地繁衍，其意义又何在？假如短暂的生命本身没有意义，那么无论繁殖多少代也不会使它变得有意义，而只是在延续一件无意义的事情，延续在什么时候结束也就不重要了。只有当个人生命有意义的时候，生命的繁衍才会有意义，人生是否有意义不完全依赖于生命的长短和人能否繁衍。[1]

当我们活着是为了维持家业、家族生命以寻求某种永生时，我们就像活在一个非自身的世界之中，我们和自己的生命疏离了。当把孩子看作自己生命的延续时，我们就容易过于为孩子操心和焦虑。没有后代不能也不会使人的存在失去意义。如果我们把繁衍后代当作人生的最终意义，实际上就诋毁了没有后代的人的生命意义，而且，当我们过于强调繁衍后代的意义时，实际上也在加剧生与死的对立。

三、追求社会意义

曾子曰："士不可以不弘毅，任重而道远。仁以为己任，

1　弗兰克尔.心灵的疗愈——意义治疗和存在分析的基础[M].徐佳，译.北京：电子工业出版社，2014：87-88.

不亦重乎？死而后已，不亦远乎？"[1]

——《论语·泰伯章》

　　人不仅是自然存在物，也是社会存在物。从社会人的角度看，人存在的意义更多地意味着人与社会存在的关联以及对社会发展所产生的影响。[2]我们不能把生命的意义全都寄托在传宗接代上，还应寻找其他方面的象征性永生。古往今来，为了追求某种社会价值和意义，视死如归的人也大有人在。

　　《左传·襄公二十四年》有言："太上有立德，其次有立功，其次有立言，虽久不废，此之谓不朽。""德"是指个人人格的价值，"功"是指事业，"言"则是指著书立说。历史上的许多伟人或躬身践行高尚品德和人格魅力，或建功立业造福于天下，或通过著书立说表达自己的智慧和洞察，或三者兼而有之，相辅相成。即使历经百年乃至千年，他们的"德""功""言"仍被后世所推崇和铭记，他们的生命也因此获得不朽。

　　"三不朽"是中国文化中关于死而不朽的最早说法。"德、功、言"所具有的久远影响就是生命的意义所在。这不是从灵魂不朽的角度出发，也不具有宗教色彩，而是从现实的社会意义和价值来衡量。当我们通过建功立业，把自己一生的作为融入一个更大的群体或事业的时候，我们就获得了某种意义的永生。

　　人类的传承不仅是基因的传承，更是知识与文化的传承。北宋张载在《横渠语录》中提出"为天地立心，为生民立命，为往圣继绝学，为万世开太平"，并以此作为自己一生为学的志向和归宿，这也成为后世无数文人、思想家、政治家的人生抱负。相比于宗教对死后世界的描述，

1　杨伯峻.论语译注[M].北京：中华书局，2019：114.

2　金明武.生死观探索[M].北京：线装书局，2015：8.

中国文化更侧重于对现世生命意义的追求。人虽死亡，但其生前的道德、事功或著述并不因之而被磨灭。

通过立德、立功、立言实现人生的意义，由怕死、不甘心死转化为安死，即朱熹所说的"安于死而无愧"，是一种较为入世的方法。虽然我们的肉体生命死了，但是当我们完成一些造福人类、有益社会的事业时，就会觉得自己获得了某种意义的永生。从这个意义上讲，我们不是"变得不朽"，而是"值得不朽"。

"三不朽"强调把人生的价值放在有生之年和此岸的生活世界，注重个人自我和社会群体的关系，体现了中国人重视人伦事务的生存价值。生前创造出具有永恒持续的价值，我们就死得其所。为保卫祖国慷慨赴死，用血肉之躯掩住引爆的手榴弹以挽救更多人的性命……如果我们相信这样的行为是崇高而伟大的，我们可能就会毅然地去做。那些为国捐躯的人，会在歌剧中被传唱，在故事中被流传，世人用祭祀仪式和竖立纪念碑的方式纪念他们。

然而，以各种永久的成就形式在文化长河中留下印记，让其他人在即使我们的肉体消亡后依然能记起我们，这条路径有其明显的局限性。毕竟，能立德、立功、立言的通常只有极少数的人，难道那些平常人的人生就没有意义了吗？而且很多伟人的荣誉都在死后才被后人赋予。

胡适在《不朽——我的宗教》一书中指出，"三不朽"论有三层缺点：只限于极少数人、没有消极的制裁以及"德、功、言"的范围太模糊等，并提出了自己的社会不朽论。他认为，"小我"虽然是有死的，但是每一个"小我"的一切作为、一切功德罪恶、一切语言行事，无论大小，无论是非，无论善恶，——都永远留存在那个"大我"之中。[1]这个"大我"，即整体人类社会的历史发展，它将给有限的个体生命赋予永恒的

---

1 胡适.不朽——我的宗教[M].北京：北京大学出版社，2016：56.

意义。也就是说，"小我"不是独立存在的，而是和整个社会世界的过去和未来都互有影响。

　　一个人不仅活在自己的生命历程中，也因为自己的行为和思想而活在其他人的生命历程中。对整个社会来说，生活于其中的每一生命似乎是独立的、毫不相关地延续，进行着各自的行为，但是他们潜在的精神都在发挥作用，使得他们在整个世界历史上产生了合力。[1]对于活人来说，死者并不成了"无"，并不绝对地消失了，而只是改变了存在的形式。电影《云图》有一句台词这样说："我们的生命不仅是我们自己的，从子宫到坟墓，我们和其他人紧紧相连，无论前世还是今生，每一桩恶行，每一项善举，都在未来轮回。"

　　作为普通人，我们可以通过交往、学习和传播扩大自己的影响力，尤其是对社会和他人的影响力，而使自己获得某种意义上的永生，即将我们的思想和情操通过我们的言行在文化共同体中保存下来，以或隐或显的方式继续存活。[2]这种影响并不要求人在死后留下能够流传千古的功名。当我们对他人产生了重要影响时，都会感到满足，不再感到自己与他人是分离的。在这个过程中，我们也实现了自我和生命的意义。

　　如果我们只看到自身，死了可能就是彻底的终结。我们应当努力把自己的自然生命蜕变成社会生命，为社会的发展和进步做出自己的贡献。人若是感觉不到来自社会层面的精神支撑，就容易游离出社会整体之外，难以在社会中找到自我的定位，难以找寻到存在的依托和归宿。

　　每个人建构自己生命的意义具有独特性，追求社会意义的方式也具有多样性。一个人如果探寻到了对自己来说具有不朽价值的社会意义，并为之努力奋斗，认为自己已经有意义地过了一生，那么可能就能够较好地面对死亡焦虑。

1　熊小青.生命自然与自觉: 现代生命哲思[M].北京: 中国社会科学出版社, 2012: 71.

2　白福宝.追寻"永生"模式:死亡焦虑的纾解之道[J].医学与哲学(A),2017,38(11):27-30.

四、"终活"与好死

> 学习如何生活要花去整个一生，而且——可能会让你更加吃惊的是——学习如何去死也要花去整个一生。[1]
>
> ——塞涅卡

你希望自己如何死去？在你心目中，所谓的"好死"是什么样的？你愿意用哪一种方式与世界告别？想象你可能猝死或遭遇意外的情景，你怎样才能为这种情况的发生做好准备？我们能否在回顾生命的时候，不因虚度年华而悔恨，也不因碌碌无为而羞愧？

死亡和衰老是我们不得不面对的问题。日语里有一个词叫"终活"，意即为了人生的终结而做的活动，比如回顾自己的一生、和家人好好告别、分配遗产、选择墓地以及决定怎样举行自己的葬礼等。"终活"的概念提醒我们：与其忌讳死亡，不如为更好地迎接死亡而提前做一些准备。例如，我们可以列一份遗愿清单，努力完成那些对自己来说十分重要的未竟之事，从而在临终前尽可能少一些遗憾。

很多我们心心念念想做的事，并没有我们想象中的那么难以实现，只是我们总觉得还有很多时间，因而一拖再拖。

有些患者不愿意考虑死的现实性，不相信自己会很快死去，而一直没有为死亡的到来早些做准备，结果导致没有机会好好告别，无法安心逝去，临终那一刻充满心酸和悔恨。还有些人年纪渐渐大了，也知道死之将至，但因不敢直面死亡而以一种不在乎的态度过日子。我们早些为死亡做准备，才有可能在临终时减少折腾，有尊严地离世。

对一些人来说，他们所恐惧的并不是死亡，而是濒死的过程，担心这个过程充满痛苦、孤独和无助。既然我们早晚要离开这个世界，

---

1 塞涅卡.哲学的治疗：塞涅卡伦理文选之二[M].吴欲波，译.北京：中国社会科学出版社，2007：9.

那不如早点想好怎样告别。这样当死亡来临时，我们会庆幸自己事先早已做好安排。电影《少年派的奇幻漂流》中说："人生也许就是不断地将各种事情放下，然而令人心痛的是，我还没有来得及好好与他们道别。"

如果我们不是因为猝死，或因为疾病而导致生命所剩时间过于短暂，我们应该在活着的时候，就为自己的临终和死亡多做些准备，以免死得过于仓促。人都会死，但最好不要让恐惧糟蹋了我们的死亡。如果分离是世界的法则，我们应该有所期待，做好准备，这样当这一天到来的时候，我们不会被吓倒和悲伤。真正的自由和最真实的快乐取决于这种准备。[1]

每个人都希望自己能够善终，死得有尊严，在睡梦或平静中安详地离世，既免于病痛的折磨，又没有意外事故的难堪。善终的患者一般都有以下特征：没有遭受不必要的痛苦和折磨，临死前头脑仍旧清晰、没有遭罪，做好了死亡准备，接受死亡随时到来，准备好了与亲人分离，将后事安排得井井有条。善终意味着不贪婪地紧紧抓住生命不放，所有可能会引起我们难过的事都已解决，和亲友之间的争吵都已和解或能够放下，要说出的爱意都已表达出来。

儒家文化非常强调"善终"和"得其死"。《礼记·檀弓上》有言："君子曰终，小人曰死。"冯友兰先生对此的解释是："对于小人，死是其个人的身体的不存在，所以死对他是死；对于君子，死是其在社会中的任务的终了，所以死对他是终。在道德境界中的人，是此所谓君子。死对他是尽伦尽职的结束，所以死对他也是终。"[2] 人如果能够尽力行道，无愧于心，完成道德上的任务，就能得善终。从这个意义上讲，儒

1　费希.什么是好生活[M].黄迪娜，许世鹏，吴晓斐，译.长春：吉林出版集团有限责任公司，2010：231.

2　梁漱溟，胡适，季羡林，等.大师的境界：谈"生"论"死"[M].北京：国际文化出版公司，2015：189.

家并没有把寿命自然享尽、无疾而终称为"善终"或"得其死"。人只要始终行君子之道，不论什么时候死，都是善终。死亡在什么时候来临并不重要，重要的是在生前我们做了些什么。

在西方哲学史上，苏格拉底第一个把死亡同真、善、美联系起来予以考察，从道德伦理的角度提出了英勇待死的问题。他倡导从个人同社会的关联来评估人生的意义或价值。在苏格拉底眼里，生死问题虽然重要，但还有高于生死的问题，这就是真理、道德和正义问题。真正勇敢的、有道德的人从不惧怕死亡，他们常常表现出一种为了善、正义和荣誉而万死不辞的英勇气概。

除了善终，我们还应该追求"好死"。"不得好死"是人们平常生活中骂人的一个诅咒。死得其所，因个人的希望及观念之不同而有所差异。有些人愿意在睡眠中安息；有些人希望在家人的围绕下去世；也有的人希望能够为某一事业或理想而牺牲；还有的人则希望自己的死能给别人一些启示。

也许我们不必等到临终的时候才来考虑死亡的事情，我们可以在生命更早的阶段就学习如何为死亡做些准备，平日里每天都可以做一些"终活"。这样在死亡来临的时候我们可以少些遗憾，况且我们无法预知死亡什么时候会来临。当身患重疾时才想起自己的必死性，当意识到自己的生命将要终结而并非只是短暂地离开时，我们可能会在恐惧中死去。

追求"善终"应是持续一生的过程。如果一生中各个时期都坚持不懈地培养和修炼美德——如果一个人不但长寿而且还活得很有意义——那么年老时就会有惊人的收获，这不仅是因为它们能使我们安度晚年，而且还因为意识到自己一生并未虚度，并回想起自己的许多善行，就会感到无比欣慰。[1] 对这样的人来说，不管他们最后一刻如何死去，他们的

1　西塞罗.论老年 论友谊 论责任[M].徐奕春，译.北京：商务印书馆，2009：7.

死都应该算是善终的。

善生者善死,生的质量决定死的品质。"好死"在很大程度上有赖于"好生"——只有"好生",保持身心健康,提高生存的质量,才会延缓衰老,才有可能平静而无痛苦地离去,对自己的晚年有个妥善的安排,最后在死亡来临时能够"安于死而无愧"。[1]平时就养成良好的生活习惯,保持身心健康,在年老的时候或许就能少些病痛。学会好好活着,才能够好好死去。一旦你学会了怎样去死,就学会了怎样去活。我们在年轻时就应明白自己会衰老和死去,并以一种珍惜生命的态度来积极地生活。

也许善终不过是好好地活到终了。人生是不完满的,但我们的生命可以在不断走向完满的过程中结束。我们所有人都会死去,没有人知道确切的时间,可能是几十年之后,也可能就在明天,甚至就在下一刻,我们能做的就是尽量充实地度过每一天。[2]谁也不能担保自己不会死于非命,不会死而不得其所。对死亡的最好准备,也许就是让自己的生活过得充实而有意义,以便能够坦然地面对终将到来的死亡。

第二节　向死存在

我们终将一死是我们活着的背景,
可我们常常忘记了这个背景的存在,
或者内心深处并不以为然。

从出生的那一刻起,我们就开始走向死亡。用海德格尔的话说,死

1　解思忠.彻悟生死[M].上海:上海三联书店,2016:58.

2　施瓦尔贝.生命最后的读书会[M].姜莹莹,译.北京:中国友谊出版公司,2013:101.

亡内在于生存过程之中。在他看来，人只有明白死亡是每个人自己的、无法逃避的必然结局，才能从本体论上领会人的存在的基本处境。死亡常常促使我们去认识自己。

我们是向死而生的存在。死亡随时可能发生，并不是到特定时刻才发生的事件。我们需要面对这个事实：我们的生命随时可能突然结束，不确定但必然来临的死亡就在未来的某个地方等着我们。如果我们想要承受生命，就要为死亡做好准备。

海德格尔认为，对死亡的意识和体认是使人由"非本真"的存在通向"本真"存在的唯一途径。许多人终其一生都不知道人是向死而生的存在，海德格尔把这种"无知"的存在状态称为"非本真存在"。如果人总是逃避死亡，就不可能过本真的生活。与此相反，他把那种认识到人是向死而生的存在称为"本真的存在"。正视死亡的可能性与必然性并勇于面对这个真相，本真的生活才可能展开。

人们往往认为自己最了解自己，其实人最不了解的正是自己。灯塔能照耀千里之外，灯塔底下却是一片黑暗。我们并没有自己以为的那么了解自己，有时甚至害怕去认识自己。大多数心理疾病的一个重要病因是患者恐惧自我认识，不敢面对自身的情感、冲动、记忆、潜力和命运。

不论处于什么样的发展阶段，自我认同都是一个重要的成长议题。什么是"我"？作为人类整体的一员，"我"是谁？作为集体的一部分，"我"是谁？作为家族、家庭的一分子，"我"是谁？作为个体本身，"我"又是谁？我们要成为什么？我们应该成为什么？我们不想成为什么？或者，我们知道我们不可能成为什么？要认真思考这些问题而又不陷入思想上的混乱，是不容易做到的。也许，正是因为我们不知道自己到底是谁，从哪里来，要往哪里去，我们才会那么恐惧死亡。

只有人才会追问存在的意义，也只有人才能领悟存在的意义。懂得为何而活的人几乎能够忍受任何痛苦。如果失去了意义，人生不免失去重心，甚至迷失自我。人对人生无意义的恐惧有时更甚于对死亡的恐惧。现代人普遍存在的一个问题就是找不到人生的意义，于是变得无所适从。人的一生乃是不断寻求意义的过程。

一、我是谁

> 人生是一面镜子，
> 我们梦寐以求的
> 第一件事情就是
> 从中辨认出自己！！[1]
>
> ——尼采

"我是谁"这个问题看似简单，却影响着我们生活的方方面面，决定着我们如何生活以及如何看待自己。有些人到了中年，才意识到自己还没有认真地思考过"我是谁"这个问题，发现自己只是照着成长环境所教的"那一套"不假思索地做出反应。他们陷入自己并不喜欢的千篇一律的工作之中，陷入他们认为泯灭了他们个性的生活方式之中，直到有一天醒来才突然发现自己并没有真正懂得自己是谁，自己在干些什么以及自己在复杂的社会体系中应处于什么位置。[2]

许多人从来没问过自己一生中要做什么，想成为什么样的人，以及为什么要那么做。而这些问题都与"我是谁"这个问题有关。要确定自己想成为什么样的人，知道自己爱什么、恨什么、渴望什么、恐惧什么、厌恶什么、相信什么等并不是一件容易的事。"我是谁"的问题不能简单地归咎于"青春期的认同危机"，它不仅是自我觉醒的首要问题，也是贯穿于自我发展过程的根本问题。可以说，我们的生命就是一个逐步

1　尼采.尼采诗集[M].周国平，译.北京：作家出版社，2013：2.

2　劳顿，毕肖普.生存的哲学[M].胡建华，杨全德，李伍峰，等译.长沙：湖南人民出版社，1988：9.

寻求存在同一性、试图在世界中建立自己主体地位的过程。

苏格拉底说，未经省察的人生是不值得过的。他指出，哲学的任务就是去引导人如何过一种有意义的、有尊严的生活。每一个人都应该认真地反省自己所过的生活。一个人越认识自己、理解自己，他就会越懂得自己最根本的需要是什么，并以一种能使这些需要得到满足的方式去行动。有时候我们踏上寻找之路，却并不知道自己要找的是什么，直到我们重新回到开始的地方。

（一）"我"之发现

人如何体验自己？生命最初的时候有自我感吗？

在生命早期，婴儿只是与母亲连在一起的"我们"的一部分，他们甚至都没有意识到自己的身体与妈妈的身体是分开的。一般婴儿到两三岁的时候就会出现第一次自我意识的萌芽，他们开始使用"我"来指代自己，明确表达出"我来（做）"的意志。正因为他们在某种程度上觉察到有一个"我"，才能说出这样的话。在这个阶段，相对于他人，孩子意识到了与之相独立的"我"的存在，他们还会通过语言和行为来探索"我"的边界。

其实，在主动言语出现之前，人就已经有了一些自我感，包括身体的整体感、能动感和意图感。婴儿会通过注视来调节接收到的刺激和社会接触。一些妈妈可能会清楚地记得，四个月大的婴儿就能够用厌恶的目光来表达"不"，从而捍卫其"独立"，七个月时用姿势和声音，十四个月时会跑开，两岁时才使用语言。[1] 在自我意识足够明晰之前，"我"还是和外界事物混合在一起的，界限并不分明，特别是和母亲在相当高的程度上混合在一起。

---

1 斯滕.婴幼儿的人际世界：精神分析与发展心理学视角[M].张庆，译.上海：华东师范大学出版社，2017: 38.

　　知道"我"的存在——"我感到我是'我'"，明白这世界上有一个"我"，是一个伟大的发现。荣格在《荣格自传：回忆·梦·思考》里写道："现在我是我自己了。就好像有一堵'雾'墙在我的身后，而在那堵墙后尚无一个'我'字。但在这个时刻，我碰见了我自己。在此以前我也存在着，但只是一切发生在我身上，而现在则是我发生在我身上了。现在我知道，我现在是我自己，现在我存在着。在此之前我是按照别人的意志去做这做那，现在我是按照我的意志去做。在我看来，这个经历极其重要新颖：在我身上有了'权威'。"[1] 荣格说，这些都是他生活中至关重要的体验，并且让他恍然大悟："正是在那时，我必须负起责任，我的命运结果如何完全取决于我自己。"

　　随着自我意识的出现，我们也会意识到自己的弱小，而后慢慢认识到自身必死的命运。列夫·托尔斯泰的中年危机乃在于他发现了自身死亡的必然性，并由此对生命的归处感到困惑，他说："你并不知道自己是怎么来到这世界的，你只知道自己就是以现在的样子来的；而你来到世界之后，你便不停地向前走，等走到人生的半途，突然不再感到惊奇与欣喜，只想在此停步，不愿意继续走下去了，因为最后会走到哪里，我们不得而知……"[2]

　　我们都是被抛到这个世界上的，很多时候我们并不知道自己在做什么，为何要这么做，更不知道对自己负责意味着什么。我们害怕那些使我们瞧不起自己的知识，或者说害怕那些使我们感到弱小、自卑、邪恶、羞耻或无价值的知识，我们通过压抑和类似的防御机制来保护我们自己以及维持自我的理想形象。而认识自我，就要从关注自我的存在出发，从关注自己的心灵状态开始。

1　荣格.荣格自传：回忆·梦·思考[M].刘国彬，杨德友，译.上海：上海三联书店，2009：23.

2　余德慧.中国人的生命转化[M].台北：张老师文化事业股份有限公司，1992：99.

罗洛·梅认为，人不同于动物之处，就在于他具有自我存在的意识，知道自己不同于其他人，能够肯定自我的存在和个性。在他看来，"存在"植根于个人自己的存在体验，如果它仅仅是外部世界的一种反映和一面镜子，那么它恰恰就不是个人自己的存在感。他说："只要你的存在感是真的，那么你必须坚持的恰恰不是其他人告诉你应该成为的样子，因为如果你的自尊必须基于社会的证实，那么你就根本没有自尊，而仅仅只有一种更为复杂的社会顺从的形式。"[1]

（二）自我疏离

我们通常会希望别人喜欢自己，在意自己给别人留下的印象。但这种需求有时也可能变成一种强迫性倾向，即希望自己在别人眼里一直是一个可爱的、有价值的人。这种强烈的需求会使个体倾向于按照他人的愿望来行动。如此一来，人也就没有体验到自己的存在或只体验到自己存在的某些方面。一些人并不是完全体验不到自己的存在，但他可能只体验到那部分被社会或他人认可的存在。而如果我们身上的不同部分并没有彼此联结，那么我们是不可能成为创造性行动的源泉的。[2]

一个人在发现自我之后，生命中反而会充满诸多挑战，因为这个自我会不断面临意义感缺失的威胁。追求自我是有代价的，它必然伴随着由孤独带来的不安与惶恐。为了缓解孤独感，有的人可能会放弃自主性。如果一个人对自我的存在和发展感到恐慌，那么他可能会让自己与外界隔离，不去期望或感觉，也不愿意承担和实现自我。一些人可能把自己淹没于人生的琐事中，或忙于争权夺利。

一旦发现死亡，认识到生命无法永远存在，我们最终也会意识到自己难免一死，由此产生的焦虑又会使我们回避和否认死亡。而回避和否

1　梅.存在之发现[M].方红，郭本禹，译.北京：中国人民大学出版社，2008：104.

2　赛明顿.自恋：一个新理论[M].吴艳茹，译.北京：中国轻工业出版社，2016：44.

认死亡的过程往往伴随着自我的脱离。一个人越是想要保住自我，对死亡的焦虑就会越大。当我们感觉自己不那么重要，就相对能够平和地接受所发生的一切。当一个人正在经历严重压力，特别是当压力来自自我价值、身份和能力的丧失时，便容易联想到死亡。

当我们只认同自己心灵的某些方面时，我们就会企图否定那些自己不想要的部分，并将它们从意识中驱除出去。实际上，我们脱离的不仅仅有自己的身体，还有身与心的统一。身体和心灵是不可分的整体，我们需要看到我们的自我是如何与身体和心灵相联结的。一个人可以因为疲劳、疾病或者因为惊心动魄的经历而存在于自己的一旁——所谓魂不守舍；也可以由于空虚和不满足——因为一个人没有真正在他自己所从事的事情之中在场、无法满足于他自己所具有的生活。[1]

自我疏离通常表现为与自己的身体、感受和生命力失去联结。这或许可以追溯到小时候，比如我们摔倒跌伤了膝盖而大哭时，大人拿着糖果哄我们说"乖，不哭，吃颗糖就不痛了"。这种安慰方式将生理上的现实体验和意识上的认知割裂开来，久而久之我们便学会了通过否认来回避现实。有些人总是让自己沉浸于工作或各种琐事中，而一旦停止忙碌，他们将很快陷入空虚并变得焦虑起来。人们因为焦虑而遁入工作中，工作成了麻醉剂和抵挡一切的盾牌。

人们宁可把生命耗费在贪婪地积累财物、追求权力和名誉上，也不愿意去思考自己的死亡和生命的意义。当工作成为一种强制时，人们就会控制不住地想要进入工作状态。对工作狂来说，他们可能并不那么热爱工作，或者说并没有享受其中，工作只是他们获得存在感的一种方式。他们越焦虑，就越疯狂地工作，可是这样并不能缓解焦虑，反而成了工作的奴隶。当被迫停止工作时，他们便会有严重的焦虑。工作本身是不

1　托马森.不幸与幸福[M].京不特，译.北京: 华夏出版社，2004: 14.

能具有意义的，只有当人们能以自己的创造力和独特性去惠及他人时，人们才能在工作中找到意义。

逃避焦虑会让我们丧失更多的选择和行动范围，越来越自我孤立和自我否定。大多脱离自我的人既没有办法发展一段稳定的关系，也没有办法一个人安然独处。当我们觉察到了自身的自我疏离，并愿意去面对完整的、真实的自己——喜欢的和厌恶的、接纳的和拒绝的、诚实的和虚假的——那些全部的自我时，我们才能更好地正视死亡，真正地活在当下。

我们既要走出自我，又要走进内心。有人说，真正的幸福在于走出自我，但重点是不仅要走出来，还必须能安下身。为了安身，我们必须找到有意义的事情，而最理想的情况当然是全身心地投入当下的生活体验当中。

（三）摒弃自我中心

> 一个人的真正价值首先决定于他在什么程度上和在什么意义上从自我解放出来。[1]
>
> ——阿尔伯特·爱因斯坦

培根在《培根论人生》一书中说道："我们每个人都在不同的程度上唯我独尊，而我们越是把自己看得重，就越是觉得自己的死非同小可。"[2] 自我膨胀的人会轻视其他人，与他的自我相比，世界上的其他东西都是不重要的。他们的内心有一个巨大的自我，想不断努力地去证实自己的伟大，并不断地渴求得到别人的认可。

执着于自我的感受和情绪，过于依赖外界的肯定和关注，这些可能

---

1 爱因斯坦.走进爱因斯坦[M].许良英，王瑞智，译.沈阳：辽宁教育出版社，2005：41.
2 蒙田.蒙田随笔集[M].潘丽珍，等译.南京：译林出版社，2005：157.

就是自我中心的表现。我们总是希望受到赞美，而不希望受到批评和被忽视；希望快乐，而不希望痛苦；希望得到，而不希望失去。如果我们总是希望凡事照着自己的意愿来，一旦未能如愿，我们就会感到挫败、沮丧，甚至愤怒。我们对死亡的恐惧，有很大一部分源于我们总是夸大自己的重要性和独特性。

人通常会把自己当作一个特殊的存在，一个了不起的存在。对每个人来说，生命早期都是极端自我中心的。我们在儿童时期会发展出一种魔法般的全能感，觉得自己不可摧毁，自己的感受与见闻独一无二。正是这种自恋的信念保护着我们，成功抑制了关于自身会毁灭的想法。可以说，在不依赖他人就活不下去的生命早期阶段，儿童对付死亡和毁灭恐惧的基本方法就是全能感。

如果我们的成长条件极为有利，得到的好处之一就是将死亡遮蔽起来。多数神经症患者都把自身形象想得比实际上要高大，这表明他们拒绝承认自己的渺小、依赖性和有限性。接受死亡的必然性无疑会摧毁个人的全能感。如果我们知道死亡正在"潜猎"我们，自己随时可能并且终将成为死亡的猎物，又怎能感觉自己如此重要呢？

长大成人的前提是意识到自己的局限性，颠覆婴儿期全能自恋的幻想。电影《时时刻刻》里，小女孩安吉利卡发现一只死的小鸟，维吉尼亚和安吉利卡一起为这只鸟儿举行了葬礼。安吉利卡问维吉尼亚："我们死的时候会发生什么事？"维吉尼亚说："我们会回到本来的地方。"安吉利卡接着说："她（小鸟）看起来很小。"维吉尼亚说："是啊，对，这是另外一件会发生的事，我们看起来会很小。"

随着阅历的增长，我们会慢慢发现自己的渺小和脆弱，发现世间万物并不是为迎合我们的期望而出现的。或许因为我们把自己看得太重要了，所以很难想象，等我们死了以后，这个世界仍然会像原来一样继续运转，他人仍然继续活着而自己却永远消逝了。我们无法忍受的可能是，对于这日新月异的世界来说自己是微不足道的。

> 随着岁月的变迁，"我"的局限变得愈来愈明显："我"
> 并非一切，"我"并非全知全能，也不拥有和掌控一切。许多
> 愿望只能实现一半，有一些则完全无法兑现。我们的一生中有
> 种种不尽如人意之处。最终，我将会抵达我的所有可能性的局
> 限——生命的尽头。[1]
>
> ——洛伦兹·马尔蒂

我们从欲望中创造了自我，而这又会激起我们更多的欲望。佛教认为，自我就是这些欲望而不是别的任何东西。在佛家看来，"我执"是一切烦恼、痛苦产生的根源。"我执"源于自我中心主义，和自己有关的都很重要，除此之外的都不重要。破除"我执"为佛家修行的入门之道。学会控制自己的内心，不被妄念所带动，身心才能真正自在。在弗洛姆看来，所谓"存在"就是要求人们摒弃自我中心；也就是说，只有当我们不再靠抓住我们的自我和所占有的一切来寻求安全感和身份感的时候，存在方式才会出现。[2]

1944 年年初，荣格摔断了腿，而后又不幸心脏病发作，在昏迷状况下他体验到了濒死的感受。在这次经历之后，他说："这个经历使我感到既贫瘠又充实，不敢再对任何事有所渴求或欲念了。处于客观的形式，我就是过去的种种了。最初，灭亡的意念充斥此中，此刻已被铲除，突然间，一切都变得不重要了。任何事都好像过去了。留下的也只是既成的事实，于事无补。对于曾经遗落或失去的，都不再感到遗憾了。相反，

1　马尔蒂.谁为你指路？一只狗！：日常生活中的神秘主义[M].赵小燕，译.桂林：广西师范大学出版社，2013：239.

2　弗洛姆.占有还是存在[M].李穆，等译.北京：世界图书出版公司，2015：76.

我拥有了过去的一切，那就是全部。"[1]

如果人人都强调自我，只凭自己的主观意志行事，那么关系就会失衡，每次发怒时可能都会觉得自己是对的。当我们总是觉得周围人都那么不可理喻时，不妨扪心自问：自己有站在他人的立场为他人考虑吗？每一个生命都有其独特的价值。当摒弃自己是少数上天选定的、与众不同的人的那种想法时，我们会更能够将心比心，认识到他人有着和自己不同的想法和感受。因为这种天之选民的想法只会让我们自我膨胀。我们越畏惧死亡，越是空虚，就越需要用全能的形象来填充自己的世界。

> 甲：我病了？现在好了？
> 谁是我的医生呢？
> 我把这一切都忘得精光！
> 乙：现在我才相信你好了：
> 因为谁遗忘，谁就健康。[2]
>
> ——尼采

摒弃自我重要感，并不是说自我毫无价值，而是说"我"只是当下的"我"，一种基本的信赖感呈现了：不必特意去做什么来肯定自己的存在，并且能够认识到每个人都是平等而独立的存在。我们需要一种既承认自我的重要性又否认自我重要性的辩证思维。

（四）"我"在世界里

既然有一个"我"存在，也就必然有一个"非我"存在。自我意识不仅带来了"自我"的发现，还带来了"自我"与"他者"的区分。作

---

1 荣格.荣格谈人生信仰[M].石磊，编译.天津：天津社会科学院出版社，2011：19.

2 尼采.尼采诗集[M].周国平，译.北京：作家出版社，2013：77.

为一个与他人生活在一起的人，"我"意味着什么？"自我"与"他者"本就是相互界定的参照物，"他者"一直是我们衡量自己价值、特征或共同人性的标尺。[1]正是在与他人不断遭遇的情况下，我们才发现了自己。

肯·威尔伯在《没有疆界》中指出，在回答"我是谁"以及在描述自己是什么的时候，实际上我们同时也在否认自己不是什么。当一个人说"我"的时候，他就已经在自己同其他所有他认为不是"我"的存在之间划了一条界线。人一旦将自己从无限的外部世界区别开来，就可能产生一种破碎感、漂泊感或无归属感，产生一种重新回到无限之中的"皈依"愿望。

人类克服孤独感有两种颇不相同的方式。其一是屈服，即放弃个人的独立和自由，将自己隐没在某一权威的对象中，从而获得保护和安全感，但这种方式所付出的代价与当初的"独立"愿望相悖，因而在潜意识里会有不安、敌意和反抗。我们不愿承认自己并未独立于世，而总是依赖高于我们的某物、某个思想和权力体系；我们被安置于这种体系中，它支撑着我们。[2]

其二是与万物建立自在的关系。这种关系建立在个人人格的完整性之上。倘若一个人能发展内在意识的整体性，克服个人化过程中的不安和孤独感，就能建立这种和谐的自在关系。人生最重要的不是一味地渴求自己需要的满足，而是学会如何去爱并去接受爱。在爱别人的过程中体会到生命的意义和自身的价值。

我们不仅能观察到自己的身体和行为，而且也能看到与我们一样的其他存在。如果我们仅从孤立的个体出发，那么不但不能理解自身之外的东西，甚至连自身也不能理解。我们存在于世界之中，自我和世界之

1　亚当斯.人类学的哲学之根[M].黄剑波，李文建，译.桂林：广西师范大学出版社，2006：1.

2　贝克尔.拒斥死亡[M].林和生，译.北京：华夏出版社，2000：63.

间的关系是首要的。按照罗洛·梅的观点，人不仅存在于自我世界，也存在于周围世界和人际关系之中。我们选择怎样的生活取决于我们如何看待人与人、人与世界的关系。

　　人的自我感的形成，并不是一个孤立的行为，而是与他人交互作用下所产生的体验性结果。为了肯定自己，我们也需要别人。我们只有在与他人的交往中才能行动，才能获得自身的存在。关系犹如一面镜子，透过它，我们可以看到真实的自己。我们应该在关系互动的过程中对自己保持觉察，在与社会、他人等建立更多联结的过程中发展自己。

　　我们的存在是由关系构成的，只能在关系网中发现自己、发展自己，最终成为自己。生命是否有意义在某种程度上取决于我们建立关系的程度，也就是说，人类的关联性加强了生命的意义。[1]一个人只有在为社会、为他人的工作和奉献中，个人价值才有实现的可能。我们在这世界生活着，可是我们的存在却指向他人，呼应他人，而不是固执于自己，捆绑着自己。[2]

　　我们与他人既相互独立又相互联系。我们需要寻求独立，保持自己的独特性；又需要接近他人，与他人保持联结。如果害怕失去自我，避免与人来往，不敢把自己投入世界中去，那么自我也很有可能在缺少参照的情况下偏离正轨，人格也可能不完整。而如果将自己完全地抛给世界，一切都以外界的标准作为自我的参照，自我很可能因找不到方向而陷入混乱。我们既在世界之中，又与之分离，这需要保持一个动态的平衡。

　　一位诗人曾这样写道："矛盾的是，我的内心生活既需要他人的存在，又不需要他们在场。没有他们，我的体验是贫瘠而荒凉的。我需要他们去活着、去爱、去感受。但是，我也需要从他们身旁隐退，从他们那里

1　卡拉尼什.当呼吸化为空气[M].何雨珈,译.杭州:浙江文艺出版社,2016:37.

2　余德慧.中国人的生命转化[M].台北:张老师文化事业股份有限公司,1992:69.

转走，转向内心，由此我才能明白我跟他们在一起的时候，我做了什么，我发生了什么。他们必须把我归还给我自己，我的独处也必须把我归还给他们。我需要和他们在一起，也需要不和他们在一起。当我和他们在一起的时候，知道我仍然是孤独的；当我孤独的时候，知道我仍然和他们在一起。"[1]

二、安全感

安全感是贯穿一生的发展任务，而不仅仅是某个生命阶段的重要主题。可以说，人的一生就是不断寻找安全感的过程。对安全的需要，一直处于人类基本需要的核心位置，甚至于比对食物和居所的需求更加强烈。安全感是我们神经系统良好发育的必要条件之一。大脑需要安全感，否则我们的身体将无法正常运转。当安全需要没有得到满足时，人就会处于一种紧张状态。

一些人在经历过死亡威胁后，例如从车祸、火灾或地震中死里逃生，对安全感的需求可能会变得更为强烈。他们可能对一些原本风险不大的事情更加小心谨慎，力求确保每件事情都安全可靠。一些强迫症患者对疾病、细菌和灰尘的极度敏感与厌恶，可能就与他们缺乏安全感有关。当一个人感到安全、不再把安全作为首要目的时，那么需要他逃避、反抗的威胁自然就少了。

一个缺少安全感的人对死亡可能会有一种恐惧，进而通过抑郁来保存生命。我们不断地追求权力、积累财富，以为这些东西能够给我们安全感，让我们有力量战胜恐惧。但事实是，我们越渴望拥有更多的东西，就越会感觉不安全。

1　理查兹，斯派拉，林奇.穿越孤独：精神分析师眼中的孤独与孤单[M].曹思聪，蓝薇，童俊，译.北京：世界图书出版公司，2016：25.

（一）何为安全感

安全感可以理解为一种基本信任感，这里的"信任"既指对别人的一种基本信赖，也包括对自己的一种基本信任感。[1]安全感更多的是心理的和人际的，不仅涉及与自己、他人的关系，也包括与环境的关系。我们都喜欢一个安全、有组织、有秩序的世界；这个世界是我们可以依赖的，任何出人意料、无法应对、混乱不堪的事情或者其他有危险的事情都不会发生，或者无论遇到什么情况都会有强大的父母或者其他保护人使我们免于灾难。[2]

安全感很多时候与现实无关，而主要在于我们选择相信什么。也就是说，安全感更适用于反映内在世界，而不是外在世界。"虽然情境是足够安全的，但他还是感到很害怕。""我可以看到情境是危险的，但是船长的行动使我们都感到很安全。"如果你认为灾难随时可能发生，哪怕你所处的地方很安全，你也无法感到安全。很多令人害怕的危险，实际上常常不会发生。一个人不断地寻求安全感，说明他无法接受安全的保证，对眼前的安全感到怀疑。

每个人都有两种现实：内在现实和外在现实。例如，真实的剥夺将使婴儿确认客体为危险的，但危险的感觉并不是被剥夺体验创造出来的；真实的危险仅仅是确认了人们对这种危险存在的预期，而这种对危险的预期并不会因为现实中的危险不存在就完全停止。[3]

爱比克泰德曾说，"伤害我们的并非事情本身，而是我们对事情的看法。事情本身不会伤害或阻碍我们，他人也不会。我们如何看待这些事情却是另外一回事。困扰我们的正是我们对事情的态度和反应……使

1　埃里克森.同一性：青少年与危机[M].孙名之，译.北京：中央编译出版社，2015：67.

2　马斯洛.动机与人格[M].3版.许金声，等译.北京：中国人民大学出版社，2012：24.

3　奥格登.心灵的母体——客体关系与精神分析对话[M].殷一婷，译.上海：华东师范大学出版社，2016：11.

我们摇摆不定的不是事情本身，而是我们的希望和恐惧。"[1]一个儿童即便是与母亲有着爱的关系，他依然会潜意识地抱有一种担心被她吞噬、撕裂或毁灭的恐惧。

如果我们不能以一种健康的方式消化自己的感受，就容易把它投射到外面的世界和其他人身上。当一个人缺乏安全感，被恐惧驱使，就容易认为恐惧是外部世界造成的。也就是说，如果我们在潜意识里夸大自己的毁灭性力量，就会导致自己的安全感降低。不安全感会因个人潜意识的投射而增加，并可能导致其去攻击他人以提升自己的安全感。

一些人，经常对所处环境的安全性做出错误估计，并持续地表现出明显的焦虑不安，而当他们的焦虑严重时又会自动扫描周围环境潜在的危险源。他们总是试图寻找一些安全信号，虽然这通常并不能让他们真正拥有安全感。当他们无法找到安全信号时，就会感到焦虑。他们会不断地增强自我控制，并采取谨慎的措施来避免危险的发生。

> 现在我发现自己整天在为丈夫操心。他的工作要求他经常出差，有时驾车，但大多数时候需要乘坐飞机。因为他在东北部海岸工作，冬季频繁出门，我怕他会被恶劣天气所困，发生交通事故或者飞机坠毁，上帝保佑，千万不要发生。我还担心儿子。他刚进入大学橄榄球队，所以他肯定有时会受伤。观看他比赛太让我提心吊胆，因此我不再去看他比赛。我敢肯定儿子失望了，但是那实在让我无法承受。[2]

人有时候回避特定的危险，尽管这些危险几乎是不真实的，但他又竭力不去思考死亡，尽管人会死是一件必然的事情。死亡焦虑症患者常常被不安全感所侵扰，其行为背后往往潜藏着对安全感的强迫性渴求。

---

1 爱比克泰德.沉思录[M].陈思宇,译.北京: 中央编译出版社, 2009: 7-8.

2 霍克西玛.变态心理学[M].6版.邹丹, 等译.北京: 人民邮电出版社, 2017: 145.

（二）安全感的获得

从呱呱坠地到三岁，婴儿与父母、周围环境的关系会大大影响他们安全感和信任感的形成。可以说，安全感的建立是在人生的最初阶段与主要照料者特别是与母亲的关系中获得的。孩子需要感受到正在照顾他的父母是爱他的，感受到自己生活在哺育和安全的中心。这要求照料者能够觉察到孩子的需要，并及时给予安抚和照顾。也就是说，如果婴儿受到父母或其他看护人的良好照顾，且这种照顾是持续的、稳定的、持之以恒的，那么婴儿就会觉得舒适与满足，进而产生最初的安全感，并延伸出对于他人及世界的信任和期待。

婴儿刚出生时都是脆弱的，需要依赖父母才能活下去。如果婴儿的需求能够被父母及时满足，那么他们就会觉得很安全。如果父母的回应带有情感虐待和伤害，那么婴儿就会感觉没有安全感。从直觉层面上来说，孩子知道自己的成长出了差错，这时他们不再会感受到自己的内在美，具有虐待和创伤性的环境会使孩子感受到一种内在的缺陷与丑陋。[1]内在的缺陷感会让我们认为，如果他人看见我们真实的样子就一定会嘲笑或嫌弃我们。

父母要为孩子提供一个安全基地，尽量保障孩子的恐惧系统不被激活，让孩子能够安心地探索外面的世界。如果孩子有着信任自己的父母，那么他会认为自己是值得信任的，这种关系会迁移到自己与他人的交往中。如果父母经常发生冲突，孩子在这样的家庭中长大就很难感到安全。而且，这些不安全感会渗透到人格层面，导致孩子长大后即使处于安全的环境中，也仍然会感到不安全。如果孩子缺乏安全感，就容易出现各种问题，甚至形成自卑、退缩、敏感、脆弱或过度依赖等性格。

安全需要物理上的空间，一个我们在其中可以自由探索并觉得自己

1　布尔戈.为什么我们总是在逃避[M].曲贝贝,译.北京:中国友谊出版公司,2019:187.

处于被保护、被照顾的空间。对这个物理空间的渴求，慢慢地会演变成对能够给予自己温暖、抱持和归属感的心理上的家的渴求。对安全感的渴求常常让我们依恋熟悉的环境，因为安全感很多时候来自我们的熟悉感和控制感。在陌生的环境中，我们往往容易产生恐惧感，虽然陌生的环境未必就有危险。在这个意义上，安全感的获得还需要有一种精神的或者文化的生命空间，在这个空间中我们会被接纳和关爱。

安全的境况不仅存在于外在环境，诸如和亲友的信赖关系、职位上的安全感、稳定的社会条件等，而且也存在于内在稳定性的各种形式：对自身的认同感和对灵魂深处的一种特定可靠感。[1]一些挫折之所以会带来焦虑，不但因为它挫败了我们的需求，而且也威胁到了我们的人际关系和价值观念，而这些对我们的安全感至关重要。

有些人在童年早期没有形成良好的安全感，导致他们经常体验到挫败感。他们可能形成这样一种根深蒂固的观念：这个世界是不安全的，他人是不可信的。缺乏安全感，会导致我们很难和他人建立相互信任的关系。而拥有安全感会使我们愿意去与他人建立关系。缺乏安全感的人长大后可能通过炫耀自己的成就来获得认可，甚至通过极度的自恋来抵制恐惧感。然而，夸大的自我形象所带来的安全感只是暂时的。他人的认可只能给我们一时的或虚假的安全感，而且需要不断地加以确认和维系。

如果依靠一段关系来获得安全感，那么当这份关系遭遇挫败时，我们就会沮丧、抑郁或愤怒，甚至为了维持这段关系而不断妥协和退让。如果一段关系是健康的，那么这份关系的维持将有助于彼此的身心健康和幸福安乐；如果一段关系的持续需要以丧失自尊和平等作为前提，那么这段关系很难带来真正的安全感。当我们依赖某个对象时，就会想去

1　托马森.不幸与幸福[M].京不特，译.北京：华夏出版社，2004：383.

占有它，从而容易产生害怕失去它的恐惧。为了克服这份恐惧，我们又会寻找另一个能带来安全感的关系。

缺乏安全感的人倾向于把自己内在的"不安全感"向外投射，所以很难信任他人，并对人际交往中可能含有的抛弃、蔑视、嘲笑等较为敏感。有不安全感的人往往做起事来会使他们的不安更趋向恶化，他们的为人处世使周围的人不喜欢他们，排斥他们，这使得他们更觉不安，而后做出更不安的举动，以致形成恶性循环。[1]

安全感的获得与可控感有很大的关系。如果我们拥有较高的控制感，那么我们的安全感也会比较好。越是缺乏安全感的人，越不能接受失控的感觉。但是，安全是相对的，绝对的安全是不可能存在的。并不是每件事我们都能掌控，谁也无法保证不会出什么意外。爱比克泰德曾说，要想获得幸福与自由，必须明白这样一个道理：一些事情我们能控制，另一些则不能；只有正视这个基本原则，并学会区分什么你能控制，什么你不能控制，才可能拥有内在的宁静与外在的效率。[2]

不安全感会放大我们的恐惧，使我们过于焦虑和担忧，容易患得患失。安全感来自心灵的平和，也许当我们放下对安全感的执念，放下对无常的担忧和对永恒的追求，我们才能找到真正的安全感。

三、意义感

当死亡来临的时候，你最害怕什么？你是否怀疑自身存在的价值？你此生为何而活，又愿意为何而死？你活着的意义会因为死亡而丧失吗？寻问人生的意义是否有助于你活得更好？面对必死的命运，你怎样让短暂的人生变得有意义？

即使我们能永远活着，我们也会关心意义的问题。如果没有了意义

1　戈布尔.第三思潮：马斯洛心理学[M].吕明，陈红雯，译.上海：上海译文出版社，1987：83.

2　爱比克泰德.沉思录[M].陈思宇，译.北京：中央编译出版社，2009：2.

感，我们就会迷失方向。人的存在不能脱离意义而生存，追求意义使人超越生物性的限制，使人成为真正的人，不会沉溺于日常的物质生活层面，而是有了更高的精神追求。[1]

海德格尔在《存在与时间》中说，人与其他存在物的不同之处在于人具有反省自身存在的能力。在他看来，这种自我反省与过一种完满的生活密不可分。人最基本的特性在于他不仅生存着，而且能够思索并理解存在的意义。每个人都有一种为自己的存在寻找意义的内在倾向，痛苦产生的根源在于失去了生活的目的和意义。

人生的意义不是在解答某个具体的问题，它关乎人以何种方式生活，这一生又该如何度过。[2]每一个个体都必须根据自己对生命的理解来建构属于自己的生命意义。每个人建构的意义体系不同，其所追求的人生目标和生活方式也就不同。我们所认可的人生意义决定了我们如何活着以及我们活着的体验。有的人为信仰和理想而活，一生耕耘不止；有的人为权力和财富而活，一生不停攀爬；也有的人活得浑浑噩噩，一生随波逐流。

我们对现实的体验，无一例外地总是通过我们所赋予它的意义而得以实现。我们大部分的思想、情感和行为都由我们自己创造的意义系统塑造而成，也正是意义系统为我们提供了行动的方向和目的。人不能忍受无意义的生活，追求意义的内在驱动力似乎也成了人类思维的一个普遍组织原则。

马斯洛曾经说过，人在生存与感情的基本需要之外，还有一种迫切的需求，那就是意义与超验的要求。意义感给人带来深层的幸福和满足，无意义感则成为一种存在的威胁。人需要寻找超越生死的终极价值和意

1　柴秀波，刘庆东.生存与意义：从意义角度对生存状态的哲学考察[M].北京：中国社会科学出版社，2011：75.

2　伊格尔顿.人生的意义[M].朱新伟，译.南京：译林出版社，2012：93.

义。所谓超越死亡，不是指人获得了不死的可能，而是指人在精神意义上超越了死亡的界限，以至于可以坦然赴死。我们能够为一件事或另一个人去死，正是因为我们从中找到了意义。

（一）意义危机

面对死亡，是什么让我们的生命值得一活？如果人最终都会死，那么眼前的一切到底有何意义？如果你现在就要死了，你会有什么遗憾，有没有可能死而无憾？

意义危机的背后可能与死亡有关。列夫·托尔斯泰到中年时常问自己这样一些问题："我今天的所作所为，明天的所作所为，会有什么结果？我的一生会有什么结果？我活着为了什么？当我不可避免地面临死亡的时候，我的生活有没有永存的意义？"[1]这些问题导致他在五十岁那年离家出走和企图自杀。

死亡常常促使我们去思考应该如何生存。弗洛伊德曾说，当一个人追问生命的意义和价值时，他就已经病了。随着人们的基本生存需求已得到满足，生命意义的问题就会日益凸显出来。很多临床心理问题，例如物质滥用、低自尊、抑郁以及身份认同危机等，其背后更为深层的原因可能就与生命意义的缺失有关。人生没有意义和目标，在严重的情况下，甚至可能导致人走向自杀。

如果一个人认为自己的一生充满意义，那么在面对死亡时可能就不会那么焦虑，对永生的渴求也就不会那么强烈；相反，若认为自己的一生碌碌无为，存有较多遗憾，其死亡焦虑可能会较高。死亡焦虑会因为人生的无意义感而增强，但它也会激发个体去寻找人生意义。当我们觉得人生有价值和意义时，就不容易焦虑生与死的问题。很多时候我们在忍受着死亡恐惧的同时，也面临着无意义的威胁。

1　托尔斯泰.托尔斯泰散文选[M].刘季星，译.天津：百花文艺出版社，2009：61.

　　寻求和获得意义，可以减轻我们在面对不确定的未来时所产生的焦虑。如果我们体会不到生命的意义，就无法体验自身的存在感。人有时候之所以自暴自弃，往往是因为失去了希望和生命的意义。当寻求生命的意义遭遇失败时，有的人就可能通过自杀来逃避无意义的折磨和痛苦。既然活着没有意义，不如自己主动终止生命，也就不用再陷入对生命意义追寻的苦恼中。

　　人必须敢于做自己、完成自己的使命，只有这样做，才可能过上有意义的生活。有时候我们害怕的不是无法永生的问题，而是生命已经丧失了意义和希望。死亡具有不确定性，我们无法决定生命的长度，但我们可以通过自己的努力来延展生命的宽度，在实现生命意义的过程中享受幸福。

　　面对死亡的必然性与不可预知性，有的人会更迫切地追求生命的意义，有的人则回避思考生命的意义，即使他们在忙着一些自以为很重要的事情。有些人只是努力完成自己的责任，却不明白这么做的意义。一些人可能还没来得及明白生命有何意义，就已经撒手人寰了。一个从未问过自己该如何好好过这一生的人，虽然不会产生意义危机，但显然缺乏自我意识和生命意识。

　　人依靠自己所确认的意义活着，一旦丧失意义感，就容易被死亡焦虑所纠缠。死亡促使我们关注短暂生命存在的意义。面对人固有一死的境况，我们必须追寻生命的意义。总而言之，对意义的追寻和创造是人的存在的根本特征。

　　人为意义而活，也为意义而死。弗兰克尔认为，人主要的关心并不是获得快乐或避免痛苦，而是了解和找出生命的意义，如果苦难具有意义，那么我们就可以忍受苦难。[1]

1　弗兰克尔.活出意义来[M].2版.赵可式，沈锦惠，朱晓权，译.北京：生活·读书·新知三联书店，1998：119.

（二）意义感的获得

> 人生的意义是什么，答案众说纷纭。有人说要看他留下了什么，有人认为要看他的信仰，有人说要用爱来评判，还有人说人生根本就毫无意义，而我觉得可以从那些以你为镜的人身上看到自己人生的意义。
>
> ——电影《遗愿清单》

"人究竟应该怎样度过自己的一生"是每个人在面对必死的命运时不得不思考的问题。一些人试图通过做一些善事或创造有价值的事物而为人们所铭记，但并不是每一个人都能找到属于自己的人生意义。许多人深受无意义感的折磨，他们时常感到空虚、焦虑、失落和沮丧。

有一种观点认为，人生具有某种普遍意义，它不同于每个个体自己所建构的意义。例如，弗洛伊德相信人生的意义在于死亡，爱欲或生存本能的全部努力都是为了回到死亡般的祥和状态。佛家则认为，人生的意义在于受苦。虽然这并不是说受苦是人生的全部，但强调了人生最重要的特征是受苦。犹太教和基督教的宗教传统则提供了一个全面的意义图式：世界和人类生活属于已经安排好的神圣计划的一部分，所谓的人生意义就是完成上帝在我们身上的旨意。

如果人生的意义是既定的，或者说人生有它根本性的意义，那么这意义便可能成为一种束缚，让人更加不自由。在人类思想史中，没有一位思想家能够对关于生命意义的追问给出一个被普遍认可的答案。生命意义的建构是一个动态的过程。也许人生没有既定的意义，而是有多重的意义，这就为每个个体提供了自主建构意义的可能性。人生的意义不是预先规定好的，不是某种突然降临到我们头上的东西，而是我们自己建构出来的。

每个人的存在都是独特而唯一的，生命也许并不存在一个终极的"目的"，一个普遍有效并且能够被所有人履行的人生意义是不存在的。生命的意义需要每个人自己赋予。没有一个既定的普遍意义等待人们去追求，每个人都必须自己寻找和创造生命的意义。人的存在是在生成变化之中的。生存的意义既是某种走向我们的东西，又是某种我们必须为之努力的东西。

克尔凯郭尔认为，关于我们应该如何生活，没有什么绝对的价值观和客观的真理我们必须接受，相反，每一个个体都可以自己决定什么是自己值得为之生、为之死的。[1] 我们每个人都是区别他人的独立的个体，所以每个人都有他相应的世界观、人生观和价值观。不同的人做同一件事，他们从中获得的意义也不尽相同。我们每一个人都应该建构生命的意义，都要找到自己能够为之生为之活的东西。

人之初并没有任何规定性，只是到了后来，他按照自己的意志，经过自己的选择，成了一个基督徒或者一名无神论者；换言之，人成为什么，那是他以后的事情，而且那也是他使自己成为什么才成为什么。人没有什么预先设定的目的要去完成，人的每一种状态、性质和身份，都在他自己的不断选择中被超越。人也就在这个过程中创造了自己的本质。当人们有值得为之奋斗的目标时，生活就会变得有意义。

生命的意义因人而异，也因时而异。意义是最具个体性和主观性的生命感受。每个人的存在自有其意义。在不同的人生阶段，一个人会发展和追求不同的意义。追寻意义是一个无止境的过程，我们需要适时地确定和更新人生目标。在青春期和成年早期，我们的主要任务是发展亲密关系、建立稳定的认同感和发展自己的事业等。到四五十岁的时候，人会进入另一个阶段，开始在自我超越中寻找意义，例如关心下一代的成长。当然，提供意义的生命活动并不是相互排斥的，大多数人都可以

1　安德森.克尔恺廓尔[M].瞿旭彤，译.北京：中华书局，2014：47.

从好几种活动中获得意义。

不是非得要有一个中心的或者最高的目的才能使生命变得有意义。生命的意义不是固定的，而是变化着的、不断延展的。意义感的获得不是一劳永逸的。真正有意义的人生也只能是那种不断创造的人生。当我们开始追问活着的意义时，这本身就是一种活着，或者说，人生的意义就是一直在追问和寻找意义。佛教的莲花生大师说得好：当寻觅时，如果寻觅者自身没能找到，那么寻觅的目的就已达到，寻觅过程也就结束。[1]生命的意义也许就在寻找意义的过程中，当你在寻找时，那个状态就是意义所在。

有的人试图从活着的当下去捕捉生命的意义。可是，当下发生的事情的意义，通常不会立即被人们明晓，而总是在发生别的事情或一段时间之后才被人领悟到。通常在我们回顾过去的时候，我们才产生现在的意义感。例如，恋爱或分手，在事情发生的当时，人并不知道当时的情感对生命的意义是什么，但在此后的人生当中，其意义可能会伴随着人生阅历的增加而渐渐显明或不断变化。当我们年老、体弱或不能照顾自己的时候，会是什么使生活值得过下去？除了健康和长寿，也许建构个人的生命故事才是维持人生意义的根本。

第三节　自在之道

道常无为而无不为，侯王若能守之，万物将自化。[2]

——老子《道德经·三十七章》

1　威尔伯.没有疆界[M].许金声，等译.北京：中国人民大学出版社，2012：45.

2　王弼.老子道德经注[M].北京：中华书局，2011：95.

　　有些人相信来生，相信灵魂不死；有些人认为通过生育后代可以得永生；有些人通过创造性的成就来获得所谓的不朽……每个人都会有意或无意地通过某种方式来缓解自己的死亡焦虑。但是，死亡焦虑很难被完全消除，因为死亡是我们无法逃避的，内在于整个生命过程之中。

　　既然我们无法逃避死亡，那么否认死亡只会让我们活在死亡恐惧之中，无法真实地面对生命本身。我们只有自觉地直面死亡，接受死亡作为生命本然的一部分，才能真正获得坦然赴死的自由。

　　这需要我们承认自己的不安，坦然面对死亡焦虑，向生命的存在敞开。伊壁鸠鲁说，贤人既不厌恶生存，也不畏惧死亡，既不把生存看成坏事，也不把死亡看成灾难。[1]生又何欢，死亦何悲。直面死亡焦虑的勇气，有赖于我们对自己和自身存在价值的肯定。

　　人有悲欢离合，月有阴晴圆缺。人生无法完全圆满，总是有缺憾的。只要我们为自己的存在设定了意义和标准，它们就对自我构成了威胁，成了我们生活的一个枷锁。也就是说，我们的存在受到两方面的威胁：一方面是那些所有可能让我们的生命过早终结的威胁；另一方面是来自自身的威胁。欲心安，需不求心安。不要时刻执着于做到心安，我们才能真正达到心安的境界。

　　自在的生活应该是生命本来的状态，而不是刻意追逐达到的目标，正如一座寺庙门口的对联所写"求自在知自在不自在自然自在，悟如来敬如来非如来如是如来"。我们要做的是放松对生活的控制，放弃征服死亡的欲望。有很多事情我们无法控制，只有傲慢的人才会自以为凡事都可以控制。我们对待生命须在有限性和可能性之间引入某种平衡，而这种平衡需要我们创造性地加以适应。

1　宋永毅, 姚晓华.死亡论[M].广州: 广州文化出版社, 1988: 15.

对我而言，唯一的旅程，是走在一条有心的

道路上——任一有心的道路上，

我走着，而唯一值得接受的挑战是，走完它的全程。

于是我走着，欣赏着，寻找着，屏息以待。[1]

没有什么比死亡更值得我们去思考。学会了死亡的人不会再卑躬屈膝，对那些理解了生命的失去并非不幸的人而言，不再存在任何不幸；对自己的死亡的认识会把我们从征服和压迫中解放出来。[2]对死亡的沉思实际上也是对于自由的沉思。

一、生命觉醒

列夫·托尔斯泰在《忏悔录》中写道："我不能为我的一个举动或者我的全部生活找到合乎理性的意义。我感到惊奇的是我在开始时竟然认识不到这一点。不是今天就是明天，疾病、死亡就会降临（或早已降临）在亲爱的人身上，在我身上，除了臭味和蛆虫之外，什么也不可能留下来。我的事业，无论多么伟大或渺小，迟早都要被忘掉，连我本身也不存在了。既然这样，还为什么要操劳呢？一个人怎么可以看不到这一点而生活下去呢？——真是怪事！只有糊里糊涂过日子的人，才可能活下去，但一旦清醒过来，就不能不看到一切只不过是假象，而且是荒唐的假象啊！"[3]

可以说，生命的觉醒就是对日益逼近的死亡事实的觉察和醒悟。发现死亡，无疑是我们每个人生命中惊心动魄的一个时刻。活着并非理所

---

1 卡斯塔尼达.巫士唐望的教诲：踏上心灵秘境之旅[M].鲁宓，译.北京：北京联合出版公司，2018：193.

2 诺尔.生命守记：一本外国学者的死亡日记[M].王莺，王绪梅，译.北京：中国城市出版社，2003：29.

3 托尔斯泰.托尔斯泰散文选[M].刘季星，译.天津：百花文艺出版社，2009：57.

当然，死亡随时可能降临——这种体验可能让人陷入心理危机，也可能成为人生转变的重大契机，让我们重新审视自己的人生，并以一种更加审慎的态度来面对生活。这一过程通常被象征性地描述为"死亡与重生"。列夫·托尔斯泰的这次觉醒体验，不仅对他的文学创作风格产生较大影响，也使他的生活信条乃至宗教信仰发生重大转变。

每一次重大生活事件的发生都是自省和自我成长的机会，仿佛一记棒喝使我们从日复一日的生存模式中抽离出来。大喜大悲的时刻通常极可能触发我们的觉醒体验。譬如，大难不死的经历常让人顿悟到生之可贵以及生命的意义。觉醒体验扩展了我们的意识范围，提升了超越即时情境的能力，是人生转变的重要契机。

在一次自杀未遂之后，接近死亡的体验使萧乾重新面对生命时变得更加通透，放下了一些从前在意的，珍惜以前容易忽视的一些事物。他说，"人在一场假死之后，对生与死有了崭新的认识。从此，它使我正确地面对人生了。死，这个终必到来的前景，使我看透了许多，懂得生活中什么是珍贵的，什么是粪土；什么是持久，什么是过眼烟云。我再也不是雾里看花了，死亡使生命对我更成为透明的了……死亡的必然性还使我心胸豁达，懂得分辨生活中各种事物的性质和分量，因而对身外之物越看越淡……在自己的位置上尽了力，默默无闻地做了有益于同类的事，撒手归去，也会心安理得。"[1]

当一个人开始意识到死亡的必然性时，也许他对生命的觉察就开始了，能够重新审视自己的需要和追求。很多东西其实没有那么重要，重要的东西也没有那么多。之前那些很重要的东西，在我们认识了死亡之后可能会变得不那么重要。当打破这许多"我需要……"带来的禁锢之后，人才能走出自我，活得更加轻盈和自在。对死亡心存敬畏，会

1　萧乾.萧乾散文[M].杭州：浙江文艺出版社，2000：328-329.

让我们更加珍惜生命，关注自己的生存状态，留意他人的痛苦，并产生关爱的情怀。[1]

史铁生在《我与地坛》中写道："我一连几小时专心致志地想关于死的事，也以同样的耐心和方式想过我为什么要出生。这样想了好几年，最后事情终于弄明白了：一个人，出生了，这就不再是一个可以辩论的问题，而只是上帝交给他的一个事实；上帝在交给我们这件事实的时候，已经顺便保证了它的结果，所以死是一件不必急于求成的事，死是一个必然会降临的节日。这样想过之后我安心多了，眼前的一切不再那么可怕。比如你起早熬夜准备考试的时候，忽然想起有一个长长的假期在前面等待你，你会不会觉得轻松一点？并且感激这样的安排？"[2]

史铁生说，当他这样想后就轻松多了，自由多了：既然死是一件无须着急去做的事，为什么不活下去试试；腿反正是完了，试一试又不会额外再有什么损失，说不定倒有额外的好处。如果活着，就用尽全力；如果悲伤，就放声哭泣。在了解死亡是一件自然会发生的、谁也无法逃避的事情后，人们可能就会仅仅因为活着而愿意好好活下去。一旦我们接受了死亡迟早会来临，抱着自己肯定会死的想法活下去，甚至把死亡当作一件上天安排好的奖赏，能够坦然赴死，那么我们便获得了面对死亡的自由。

死亡一直都在向我们走来，它透过很多方式来临，并非只在我们死的那一刻才来。如果你深入地看，具有穿透力地看，你将会看到每一个片刻都在改变，你每一个片刻也都在死，有某种东西从你身上溜出，有某种东西进入你的存在。[3]死亡无处不在，仿佛悄无声息地流淌着的时间或者包裹着我们的空气一般，所以我们很容易忽视它。

1　逢尘.天堂印象:100个死后生还者的口述故事[M].北京:外文出版社,1999:264.

2　史铁生.向死而生[M].南京:江苏凤凰文艺出版社,2016:71.

3　奥修.死亡[M].林国阳,译.上海:上海三联书店,1998:109.

生活中碰到的每一件事物都有它存在的意义。要活在当下，不念将来，就得放下过往的种种烦恼和悲伤，如此我们每一天就都是新的，也都在了断。我们既然无法改变必死的结局，不如与死亡和解，带着将死的信念好好享受每一刻的宝贵时光，谨慎对待自己生命中的每一件事和每一个选择。

在 16 岁到 19 岁，荣格阅读了大量的哲学著作和文学作品，研究了毕达哥拉斯、赫拉克利特、柏拉图、歌德、叔本华、康德等人的思想，在就读医学院一段时间之后，他对世界和人生的态度发生了"革命性"的改变。他在《荣格自传：回忆·梦·思考》里写道："以前，我一直胆小羞怯，充满了不信任，苍白瘦弱，而且显然健康状况不稳定；而现在，我却开始对所有的方面产生了极大的求知欲，我知道自己需要什么并动手去追求它。我也变得明显不那么落落寡合，而是喜欢与人交谈了。我发现了，贫困对人并无妨碍，也远不是产生痛苦的主要原因，有钱人的孩子并不比衣衫破旧的穷孩子有什么优越性。幸福与否有着远更深刻的原因，而不是取决于一个人口袋里装有多少钱。"[1]这样的一种转变使一直困扰着荣格的迷雾慢慢消散了，他那沮丧的思想状态也有了好转。

生命的觉醒体验往往很震撼，这种震撼有时可以让我们不再恐惧死亡，对生命心存敬畏、谦卑和感恩，并促使我们更加真诚地活着，知道自己在有限的人生里应该做什么以及应该怎么做。但是，生命的觉醒体验往往很短暂。如何才能将这种短暂的体验转化为持久的力量，最终发掘出人内在的生命力量呢？

二、接纳死亡焦虑

列夫·托尔斯泰在《忏悔录》中讲述了这样一个寓言故事："一个

1　荣格.荣格自传：回忆·梦·思考[M].刘国彬，杨德友，译.上海：上海三联书店，2009：55-56.

旅人在草原上碰见一头发怒的猛兽，急忙逃进枯井里，却看到井底伏着一条凶龙，正张大嘴巴要把他一口吞下。这个倒霉的旅人不敢往井外爬，怕被发怒的猛兽咬死；但又不敢往井底跳，成为凶龙的口中之物。他抓住井壁上野生的树枝，把身子悬在那儿。他的两只手渐渐没有力气了，他感到不用多久必定会把命送掉，死神正在井里井外等着他呢，但他一直在坚持着。当他不肯松手的时候，他四面张望了一下，发现了两只老鼠，一只黑，一只白，在他抓着的树枝上慢吞吞地绕着转，啃着树皮。眼看树枝快要折断了，他也即将落进龙口。旅人看到了这一点，明白自己必死无疑。当他悬着的时候，他又看了看四周，又发现树枝叶子上有几滴蜜汁，于是就伸出舌头舔到嘴里。"[1]

不仅在理智上而且在情感上，我们必须接受死亡是生命周期的一部分。只有人才会意识到自己终将死去，而只有将死亡带入我们的生命，接受它，直面它，我们才有可能摆脱死亡焦虑和生活的琐碎，也只有这样我们才能自由地成为自己。每个人都必须适应自身会死这一现实，事实上，对死亡现实的接受也许可以被看作个体情绪成熟的标志之一。[2]如果我们的内心充满着死亡焦虑，逃避各种可能导致死亡的危险，我们就很难活得轻松自在。

接纳死亡，不仅要正视死亡，承认死亡是生命的自然组成部分，而且要接纳自己不知何时会死的不确定性，我们才能获得一种视死如归的自由。古语有云："正受不受"，意思是正面接受就会成为没有接受的状态。相反，不愿意接受就会反受其害。譬如，偶尔的失眠是一种相当正常的现象，但如果你对此感到担忧，并企图和它对抗，那么偶尔的失眠就会演变成经常性睡眠。

1　托尔斯泰.托尔斯泰散文选[M].刘季星,译.天津:百花文艺出版社,2009: 57-58.

2　范德赞登,克兰德尔,克兰德尔.人类发展[M].8版.俞国良,黄峥,樊召锋,译.北京:中国人民大学出版社,2011: 729.

荣格说："只有当你接受死亡，对最微小的事情的喜悦方会来到你身上。但若你贪婪地追求你还可以活着的，那没有什么会大得可以满足你，而围绕着你的那些最小的事情也不再是喜悦。我因此期待死亡，因为它教我生活。"[1] 只有接受死亡，接纳脆弱的、必死的自己，我们才能活在当下，活得自在。相反，若是不愿意接受死亡，我们也就不会自由。

接纳死亡，并不意味着在亲人去世时不悲伤，也不意味着面临死亡时不恐惧。悲伤、沮丧、恐惧亦是我们生命中的一部分，正是这些情感使我们活得真实。只是在悲伤和恐惧来临时，我们不要被其压倒。这些悲伤和恐惧不仅包含生命的脆弱与无奈，也提醒我们时间的紧迫与宝贵，促使我们学会珍惜和感恩每一个当下。

只要活着，我们就免不了会对死亡感到恐惧和焦虑。相反，越是想要根除死亡焦虑，对死亡的焦虑反而会越强。若是我们一味地想要消除死亡恐惧，死亡恐惧反而可能会被放大，最后也许发展到对死亡的压抑和否认。[2] 而压抑和否认都只是在逃避问题，并不是在解决问题。唯有接受死亡恐惧，在不安和恐惧中生活，任其不安而后方能安。

倘若我们认同自己的存在只有身体，那么死亡就意味着生命的彻底毁灭，自然就会万分恐惧。如果我们相信我们的存在还有精神，那么死亡可能就只是让我们换了一种存在的形式而已。我们的肉体逃脱不了一死，然而我们的精神却可以不受死的束缚。一个人越是把生命置于动物性层面，他的自由便会越受到束缚。而如果我们认为死亡并非终结，那么可能就不会那么焦虑了。

死亡并不可怕，可怕的是对死亡的恐惧。如果我们沉浸在对死的恐

1 荣格.红书[M].林子钧，张涛，译.北京：中央编译出版社，2013：120.
2 云格尔.死论[M].林克，译.上海：上海三联书店，1995：115.

惧中，只想着自己的生命迟早有一天会结束，并且让这个想法控制住我们的话，那我们可能就会丧失活着的动力。如果你不接纳死亡，那么你就会拒绝更多的事情：任何会使你想到死亡的事，使你感到不安全的事，你都可能会排斥和回避。

我们可以希望永生，但也只是希望。如果有死后的生活更好，没有的话，也不用去希求。重要的不是一定要追求永生，而是面向死亡活好现在。当死亡来临时，我们既不必沮丧，也不用兴奋。既然无法改变必死的命运，不如勇于承担起生命的责任，享受生与死之间的这段时光。我们要做的就是在死亡到来之前，珍惜有限的生命时间去实现人生的价值。

直面死亡，需要智慧和勇气。要走出自我，摒弃自我重要感，更不是一件容易的事。面对生命的短暂，我们必须学会臣服。臣服在这里指的是全然拥抱当下的变化，放下对死亡徒劳无功的抗拒。当我们能够接受死亡，顺从事理，不期待无限的生命，也就不会那么恐惧突如其来的死亡。当我们愿意放弃永生渴望，敢于经历生命不会永恒的焦虑，我们也就能脱离虚妄的安全感。

当死亡来临时，曾经的梦想和抱负，倘若尚未实现，也只能暂且搁置一旁。无论如何，它们都属于过去了。死亡要求我们降低欲望和期待，看淡痛苦和快乐。正如张载在《西铭》中所写的："富贵福泽，将厚吾之生也；贫贱忧戚，庸玉汝于成也。存，吾顺事；没，吾宁也。"放下对死亡的恐惧，并且把每一刻当成在人世的最后一刻，我们才能真正开始过生活。

三、超越生死对立

> 天下皆知美之为美，斯恶已；皆知善之为善，斯不善已。
> 故有无相生，难易相成，长短相较，高下相倾，音声相和，前

后相随。[1]

——老子《道德经·二章》

世间万物都是相生相克、相辅相成的。有得才有失，尝过苦才知道甜的滋味。若没有死，又何来生？对立的双方亦互相依存，任何一方都不能脱离另一方而单独存在。若没有死亡，所谓的生命又会是什么样子呢？

庄子在《庄子·齐物论》里写道："虽然，方生方死，方死方生；方可方不可，方不可方可；因是因非，因非因是。是以圣人不由而照之于天，亦因是也。是亦彼也，彼亦是也。彼亦一是非，此亦一是非。果且有彼是乎哉？果且无彼是乎哉？彼是莫得其偶，谓之道枢。"[2]庄子这段话的意思是说，价值判断具有相对性，是非相因而生，有是即有非，有非即有是；圣人不走是非对立的路子；相对的双方可以互易，此方可为彼方，彼方亦可为此方；彼与此、可与不可的差别对立与纷争乃是人的主观作用。[3]

世间本无善恶之分，好与坏不过是人给事物打上的标签。令人遗憾的是，我们很容易下意识地对他人生出偏见，而且这样的事情每时每刻都在发生着。某一东西被我们体验为善或恶，主要取决于我们的主观判断。而对同一事物好坏优劣的判断并非一成不变，会因时因地因人而异。大多数人都贪生怕死，所以认为生就是好的，而死就是不好的。或许，死之于我们最大的善，就是让我们在战栗中体悟到生之可贵。

我曾行善又作恶，

1　王弼.老子道德经注[M].北京：中华书局，2011：7.

2　郭象，注.成玄英，疏.庄子注疏[M].北京：中华书局，2011：35-36.

3　陈鼓应.中华传统文化百部经典·庄子[M].北京：国家图书馆出版社，2017：48.

我曾作孽又积德，

公正和偏私的事我都干过；

我处决过别人，却又被人处决；

我经历过出生和死亡，

快乐和痛苦，

天堂和地狱；

最后我领悟到：

我存在于一切之中，

而又包含了一切。[1]

——哈兹拉特·伊纳亚特·可汗

　　世间没有绝对的善恶对错，我们不能轻易评判他人。一旦将事物分为两极，例如好坏、善恶、大小、高矮等，就意味着理解是部分的、片面的。一个人可以反复思虑憎恶或不道德的念头，但这并不妨碍他的人性中充满卓越、高尚和创造力。那些强烈反对他人或偏执于某种信念、认为凡事非好必坏的人，往往会表现出极强的攻击性，以至于他们很难接纳人性和事物的复杂性。我们活得越久，经历的邪恶便会越多，应该承认并勇于接受自己的脆弱、缺陷和邪恶。我们不再相信自己崇拜的英雄绝对善良，同时相信坏人也有可取之处。当我们对待自己的人生有一种轻松的态度和灵活的变通性，我们的痛苦和执迷也会随之减少。

　　人如果同时觉察到自己的阴暗面和光明面，他就是在从两面看自己，并因而能够把握住中道……在对立双方的后面和中间存在着真正的现实——它能看见和领悟整体。[2]一旦人们体会过站在对立双方之间做出判断是怎么回事，他就会逐渐懂得人性的复杂，不再妄加评论。超越对立，

1　德特勒夫森，达尔克.疾病的希望[M].贾维德，李健鸣，译.沈阳：春风文艺出版社，1999：304.

2　荣格.精神分析与灵魂治疗[M].冯川，译.南京：译林出版社，2014：114.

还意味着我们要学会容纳一切，对未知的事物抱持开放和包容的态度。对人对事，我们不再妄下断论，不固执己见和自以为是。一个接受的生命，它会接受所有的对立面，把死亡当作存在的最深的一部分来接受。只有在一个开放的心灵里，才可能对自我和人类的未来保持一种乐观而谨慎的态度。

人们很容易陷入非此即彼的思维陷阱，习惯于通过消除对立面的一方来解决问题。我们常常这样想，如果能够去掉对立面中不好的或不想要的那一面，我们就会幸福快乐。但是，执着于爱恨，必生痛苦；执着于好坏，必生烦恼；执着于生死，必生恐惧。如果你总在对立的两者之间取舍、争斗，例如爱和恨、生与死的愿望、依赖与独立的需要，那么你就容易焦虑不安。我们越渴望快乐，就越想逃避痛苦。

老子在《道德经·五十八章》中写道："祸兮福之所倚，福兮祸之所伏。孰知其极？其无正？"[1] 塞翁失马的故事也说明，祸福是可以相互转化的。当痛苦来临时，我们不再一味地去消除痛苦，而是接纳痛苦本身存在的合理性，再去寻找痛苦背后那个真正的问题，去觉察自己需要治愈的那个部分。相反，我们越是将自己禁锢在痛苦的情绪里，就越无法走出痛苦。

苏格拉底说，所有的生物皆生于死，灵魂在进入人体之前就已经存在。[2] 生与死是一种交替，死亡是另一种生命形式的开端。生和死就是一体两面，没有死也就没有生。正因为我们怕死，所以才把生和死分开。克服死亡恐惧的根本之道，也许在于摆脱生与死的对立。我们越是贪恋生命，就越恐惧死亡。唯有破除对生的执迷和对死的恐惧，才能安住于无常，顺其自然。

---

1 王弼.老子道德经注[M].北京：中华书局，2011：156.

2 柏拉图，等.哈佛百年经典：柏拉图对话录：申辩篇、克利同篇、斐多篇；爱比克泰德金言录；马库思·奥勒留沉思录[M].张春，朱亚兰，译.北京：北京理工大学出版社，2014：63.

否认、压抑、隔离死亡，或用各种方式防御死亡恐惧，只会持续地消耗我们的心力。活在否定死亡的生活中，我们可能无法面对生命的真实，也无法自在地生活。当你追求永生时，死亡恐惧就跟在你身后。只要仍执念于追求永生，就说明我们仍在恐惧死亡。或许只有抛弃追求永生的欲念，我们才能够理解永恒。

> 生也死之徒，死也生之始，孰知其纪！人之生，气之聚也。聚则为生，散则为死。若死生为徒，吾又何患！故万物一也。[1]
>
> ——庄子《庄子·知北游》

在庄子看来，死生是同一事物的永恒轮回，个人生命由生至死的转化是永恒的道的一部分。生是死的连续，死是生的开始，生死是不断转换的。人的生命是气的聚合，人的死亡是气的离散。既然生死之间的界限不是绝对的，就没有必要去追求不死之道。

叔本华认为，对大自然而言，一个个体的生与死毫无区别；因此在某种意义上，对我们而言，生与死也应该毫无区别，因为我们本身就是大自然。[2]生与死没有本质上的对立。生也是某种意义上的死，死并不意味着彻底完结。死寓于生，生趋向死。死亡先于生命而存在，并包含在生命之中。一个人超越了生死的对立，便不容易执着于生死，既能肯定生命，也能肯定死亡。

布朗在《生与死的对抗》中写道："生本能与死本能的重新统一便会是一种生命的安宁状态——这是一种完满的、无压抑的生命状态，是

1　郭象, 注.成玄英, 疏.庄子注疏[M].北京: 中华书局, 2011: 391.

2　尼采, 叔本华, 等.生死, 最漫长的告别[M].王绚祯, 李娟, 等译.南京: 江苏凤凰文艺出版社, 2017: 205.

一种自我满足、自我肯定的生命状态。"[1] 正是在生本能或死本能受到压抑的情况下，寻求本能满足的努力才在人身上制造出一种躁动不安的追求。人身上生本能与死本能的统———旦破裂，其结果就是使人成为历史性的动物。

> 智者没有荣誉，没有尊严，
> 没有家庭，没有姓名，没有国家，
> 他只有生命供他生存。[2]

一个人不贪恋身份，不执着过往，不畏惧未来，便能生死泰然，自在地面对死亡。如果我们把自我价值建立在财富和权力上，而不是自身的能力与创造性上，便容易造成自我疏离。如果我们只是由附属于我们的一大堆标签组成，但倘若它们没有了，我们也就容易丧失自我。

四、生命是自足的

> 知人者智，自知者明。胜人者有力，自胜者强。知足者富，
> 强行者有志，不失其所者久，死而不亡者寿。[3]
>
> ——老子《道德经·三十三章》

我们常常将圆满的生活寄托于未来或别处，而不是专注于此刻和当下。因为我们永远不会感到"足够"，所以对生活感到满意的方式并非通过积累物质、体验或声望，满足于享受自己现在所拥有的才是人生快

1　布朗.生与死的对抗[M].冯川, 伍厚恺, 译.贵阳: 贵州人民出版社, 2009: 79.

2　卡斯塔尼达.解离的真实: 继续与唐望的对话[M].鲁宓, 译.北京: 北京联合出版公司, 2018: 96.

3　王弼.老子道德经注[M].北京: 中华书局, 2011: 87.

乐之本。[1]知足者富，把握好欲望的边界，对所拥有的感到满足，对失去的东西不再留恋，我们就可以处于一种"富"的状态。当我们自足、感恩，也就不容易郁郁寡欢地沉浸于自己无法掌控的事情里。

当死亡临近时，大多数人都会回顾过去，并对自己曾经做过或没有完成的事感到愧疚或遗憾。但是，我们不能简单地把"活着是为了什么"简化成"人生的意义是什么"。人活着不是单纯地追求某些"意义"，所谓的"意义"也不能完全说明人活着。许多"人生意义"专家常常灌输一种思想，即活着就是"要有人生目的"的经营，斥责那些"不知自己要做什么"的人。[2]

活着本身就是一种意义。实际上，那些所谓的丰功伟绩、轰轰烈烈、千古留名终究只属于极少部分人，大部分人的一生基本上都是平平淡淡、默默无闻的，那么这样极其普通而平凡的生命难道就没有存在的意义了吗？

阿尔伯特·埃利斯认为，不需要成功和爱以及无法获得成功和爱并不会降低一个人的重要性。[3]我们不仅要相信自己的优点，也要全然接纳自己的弱点和不完美。一个人既有对他人的外在价值，也有对自己的内在价值。自尊就培植于我们对自己无条件的爱，对每时每刻的体验都予以接纳，并认清自己与生俱来的宝贵价值。当我们发展出与自身缺陷共存的能力，有能力肯定和接受自己时，我们就有能力去改变我们能够改变的，接纳我们不能改变的。

我们很难保证有人会无条件地接纳我们，但我们可以去做到无条件地自我接纳和自我肯定。"我乐于接受自然赋予我的一切权力，当我应

1　麦克威廉斯.精神分析诊断：理解人格结构[M].鲁小华，郑诚，等译.北京：中国轻工业出版社，2015：178.

2　余德慧，李宗烨.生命史学[M].重庆：重庆大学出版社，2016：55.

3　埃利斯.无条件接纳自己[M].刘清山，译.北京：机械工业出版社，2017：15.

该是个孩子时，我乐于做个孩子；当我应该是个聪明的老头时，我也乐于做个聪明的老头，我属于任何一个年龄，直到现在的我。"[1]如果我们找到了内心的喜乐和宁静，就相对能够以平和的心态面对生与死。当不再恐惧看见自己的情绪，越来越能够面对它时，我们就会越来越自在。反之，一个人若是稍不如意就有很强烈的情绪反应，那么他就很难自在地生活。

《金刚经》里说，一切现象都是"无所从来，去无所去"。弗洛姆曾说，"如果说我存在，那我就是我，而不是我所占有的东西。任何人都不能盗取我什么，也不会威胁到我的安全感和个性。我的中心就在我自身。"[2]作家余华在其小说《活着》中也传递了这样一个观点，即"人是为活着本身而活着，而不是为活着之外的任何事物而活着"。换句话说，人是为了存在本身而存在，而不是为成为什么东西而存在。

> 祸莫大于不知足，咎莫大于欲得，故知足之足，常足矣。[3]
>
> ——老子《道德经·四十六章》

一个自足的人，不管身处何种境地、在做什么，都会感觉到满足。只要心能感到满足，那自然没有贪与瞋的烦恼。如果我们能全然活在当下，全然接受生命本来的样子，不受外物和环境的影响，那么无论富贵或贫贱、患难还是平安，我们都能适应自身处境，并自得其乐。

知足常乐，乐在怡然自得、从容把握。这要求我们从培养自己的心态做起，去改变我们能改变的并接纳我们不能改变的，而不是一味地试图改变他人或外部环境。禅宗有云："搬柴担水，无非妙道。"近代禅

---

1 阿尔博姆.相约星期二[M].吴洪，译.上海：上海译文出版社，2007：124.

2 弗罗姆.占有还是生存[M].关山，译.北京：生活·读书·新知三联书店，1989：117.

3 王弼.老子道德经注[M].北京：中华书局，2011：129.

师虚云法师更是直言：衣食住不离道，行住坐卧不离道，八万细行不出四威仪中。倘若我们有愿力，就能在日常的吃穿住行中体会到生命之美。当一个人感觉到自己内心空虚时，他体验到的周围世界也是干涸的；相反，当一个人能够将自己体验为一个自足的人，那他也会容易体验到自身与大自然的合一关系。

很多时候因为我们没有找到内在的力量，所以才总是向外寻求。殊不知，意义不是来自外在的财富和地位，不是来自生命的长生不老或是子子孙孙没有穷尽，而是来自我们自身所拥有的生命力。生命力是这样一种力量，它使人超越自己而又不失去自己。有了这样的生命力，生命就能怡然自得。

一个自足的人知道自己不可能逃离死亡，他只能依靠一件事，那就是他做决定的力量，能够在生死之间自由抉择。他能够确立自己的价值观，并运用到现实的生活中，按照自己所相信的去生活。当我们感到自身已经充足，就不用刻意向外寻求。

生命要往哪里去，我们可能并不知道。我们也不知道自己何时会死，但不必因此而恐慌。发狂般地与时间争战，可能暗含有强烈的死亡焦虑。放下对一切的执着，你的死亡焦虑自然便会减少。当我们指望着明天，可能就会浪费了今天。如果这一刻的存在只是为了迎接下一刻，那这一刻的存在也就丧失了意义。当你到达"那里"时，也许所谓的那里并不存在。《金刚经》里也有言"应无所住，而生其心"。因为无住，而无所不住。

每天都可以成为充满生机的一天。我们既不应因牵挂未来而思绪不宁，也不应沉湎于对往事的追悔惋惜。我们无法掌控一切，无论我们喜欢与否，未来都会如期而至。陶渊明在《形影神赠答诗》中写道："纵浪大化中，不喜亦不惧。应尽便须尽，无复独多虑。"人生就是活在当下。正如史铁生所说，生命的意义就在于你创造了生命过程的美好和精彩，能够热情而激动地欣赏生命的美丽和悲壮。[1]唯有能在当下生活中体会到生命的美好和奇妙，"觉知"状态才能够长久保持。

我们应以开放的态度来对待死亡，不论它是生命的结束，还是生命的另一种开始。爱比克泰德说，"我必须死，如果是现在，我就准备去死。如果是过一会儿，我就先吃饭，因为现在是吃饭的时间；等吃完饭，我再去死。"[2]每个人都会死，该来的总会来，但此刻我们愿意继续活下去，笃定地活在当下，过好我们现在的生活。

我们总是放不下过去，寄希望于未来，常常吃饭的时候想着工作，睡觉的时候想着未完成的事，工作的时候计划着假期，以至于极少真正活在当下。当我们无法自足时，我们总会寄望于尚未拥有的东西；而一旦得到它，我们又常常不满足；如此循环下去，直至生命的最后一刻，我们可能从未在自身的生命当中获得完全的满足。当我们想在未来寻找满足，每一个当下反而变得贫乏起来。

无论身处什么样的环境，身处什么样的境遇，顺境或逆境、富有或贫穷、健康或疾病、儿女成群或孤独一人，我们都始终拥有选择自己态度和生活方式的自由。我们需要学会安于当下，顺意而活。徐志摩在《再别康桥》里写道：悄悄的我走了，正如我悄悄的来；我挥一挥衣袖，不带走一片云彩。人生，也许如此正好。

五、真正的自由

> 自由的人绝少想到死；他的智慧不是死的默念，而是生的沉思。[3]
>
> ——斯宾诺莎《伦理学》

---

1 史铁生.向死而生[M].南京：江苏凤凰文艺出版社，2016：112.

2 爱比克泰德.沉思录[M].陈思宇，译.北京：中央编译出版社，2009：141.

3 斯宾诺莎.伦理学[M].贺麟，译.北京：商务印书馆，2009：222.

当我们把所谓的成功视为生存的根本要义时，那么我们的恐惧恐怕不再是指向死亡，而是指向自己能否功成名就。一旦当我们试图去拥有什么，我们同时也会被它所限制。而且，每当达到某一成就之后，我们又会发展出新的或更高的成就标准，或是发现其实并不像自己所想的那样。例如，在还没有生育子女之前，我们渴望通过繁衍后代来追求永生；但是在子女出生后，我们又会焦虑子女的未来发展，忧虑自己早死会使子女无法得到更好的养育。死亡焦虑似乎并没有随着孩子的出生和成长而得到消解，反而可能会有所增加。

赫胥黎说过，"我相信人生是值得活的，尽管人在一生中必然遭遇痛苦、卑劣、残酷、不幸和死亡的折磨，我依然深信如此。但我不认为人生一定要有意义，只是对大多数人而言，他们可以使人生变得有意义……我不认为人在宇宙中或生存期间一定要有什么天赋的目标要去实现，也不认为人非要达到某种令人满足的目标不可，我只是相信这种目标可以被某些人所达到。"[1] 依靠意义的保证而活的人是不自由的。一个人的自我越是不稳定，就越无法肯定自己的价值，于是就向外寻求。

我们应该坦然地接受所发生的一切，无须留恋过去，也不必过度执着于自己的计划、希望和期待。当我们对他人和自己有很高的期望时，我们就容易变得紧张而严厉，其中还夹杂着少许的恐惧；当我们适当降低期望时，就容易放松下来。余华在《活着》的韩文版自序中写道：活着就是去忍受生命赋予我们的责任，去忍受现实给予我们的幸福和苦难、无聊和平庸。人生，或者说死亡，有意义也好，无意义也罢，我们都不去排斥它。我们之所以不能过得自在，就是因为有太多的挂碍。

　　我活着，不知活多久，

1　余虹.人生天地间[M].北京: 中国人民大学出版社，2004: 112.

> 我将死，不知何时死，
> 我出游，不知往何方：
> 我惊奇，我多么快乐。[1]

弗兰克尔说，生命的意义感只会随之而起，不可能靠刻意的追求来得到：它永远是一种衍生而来的现象，当我们超越自我，当我们专注于他人或他物而处于忘我的境界，它便会出现在我们的体验中。[2]当我们能够做本然的自己，自我感和内心的状态不再依赖于是非判断和道德判断，我们就不会那么恐惧了。俗话说：一念放下，万般自在。放下自我是一个人获得内心宁静、化解内心冲突的重要途径。

余德慧说："我并没有任何鄙视'事业'的想法，而是想把'活着的命运'显露出来；我也不反对人把'事业'当作'活着的意义'，但是反对把'事业'覆盖在'活着的命运'上面。"[3]我们可以追求功名，可以有"事业"，但不是企图去证明什么，因为活着的意义并不完全依靠这些。一个人如果把取得的社会成功等同于自身的价值，一旦无法完成现实的或想象中的成功时，整个人便可能随之萎靡不振。追求事业，有它的意义所在，但也可能筑起禁锢生命的牢笼。背负着期望的重担而生活会令人疲惫不堪，人生真正重要的东西并没有那么多。

那种要么重于泰山、要么轻于鸿毛的两极式的人生意义赋予方式，反而会给我们带来更多的迷茫、失落和焦虑。我们不要让追求不朽的意义的驱动力成为我们活着的羁绊，我们需要放下对于永生、无所不能和建立宏图大业的幻想。为追求不朽而努力证明自身的价值，也许是另一种形式的自我防御机制。或者可以说，不是对死亡的恐惧造成了追求不

1　舍勒.死·永生·上帝[M].孙周兴，译.北京：中国人民大学出版社，2003：26.

2　亚隆，莱兹克兹.团体心理治疗——理论与实践[M].5版.李敏，李鸣，译.北京：中国轻工业出版社，2010：13.

3　余德慧，李宗烨.生命史学[M].重庆：重庆大学出版社，2016：56.

朽的渴望；恰恰相反，正是追求不朽的渴望造成了对死亡的恐惧。[1] 接受无意义本身就是有意义的事，在没有"事业"赋予生命意义的情况下好好活下去需要极大的智慧。

人是一种渴望超越的存在，他不断造就自己，又不断地扬弃自己。人的一生其实就是在不断自我创造的过程。正是在不断自我扬弃、自我突破、自我超越的过程中，自我的完整性才逐渐丰富和达成。当我们把人生界定为"一个人一生的人格完成"，而不是事业成就，至少解决了我们过度注重生活意志的难题，愿意把"对物的流转"转化为"自我的完成"。[2]

　　为者败之，执者失之。是以圣人无为，故无败；无执，故无失。[3]
　　　　　　　　　　　　　　　　　　　　——老子《道德经·六十四章》

庄子《庄子·养生主》写道："适来，夫子时也；适去，夫子顺也。安时而处顺，哀乐不能入也，古者谓是帝之县解。"[4] 春有百花秋有月，夏有凉风冬有雪；若无闲事挂心头，便是人间好时节。我们怀抱希望，但又不依赖于希望。我们可以朝一个方向走，但不必非得为了一个最终的目标。如王羲之在《兰亭集序》所写：虽趣舍万殊，静躁不同，当其欣于所遇，暂得己，恬然自足，不知老之将至。

一个自由的人，他自然随性，不怕自己的欲望，敢于面对真实的人性。正如孔子所说的"从心所欲，不逾矩"。当人们能够顺心而为，言行自然而然地符合礼制，胸怀跟宇宙一样宽广，能够向整个世界开放，他们就获得了自由。这并不是说这样的人就没有自我约束，而是说他们

1　魏宁格.性与性格[M].肖聿，译.北京：中国社会科学出版社，2006：145.

2　余德慧.中国人的生命转化[M].台北：张老师文化事业股份有限公司，1992：103.

3　王弼.老子道德经注[M].北京：中华书局，2011：170.

4　郭象，注.成玄英，疏.庄子注疏[M].北京：中华书局，2011：70.

不用去证明自己是有德性的，一定程度的自我约束都是从心而为，而非外界强加于他们。这样的人恬淡而自得，活着就只是为了活着，甚至不需要勇气。

"当我们到达了自己最为真实的天性时，就获得了自由。一位艺术家，在他发现艺术的理念时，他也就发现了艺术的自由。随之他就从苦于模仿的艰辛中获释，从取得世俗认可的目标中解脱。"[1]

一个人很难通过学习某种固定模式或道德规范而成为君子，除非他已经同自己的内在自我取得协调，以一种既定的行为模式为榜样来规范自己的生命乃是一种狭隘而囿限自己的经验。[2]从这个意义上讲，没有一个恶人是自由的人，因为没有一个恶人能够想怎么生活就怎么生活，我们有谁见过一个恶人能够生活得自由自在，没有悲伤，没有恐惧，永远不会落入自己希望回避的东西里呢？[3]一个人知道自己在作恶，也许这就已经是在对他进行惩罚。

自由不意味着不受任何限制，而是意味着不被体验的任何特定方面所缠住，能够自我抉择以及承担相应的结果。诚然，我们生活的一部分由我们左右不了的因素所决定，但我们可以有方向感，可以有自己的理想和生活追求，并朝着理想奋发努力。[4]即使人的行为受制于外部的力量，我们仍可以相信自己能够自由选择。自由还意味着一旦经过深思熟虑，认定行动方向是明智的，就不再轻易怀疑自己的判断。

1 泰戈尔.生之实现[M].王瑜，译.北京：北京时代华文书局，2018：48.

2 杜维明.《中庸》洞见[M].段德智，译.北京：人民出版社，2008：31.

3 爱比克泰德.爱比克泰德论说集[M].王文华，译.北京：商务印书馆，2009：457.

4 荷妮.神经症与人的成长[M].陈收，等译.北京：国际文化出版公司，2007：157.

　　"有的时候我也会想象，如果换成是我身患绝症，将不久于人世，我会做何反应？我的想象是非常有局限性的，因为它只停留在想象上面，只是一种猜测。我希望，到时候不要变得惶惶不可终日，应该尽量保持冷静。我想，这也是每个人都希望的吧。"鲁培希特·施密特笑了起来。他已经放弃了要在事前找到答案的想法，这种答案根本不存在，而这样反而更好。[1]

　　斯宾诺莎在《伦理学》中说，自由的人遵循理性的指导而生活，他的智慧在于思考人生而不是思考死亡。死亡使活着成为一件紧迫的事，也构成了它的真实——让我们确实知道自己活着，而活着的重点在于行动。唯有在行动之中，我们才能表现我们的本性和自由。我们真正的自由，不是脱离行动的自由，而是行动之中的自由——自觉地接受生活的挑战，向死而生。

　　每个人的天空，都不会永远阳光灿烂；但阴暗的日子不会太长久，绚丽的曙光正是在黑夜里孕育而生。死亡的阴影似乎总陪伴着我们，但是，我们依然可以对生活永葆热情。生命并不是赶往一个不断接近的未来，亦不是渴求回到一个想象中的过去。生命的意义在于体验当下，对生命始终保持惊奇，把自己投入到生命的自然韵律中。

　　生命来之不易，生而为人真好。生命真正有意义的事情就是好好活下去，每一时刻都好好活着。泰戈尔说：我们在热爱世界时便生活在这世界上。[2]一个自由的人，也必然是一个热爱生命的人，一个能够全身心地投入和拥抱生活的人。热爱你的生命，健全你的生命，让生命的过程更加灿烂美丽。

1　施密特, 席帕.生命的余味[M].张晓蕾, 译.长春：吉林文史出版社, 2010：43.

2　泰戈尔.泰戈尔诗精编[M].冰心, 郑振铎, 译.武汉：长江文艺出版社, 2014：118.

死亡先于我存在

如果死是不可避免的，
我乐意死时死；
如果死是完全的毁灭，
我愿复归于虚无；
如果死随时会来。
我可以随时死去；
如果死是不可逆的，
我将为热情而活；
如果死亡有因果，
我就是那因果。

第四节　于关系中永生

如果不深究而仅从日常生活来看，我们其实是为别人而活着——首先是为这样一些人，我们的幸福取决于他们的快乐和健康；其次是为那些并不认识的人，因为同情，我们的命运被拴在了一起。我每天都要上百次地提醒自己：我的精神生活和物质生活都凝聚着他人（包括生者和死者）的劳动，自己必须尽力工作以求等同地报偿我所领受过的以及仍在领受着的东西。我崇尚简朴的生活，时常为自己也许占用了他人过多的劳动成果而自责。[1]

——阿尔伯特·爱因斯坦

在我们出生之前，人类文明已经有数千年的历史，有无数人曾活过；

1　爱因斯坦.我眼中的世界[M].杨全红，译.合肥：安徽科学技术出版社，2010：3.

在我们死去之后，人类可能还会继续数千年的发展，甚至更久，还会有无数人活。宇宙浩瀚如此，我们所生存的地球不过沧海一粟，那么我们存在的意义又是什么呢？

中国文化自古以来就强调天地人与万物的和谐统一。在神话传说里，盘古开天辟地，以自己的血肉之躯化为万物，从此才开始有了日月星辰、山川河海。《周易·序卦传》云："有天地，然后万物生焉。盈天地之间者唯万物，故受之以屯。"[1]人与世间万物本就是血脉相连的，所谓人类不过是天地之间万物的一类。而且，天道与人道也是相通相连的。老子说："人法地，地法天，天法道，道法自然。"庄子在《齐物论》里说："天地与我并生，而万物与我为一。"人始终与天地万物相连，共同构成一个有机的整体。

整个宇宙就是一个大生命体，一个统一的生命大家庭，而人类只是其中的一员。人的生存和发展离不开自然环境。自然界不仅是人类活动的空间范围，也是人类物质生活资料的主要来源。汉代董仲舒认为，人与天是一个不可分割的整体，他说："何谓本？曰：天地人，万物之本也。天生之，地养之，人成之。天生之以孝悌，地养之以衣食，人成之以礼乐。三者相为手足，合以成体，不可一无也。"[2]在儒家哲学的观念里，天地万物之间有着根本的统一，我们必须认识人在世界之中的位置。

所有的事物都是相互联系、相互依存的，共同组合成了整个宇宙。我们在宇宙中如此渺小，犹如一粒微尘，可是我们同这些可见的或不可见的、局部的或整体的存在是联结在一起的。人类是大自然一部分，我们的生存发展等活动都与大自然息息相关。人是作为与其世界的关系而存在着的。每个人既是一个整体，同时也是更大的整体的一部分，这个

1 李申，等.周易经传译注[M].北京：中华书局，2018：281.

2 董仲舒.春秋繁露[M].张世亮，钟肇鹏，周桂钿，译注.北京：中华书局，2012：193-194.

更大的整体是家庭、社群、国家乃至整个宇宙生态系统。

整个宇宙中万物都是相互依存的，这种观念有助于我们将终有一死的命运放在一个无限广阔的背景中。体认到自己与其他生命及一切万物的相互联结，这让人在死亡面前可以感到宽慰。我们之所以产生死亡焦虑，很多时候是因为我们只看见自己，而没有看见个体与整体、有限与无限之间的联系。

关系理论认为，人的一生就是一个寻求和建立关系的过程。在生命的最初几年，婴儿必须至少跟一个人形成一种可靠的、稳定的养育关系，他们才能够感受到被爱和被关注着。这种关系主要是和母亲形成的，也可以是和其他养育者。人对关系的依赖不仅表现在生命早期的生存需要上，也体现在情感的需求上。一个人只有不断地增进与社会的联结，自我与人格的发展才得以可能。

人的生死问题必须纳入天地自然的变化过程中来加以思考。有时候人们害怕死亡，是因为他们把自己看作一个孤立的个体。因而，如果不能把自己的存在转换为更高级的整体的一部分，人将很难忍受生命的渺小与短暂，也就更容易被死亡恐惧所吞没。人希望从孤独中解脱出来，渴望成为一个伟大的整体的一部分，在感受到自身渺小和有限的同时，也看见自己与无限和永恒相联结。

这种联结感有助于我们相信死亡不过是这宏大生命体运转的一个过程。人类的反应，从来都是力图在超然之物面前保护人的意义，如果不向更高级的某物呼吁，如果没有来自某个超越世界的某种概念来支持人生之意义，人最出色的努力似乎也完全徒然。[1]

---

1 贝克尔.拒斥死亡[M].林和生, 译.北京: 华夏出版社, 2000: 140.

一、人是关系性存在

> 我们比野兽强，那只是因为我们生活在人类社会之中。一个人如果生下来就离群索居，其思想和情感中的原始性和兽性会达到什么程度，我们也许难以想象。个人之所以成为个人以及他的生存之所以有意义，与其说是得益于他人的力量，不如说他是人类社会中的一员，从生到死，其物质生活和精神生活皆受着社会的恩惠。一个人的社会价值主要取决于他的感情、思想和行动对人类的进步有过多大作用。[1]
>
> ——阿尔伯特·爱因斯坦

人的出生和成长都依托于生命的关系属性。人生来就有一种根深蒂固的需要，即积极主动地与他人发生联系。婴儿需要和养育者形成安全的依恋关系才能更健康地成长。相对很多动物一出生就具有很多技能来说，人类婴儿更为脆弱。在生命最初的阶段，我们必须要依赖养育者的喂养和保护才能够生存。从咿呀学语到长大成人，个体只有生活在群体中，保持人际互动，才能获得作为社会人的存在形式及其基本特征。

任何单独个体不能自我保护和生活的动物，出于生存和发展的需要，都要与其他同类群居。对群居的需求很早就植根于人类的生存条件之中。在远古时代，人类只有聚集在一起共同生活，才能对抗野兽的袭击，在恶劣的环境中得以存活下来。即使到了现代，每当大灾大难降临，例如地震、洪水、山火和瘟疫等，人与他人、群体之间的相互影响和关联就显得尤为突出。在危难时刻，人类只有团结在一起，才能聚集更多的力量共同战胜困难。

当人们受到威胁的时候，他们首先不是寻找一个可供庇护的地方（比如洞穴）来确保安全，而是寻找一个比自己更强壮、更智慧的人的陪伴

1　爱因斯坦.我眼中的世界[M].杨全红,译.合肥:安徽科学技术出版社,2010:3.

和支持。[1]如果我们找不到可以求助的人或没有人伸出援手，我们才会转而采取比较原始的求生方式：战斗或逃跑——击退攻击者或逃到一个安全的地方。也就是说，在遇到危险的时候，我们会本能地寻求身边的人或群体的保护和支持。根据约翰·鲍尔比的说法，生命的原始动机就是与他人建立联结感，这种联结感是让我们觉得安全的重要体验。

如今，人类虽已不再面临野兽攻击的威胁，但人类仍离不开相互依存。社会生态系统使得我们每个人都置身于彼此关联的关系网络之中。人与人之间的情感联结是应对压力和疾病最好的保护性因素，关系所提供的安慰和陪伴是通往复原与疗愈的最佳路径。即使是和宠物的情感联结，也会对我们的健康有保护意义。独自面对恐惧和悲伤本身就可能成为一种创伤。

依恋理论认为，与他人建立情感联结是人类的基本需要之一。出生之后，我们需要与母亲或其他养育者建立依恋关系来获得安全感，这是我们性格发展的基石。费尔巴哈说道：人当然并不是孤立地仅仅靠着自己便成了他之所以为他；他必须有另一些存在者的支持才能成为他之所以为他。[2]来自他人的爱和支持，以及与其他人的联结，使我们能够成长和发展。鲍尔比曾说：从摇篮到坟墓，人的生命都围绕着各种亲密关系展开，这些关系不断地塑造我们心理结构的发展。

依恋需求不仅包括希望与他人保持亲密关系，也包括从他人的肯定中获得快乐。如果依恋的对象扩大到某个群体，依恋需求就变成归属需求。人类总是生活在成员关系密切、持久的团体中，对归属感的需要是一种具有普遍性的强烈需求，没有深入的、积极的、相互的人际关系，个体和种族的生存都难以维系。归属感是我们身份认同的重要支撑，我

1　威廉.心理治疗中的依恋[M].巴彤，李斌彬，施以德，等译.北京：中国轻工业出版社，2014：15.

2　费尔巴哈.宗教的本质[M].王太庆，译.北京：商务印书馆，2010：3.

们都渴望自己能够在一段关系或某个群体中受到肯定和重视。只有在与他人建立正常、良好的人际关系时，个体才能认识到自我存在的价值，认识到自己对别人的意义。在阿德勒看来，每个人都有发展社会兴趣的潜能，如果一个人认识不到这种潜能，他就会成为精神病患者或者更糟的人，因此有没有社会兴趣是一个人心理健康与否的标准。[1]

沙利文认为，与他人建立亲密联系的需求同其他生物性需要一样是一种基本需求，人格的形成可看作是个体与生活中重要人物相互作用的产物。[2] 在他看来，我们是在与他人关系的背景下出生、发展和生活的，人格也只有在人际关系中才会显现自身。换句话说，一个人的人格不可能脱离开人与人之间的关系而存在。人与人之间关系的性质决定着人格结构的基本核心。

每一个个体的内心生活都是从其生活的文化历史环境中吸收其内容的。客体关系理论认为，人类行为的最终目的不是寻求驱力的满足和身体的愉悦，而是寻找并保持与他人有意义的关系，婴儿自出生开始就积极地与他人建立关系，人的自我也是在这种相互关系中得以诞生、形成和发展。人最终的目的是和另一个人保持关系，而非寻求满足享乐；婴儿的早期活动都是为了跟母亲有接触，后来则是为了与他人建立关系。[3] 婴儿出生后，如果其内在没有主动寻找"妈妈"的倾向，那么很可能无法存活或健康成长。

马克思（Karl Marx）曾说，人的本质不是单个人所固有的抽象物，在其现实性上，人的本质是一切社会关系的总和。一方面，每个人维持生活的本质因素都必须通过社会中的他人来实现；另一方面，人类相互

---

1 车文博，郭本禹.弗洛伊德主义新论（第二卷）[M].上海：上海教育出版社，2018：139.

2 亚隆，莱兹克兹.团体心理治疗——理论与实践[M].5版.李敏，李鸣，译.北京：中国轻工业出版社，2010：17.

3 贝特曼，霍姆斯.当代精神分析导论：理论与实务[M].樊雪梅，林玉华，译.台北：心灵工坊文化事业股份有限公司，2017：78.

之间结成的社会关系又构成了人类社会整体。人的生命只有通过人与人之间的联系才成其为实际生命，这一点尤其表现在人的相互需要上。一个人只有在现实的社会关系中，在与他人、社会的互动过程中，才能真正获得自己的存在和本质。

儒家以"仁者爱人"为出发点，认为社会是一种人伦关系的存在，把人的行为都纳入社会关系中去理解。个人的"身体我"虽然是独立的，"社会我"却镶嵌在一定的社会关系网络之中，而且"社会我"的边界会视其参与每一社会事件性质的不同而有所变化，它可以纳入家人、朋友、同事，也可以纳入社会中的其他人。[1]个人的生命只有通过与其他人的共存才能尽显其生命意义。人越是深入内在自我，就越能够发现人与人之间的深刻联结。

社会建构论认为，所谓的自我是一种关系性的自我，而不是一种以个体为中心的、自反性的、有界的自我，我们不是在孤立的状态中形成自我，而是在与他人的互动过程中形成和发展自我的。[2]自我不是个体自有的独特属性，而是社会交往和人际互动的结果。透过与他者及世界对我们的回应，我们产生反身性的理解，进而建立自我的概念。我们对"自我"的认识是在有他人反馈的互动、对话和交往中形成的。我们不应该把人格发展说成是一种导向越来越独立自主的个人自我的过程；相反，我们必须看到一系列不同种类的自我在其文化和家庭关系中的发展，其独立性和关系化的程度因背景不同而变化。[3]我们有多少个关系就有多少个自我，每一个自我对应一套不同的感受、记忆、态度和冲动。

换言之，自我是文化和关系网络的产物，我们是谁取决于我们与他

1　黄光国.儒家关系主义：文化反思与典范重建[M].北京：北京大学出版社，2006：63.

2　格根.关系性存在：超越自我与共同体[M].杨莉萍，译.上海：上海教育出版社，2017：75-108.

3　艾森卓.性别与欲望：不受诅咒的潘多拉[M].杨广学，译.北京：中国社会科学出版社，2003：67.

人和所处文化的互动。查尔斯·泰勒认为个人主体性的发展意味着对他人的依赖，他说："一个人只有在与其他人的自我发生关系时才是一个自我；在不参照他周围的那些人的情况下，自我是无法得到描述的。"[1] 著名歌手和词作者伦纳德·科恩（Lenoard Cohen）在一次采访中被问到是否认为自己是一位诗人，他回答说"这个判断不能由自己来下，只能由别人来下。"[2]

我们每个人都与其他人紧密地联结着。一个人自我功能的运作无法脱离其人际关系而独立存在。成长需要与他人建立联系，被他人赏识、认可有助于我们确立和强化自尊。当我们有规律地处于与他人真诚的情感联结之中，大脑就会缓慢地发生积极的变化。可以毫不夸张地说，我们的大脑"成长"于与他人的亲密接触和联结。我们的自我也只有在人际互动的前提和背景下，才可能逐步形成和发展，并受着关系的影响和塑造。

我们的自我会因与互动对象之间关系的不同而有不同的界定。比如，在父母面前，即使早已成年的我们还是会时常觉得自己仍是那个没长大的孩子；而在单位，在工作中，我们展现更多的则是专业、成熟、稳重的一面，是一个理智而克制的成年人。实际上，每与他人建立一种关系，我们就会发展出一个对应于该种关系下的自我。关系如此重要，以至于它会塑造我们的品性、目标以及价值观，而这些东西反过来又会影响我们与他人的关系。我们也必须依据与互动对象之间的关系，来表现出最为合宜的行为。

唯有深刻的关系性联结才能让我们感受到自己在这个世界上是有意义的存在。每个人都需要感受到某种关系性的联结，既要感受到与自身内在的联结，也需要感受到与其他人紧密联结在一起。如果个人与社会

---

1 泰勒.自我的根源: 现代认同的形成[M].韩震，等译.南京: 译林出版社, 2012: 50.

2 理查兹，斯派拉，林奇.穿越孤独: 精神分析师眼中的孤独与孤单[M].曹思聪，蓝薇，童俊，译.北京: 世界图书出版公司, 2016: 232.

相隔绝的状态持续到一定时间，比如在长期单独监禁的情况下，其心理可能就会出现异常。一个精神健康的人，必须要具备一些基本的能力和精神功能，特别是建立关系性联结的能力；其社会功能良好的一个特征，就是有能力和他人发展出一段信任的、共情的、温暖的人际关系。也就是说，一个人正常与否要结合现实生活中与他人关系的质量来判断。很多心理障碍的根源都与患者的人际关系的失调有关，这一点尤其体现在患者无法与他人建立一种稳定的良好关系。

不仅我们的心理是一种关系性存在，我们的生理也是一种关系性存在，我们的认知活动过程同样具有关系的属性。我们的生命受之于父母，我们和自己的兄弟姐妹等亲人也都有着血缘上的关系联结。如果一直往上追溯，人类的基因组其实就是一个进化的共同体。通过基因的联系，我们跟其他人类个体也具有了关系性联结。

第二代认知科学提出，个体的认知活动是社会历史文化过程的组成部分。人的认知活动中并没有一个中心的单元，认知是一种由头脑内外的事物在文化实践中共同耦合而完成的过程。根据这一观点，认知的边界由个体认知拓展到整体的文化认知，认知活动是由相互联系着的成员共同完成的。所谓的知识并非始于单一个体对世界的观察和记录，当我们面对世界时我们的描述和解释均产生于我们在关系内的存在。[1]我们有关世界本质（包括我们自己）的词汇、假说和理论，以及我们学习或从事研究的方式皆出自关系。如果没有社会互动，人的理解力和逻辑思维等其他能力的发展都是不可想象的。我们的行动从其发生的场景中获得了意义，我们的言行只有在特定的关系中才能被评判为是否合宜。

简言之，人不是一个孤立的有机生命体，我们的生理、心理和认知过程都不是独立存在的，而是关系的产物。所谓的思考、体验、记忆和

1 格根.社会建构的邀请[M].3版.杨莉萍,译.上海：上海教育出版社,2020: 13.

创造等也都是关系中的行为。人是关系的动物，人的身体和精神都是在关系中被塑造，然后又永远处于关系之中。

人与人之间相互依存是人类存在最基本的现实。我们的生并不完全是我们个人的生，我们的生是和他人的生紧密联系在一起的。"我们"之所以成为"我们"，和我们所处的环境息息相关，而这个环境也是由千千万万个"我"联结而成的。可以说，正是由许多个"我"才构成了"我们"这个整体；但是，没有"我们"，"我"也将不复存在。"我"是依托于"我们"这个集体才获得了存在的意义。

二、从"小我"到"大我"

> 无穷的远方，无数的人们，都和我有关。我存在着，我在生活，我将生活下去，我开始觉得自己更切实了。[1]
>
> ——鲁迅

失去亲人，在某种意义上也相当于自己某一个部分的死亡——那与死者共同创造、共同经历、相互培养而成的部分；而最好的哀悼方式是与死去的亲人好好告别，并通过合宜的方式维持联结。[2]对于那些能够良好应对亲人的死亡，并最终接受亲人已逝的丧亲者而言，当思念和谈论死者时，他们能感觉到自己和逝去亲人的关系并没完全断绝。[3]我们与亲人的联系不会因死亡而断裂。我们没有一个人只为自己而活，也没有一个人的死只是自己的死。

死亡焦虑让我们意识到自己需要生活在关系之中，促使我们积极地寻求和建立关系性联结，从而跳出自我中心的狭隘视野，从更加宏观的角度看到自己与他人和世界的联结。对这种联结的领悟，感觉到我们最终属于同一自性，使人可能获得更大的慈悲和深厚的同情心，达到更高层次的"统整性"。如果你只是一味地想与自己的感觉相连，你就会失去那份宇宙性的慈悲。很多濒死体验者，如在地震、车祸等灾难中几近死亡而被抢救过来的人，都会重新发现生命的意义，去发现超越具体世界观的广阔世界——感恩生命，关心、帮助他人，更加积极地追求内在的东西，尤其是追求与他人的关系性联结，而将财富、名利、地位等外在的价值看得不那么重要。[1]

然而，有些人失去了爱的能力，不懂得建立深入的、亲密的关系联结，常常感觉有一种与他人无法深交。一个无法依靠自己或不相信自己的人，可能会以讨好、迎合的方式和他人建立关系。而如果人们不能通过工作、友谊或者家庭等方式找到联结感，那么他们就可能会通过疾病、官司或斗争找到与他人的联结感。[2]那些过分反叛、孤僻的人对人际联结的欲求是相当压抑的。对于他们而言，进入人际关系可能会产生更多的冲突，而为了避免冲突，他们便退缩到一种自我封闭的状态。

一个人只有与其他人建立起丰富饱满而深刻的联结，在面对毁灭或死亡时才不至于被恐惧所压垮。缓解死亡焦虑最好的方式便是建立和创造关系。我们可以和某件事、某个人，乃至整个社会和世界，或者和信仰中的存在，当然还有与自己，建立深入的关系联结。一旦超越或转化了分离的自我感以及有限的自我，我们就会发现一个更宏大的我，一个无限、无所不在、永恒不变、与万有或大精神合一的我。[3]

"三不朽论"也说明，个体生命只有融入群体，与民族国家的生命

1 韦庆旺，周雪梅，俞国良.死亡心理：外部防御还是内在成长? [J].心理科学进展，2015，23（2）：338-348.

2 范德考克.身体从未忘记：心理创伤疗愈中的大脑、心智和身体[M].李智，译.北京：机械工业出版社，2016：107.

3 威尔伯.恩宠与勇气：超越死亡[M].胡因梦，刘清彦，译.北京：生活·读书·新知三联书店，2013：16.

合而为一，才能获得不朽。要超越死亡，就要通过融入某种关系的联结中重新发现自身存在的意义。一个人越是以自我为中心，只关注外界是否满足自己的需要，就越难以获得真正的满足感以及喜悦感。要使生活有意义，你就得投身于爱，投身于你周围的群体，去创造一种能给你目标和意义的价值观。马斯洛曾对身体健康和心理平衡的人进行过研究，他得出了如下结论：在个人发展的最后阶段，实现自我的人开始帮助他人，最后甚至会变成一个"仆人"。[1]

在死亡面前，人们通常会体验到存在性孤独，而用以对抗由死亡焦虑引发的存在性孤独的主要力量，就是通过进入到与他人的关系中获得的，这个"他人"还包括某种神圣的对象。[2]这意味着人需要把自己看成更大的整体甚至整个宇宙的一个有意义的部分，体验到个人生命与宇宙生命的合一。人的生命是一个大海，每一个个体生命都是大海中的一个水泡，这个水泡无论是起是灭，都不离大海。当我们的生命越来越超出个人之外，我们的自我之墙将一点点地坍塌，死亡恐惧也在这个过程随之减弱。

简言之，在死亡焦虑面前，我们需要建立关系性联结的观念，充分认识到我们的生理、心理以及社会文化属性都具有关系的特性。每个人都不是孤立存在的个体。如果我们把自己与其他个体、群体割裂开来，那么就很容易陷入疏离、孤独、焦虑和自我怀疑。而如果我们认为万物互为存在，那么我们便容易常怀敬畏之心，行有所止。

> 不要站在我的墓前哭泣，
> 我不在那儿，我没有沉睡。

1　施莱伯.自愈的本能：抑郁、焦虑和情绪压力的七大自然疗法[M].曾琦，译.北京：人民邮电出版社，2017：199.

2　亚隆.存在主义心理治疗[M].黄峥，张怡玲，沈东郁，译.北京：商务印书馆，2015：382.

> 我是迎面吹来的缕缕清风，
> 我是雪花的钻石之光，
> 我是阳光下谷粒的麦芒，
> 我是秋天的细语。[1]

我们每个人都需要感受到在我们死后依旧继续存在着一些联系，感受到我们有限的自我是某种永恒存在的、更大的东西的一部分。[2]人有一种与生俱来的自我超越的动力，人之存在总是朝着某种不再是他自身的东西。我们无法在所谓的"自我实现"上找到人类存在的真正目标；因为人类的存在，本质上是要"自我超越"而非自我实现。[3]只有在实现自我的过程中超越了自身的存在，人才真正实现了自我。或者说，自我实现是自我超越的附带结果。如果我们能够不朽，这种不朽也不只是属于我们个人的。"大我境界"是真正体验到人的存在根于宇宙深处，其目标不是自我实现，而是和宇宙融为一体。[4]

在建立丰盈深刻的关系性联结的过程中，我们完成了由"小我"向"大我"的转变，并把自己视为宇宙永恒生命之链中的一个环节。这条生命之链将我们同过去与未来的生命联结在一起。在这种普遍联系的状态中，人获得了更大的自由，不再受自我中心的欲望的统治，不再追求那种偏执的独立性，个人可能会消解那种独立存在的自我意识而开始体验到无我的境界，即达到一种与所有的他人和存在不可分地联系在一起的精神状态。[5]

1　施密特, 席帕.生命的余味[M].张晓蕾, 译.长春: 吉林文史出版社, 2010: 173.

2　维奥斯特.必要的丧失[M].吕家铭, 韩淑珍, 译.上海: 上海三联书店, 2007: 272.

3　弗兰克尔.活出意义来[M].2版.赵可式, 沈锦惠, 朱晓权, 译.北京: 生活·读书·新知三联书店, 1998: 116.

4　刘天君.当心理咨询遇上传统文化[M].北京: 中华书局, 2019: 24.

5　艾森卓.性别与欲望: 不受诅咒的潘多拉[M].杨广学, 译.北京: 中国社会科学出版社, 2003: 75.

人将自己融合到所有的生命当中，同宇宙有一体的和谐感，其中包含了爱、奉献、宽容以及和解；这样的和谐关系可以建立在本心、他人、神、自然环境和宇宙之间。[1] 如果我们发现自己的存在与宇宙的合一，体验到一种和自己、和他人、和世界连通的感觉，把自己个人的生命与其他所有生命、大自然乃至整个宇宙看作一体，我们可能就有勇气面对命运与死亡的焦虑，将自己的命运与死亡融入宇宙的生命之中。或许我们就可以欣然地接受死亡，达到庄子所追求的齐物我、同生死、天人一体的精神境界，达到北宋的程颢在《二程遗书》中所说的状态——"仁者，以天地万物为一体，莫非己也"。

转化自我，并不是要消除"小我"，而是将"小我"融入"大我"。在"大我"中，死亡只不过是一个过程、一个片段而已，是"大我"的一部分而已。"小我"不会因为这种转化而消失，它仍会在世俗生活中发挥它的生命力。在这种关系中，"小我"与万物结合成一体，同时也是一个独立的、有限的个体。要过这样一种关系性的生活，我们需要逐步将自己开放，形成一种更宽广的、更具通透性的自我边界。如果我们相信自己可以在关系中永生，我们也就不用再赋予死亡以各种意义，而是超越了死亡，从生死的束缚中解放出来。

当我们能够体验到更大的存在，体验到自己与更大的存在有联结，有意识地建立身心的链接以及自身和世界的链接，我们就更容易寻得安身立命之道。这种链接带来的体验可以发生在人与人之间、人与宇宙之间、人和艺术之间，抑或是人与信仰之间。在这个过程中，我们可能会由心系个人的安危、子女的前途、亲人的安康或家族的兴盛，转而对所有生命充满敬畏之心。我们穷尽一生所追求的名与利，所纠结的功与过，在上升到宇宙层面后，似乎也都能够被放下。当我们转化了自我的欲望、

1　余德慧，等.临终心理与陪伴研究[M].重庆: 重庆大学出版社，2016: 46.

烦恼与局限，就能发现一个更大的"我"，这个"大我"与整个宇宙相联结。我们应当深怀敬畏，敬畏自然，敬畏生命，视万物为友朋，引人类为同胞，实现身与心、人与人、人与自然的和谐统一。

> 你想，
> 或者不想，
> 死亡一直在那里，
> 安然地等待。
> 当肉体归于尘土，
> 是否还有那永生的存在，
> 我不知道。
> 生，是一种当然，
> 死，亦是一种当然。
> 死亡重要吗？
> 重要，也不重要。

后　记

　　当我写完这本书的初稿后，我才发现自己在过去的很长一段时间里一直都被死亡焦虑纠缠着。走上研究死亡焦虑这条路看似偶然，实则又有一定的必然性。也许起初，当自己发现死亡的时候，内心是慌张和害怕的，所以不敢去深想自己的死。可"人终有一死"的想法还是在无意识地影响着我的很多言行。

　　在写作过程中，我的导师杨莉萍老师曾两次关切地问我："你这么年轻，确定要研究死亡焦虑吗？"那时，我非常天真而草率地回答：是的！那时的我并没有意识到研究者所研究的内容也终会对研究者产生影响，特别是像死亡焦虑这样的研究主题。所以，我也没能明白杨老师问这句话背后的深切担忧：担心我在研究的过程中陷入死亡焦虑的困扰。正如尼采所言，当你凝视深渊的时候，深渊也在凝视你。在一次组会上，当我汇报完我写这本书的过程和感想后，好朋友刘婷第一句话就问："你写这本书，有督导吗？"可惜的是，直到那时我仍然没能深刻体会到这句话的言外之意。好在，在这段于我而言艰辛而又意义非凡的旅途中，我的家人、师长和朋友们给予了我极大的支持和帮助，才使我没有因自己的鲁莽和大意而深陷死亡焦虑的折磨之中，也使得这本书终于得以付梓。借由着这段特殊的心路历程，我对自己、对死亡、对生命的意义也有了更加深刻的认识。在此，特别感谢钟年老师过去两年多来的耐心指导和鼓励，数次阅读书稿并提出了许多宝贵的修改意见。

也许正是因为这种后知后觉，才让我有勇气来写这本书。换句话说，如果早早地意识到自身有严重的死亡焦虑，可能我就没有勇气撰写本书了。

王国维在《人间词话》里说："诗人对于宇宙人生，须入乎其内，又须出乎其外。入乎其内，故能写之。出乎其外，故能观之。入乎其内，故有生气；出乎其外，故有高致。"入乎其内，又出乎其外，何其难也。说来也怪，本意在于帮助他人认识死亡和死亡焦虑，但在本书的写作过程中，我却时常担心自己会突然死去，担心本书不能顺利出版，甚至偶尔还会从死亡恐惧的睡梦中惊醒。思考死亡，研究死亡焦虑，你不可能全身而退，不受影响，不被改变。说到底，本书也是在死亡焦虑的影响下催生的。

万事皆有因。写这本书或许是我命中注定要做的事。这本书反映了我自己关于死亡的思考和心理成长，在撰写本书的过程中我对死亡的理解也发生了较大转变，这对我个人而言意义重大，仿佛一段自我疗愈的过程。

在写这本书的过程中，我常常深感力不从心。有些死亡感悟无法用言语来描述，有些思想也不能再次得到体验。我清楚地知道，自己对于死亡的承受力是有限的。生命中有太多的东西需要我们用内在的激情去感受、细加品味和予以正视。

古希腊哲学家西塞罗说，研究哲学不是为别的，就是为死亡做准备。叔本华也断言：如果没有死亡的问题，人们便几乎不会进行哲学思考。如果惧怕死亡，我们就会惶惶不可终日。花有开有谢，树有荣有枯。活着不易。也许我们需要用一生的时间去学习如何接受死亡和与死亡焦虑共处。只有当死亡焦虑受到尊重和认可时，我们才能有勇气变得勇敢。

　　这本书的第一个读者是我的妻子温燕女士。她常常连续几个小时坐在那里，逐字逐句地帮我校稿，并提出很多具有建设性的修改建议。特别感谢的是，她一直都在努力地理解和包容我的各种焦虑状态，并尽其所能地给予我最大的也是最有力的支持。这种精神上的能量和情感的陪伴帮助我渡过了许多难关。在这本书的诞生过程中，也让我们能有更多机会探讨关于死亡和生命的话题，在反思中不断加深对自己、对彼此以及对关系的理解。可以说，这本书的写作也让我们对亲密关系有了新的认识和体验。

　　好的读者能让一本书更加完整。期望阅读本书能够丰富你对死亡的理解，助力你理解生命的真意，从而对生命更加自觉，并在死亡面前求取一份明白。

作者声明

　　本书中未标明出处的案例和事迹均来源于本人的工作、研究和真实生活经验，并已预先征得当事人的同意。在每个案例中，为了保护当事人的隐私，所有涉及个人化特征和细节的内容均已做过修改。在此，我也对各位当事人表示感谢。

参考文献

Hirschberger G, Florian V, Mikulincer M, Goldenberg J & Pyszczynski T.Gender differences in the willingness to engage in risky behavior:a terror management perspective[J].Death Studies, 2002, 26:117-141.

Hoelter J W, Whitlock J L, Epley R J.Fertility attitudes and the fear of death[J]. Psychological reports,1979(3):795-800.

Drolet J.Transcending death during early adulthood: Symbolic immortality, death anxiety, and purpose in life[J].Journal of Clinical Psychology, 1990, 46(2):148-160.

Langs R.Death Anxiety and Clinical Practice[M].London: Karnac Books, 1997.

Neimeyer R.Death Anxiety Handbook: Research, Instrumentation, and Application[M]. Washington, DC: Taylor & Francis, 1994.

Stolorow R.Perspectives on death anxiety: A review[J].Psychiatric Quarterly, 1973, 47(4): 473-486.

Xinyue Z, Qijia L, Marley S C, et al.Existential function of babies: Babies as a buffer of death-related anxiety[J].Asian Journal of Social Psychology, 2009(12):40-46.

加缪.加缪全集 [M].丁世中，沈志明，吕永真，译.石家庄：河北教育出版社，2002.

埃利斯.无条件接纳自己 [M].刘清山，译.北京：机械工业出版社,2017.

布鲁姆.爱的设计——卢梭与浪漫派 [M].胡辛凯，译.北京：华夏出版社,2017.

理查兹，斯派拉，林奇.穿越孤独：精神分析师眼中的孤独与孤单 [M].曹思聪，蓝薇，童俊，译.北京：世界图书出版公司,2016.

埃里克森.同一性：青少年与危机 [M].孙名之，译.北京：中央编译出版社,2015.

迪尔凯姆.自杀论 [M].谢佩芸，舒云，译.北京：台海出版社,2016.

古筛勒.古筛勒苏菲论集 [M].潘世昌，译.北京：商务印书馆,2016.

辛格.我们的迷惘 [M].郜元宝，译.桂林：广西师范大学出版社,2001.

爱比克泰德.爱比克泰德论说集 [M].王文华，译.北京：商务印书馆,2009.

爱比克泰德.沉思录 [M].陈思宇，译.北京：中央编译出版社,2009.

泰勒.原始文化：神话、哲学、宗教、语言、艺术和习俗发展之研究 [M].连树声，译.桂林：广西师范大学出版社,2005.

爱因斯坦. 我眼中的世界 [M]. 杨全红，译. 合肥：安徽科学技术出版社，2010.

爱因斯坦. 走进爱因斯坦 [M]. 许良英，王瑞智，译. 沈阳：辽宁教育出版社，
　　2005.

库珀. 边缘信使 [M]. 夏高娃，译. 北京：北京联合出版公司，2019.

贝特曼，霍姆斯. 当代精神分析导论：理论与实务 [M]. 樊雪梅，林玉华，译. 台北：
　　心灵工坊文化事业股份有限公司，2017.

普鲁. 船讯 [M]. 马爱农，译. 北京：人民文学出版社，2006.

兰克. 超越心理学 [M]. 孙林，孙苹，孙恺祥，译. 贵阳：贵州人民出版社，2018.

魏宁格. 性与性格 [M]. 肖聿，译. 北京：中国社会科学出版社，2006.

奥修. 死亡 [M]. 林国阳，译. 上海：上海三联书店，1998.

范德考克. 身体从未忘记：心理创伤疗愈中的大脑、心智和身体 [M]. 李智，译. 北
　　京：机械工业出版社，2016.

白福宝. 关系性联结：死亡焦虑纾解之道 [J]. 医学与哲学，2019，40（03）：21-25.

白福宝. 论死亡焦虑的本质 [J]. 医学与哲学（A），2015，36（10）：40-42+49.

白福宝. 追寻"永生"模式：死亡焦虑的纾解之道 [J]. 医学与哲学（A），2017，
　　38（11）：27-30.

白福宝，钟年. 失独父母的丧痛与生命意义回归 [J]. 牡丹江师范学院学报（社会科
　　学版），2019（06）：121-128.

包礼祥，丁世忠. 对死亡的追问和对永生的祈愿——再论《荒原》的死亡意识 [J].
　　江西社会科学，2007（03）：86-88.

卡拉尼什. 当呼吸化为空气 [M]. 何雨珈，译. 杭州：浙江文艺出版社，2016.

纽曼. 恐怖：起源、发展和演变 [M]. 赵康，于洋，等译. 上海：上海人民出版社，
　　2005.

诺尔. 生命守记：一本外国学者的死亡日记 [M]. 王莺，王绪梅，译. 北京：中国城
　　市出版社，2003.

艾森卓. 性别与欲望：不受诅咒的潘多拉 [M]. 杨广学，译. 北京：中国社会科学出
　　版社，2003.

柏格森. 生命的真谛 [M]. 冯道如，等译. 南京：江苏凤凰文艺出版社，2015.

柏拉图，等. 哈佛百年经典：柏拉图对话录：申辩篇、克利同篇、斐多篇；爱比
　　克泰德金言录；马库思·奥勒留沉思录 [M]. 张春，朱亚兰，译. 北京：北京

理工大学出版社，2014.

科尔，内比，科尔.死亡课——关于死亡、临终和丧亲之痛（第6版）[M].榕励，译.北京：中国人民大学出版社，2011.

泰勒.自我的根源：现代认同的形成[M].韩震，等译.南京：译林出版社，2012.

柴秀波，刘庆东.生存与意义：从意义角度对生存状态的哲学考察[M].北京：中国社会科学出版社，2011.

车文博，郭本禹.弗洛伊德主义新论（第二卷）[M].上海：上海教育出版社，2018.

郭永玉.弗洛伊德主义新论（第三卷）[M].上海：上海教育出版社，2018.

陈鼓应.中华传统文化百部经典·庄子[M].北京：国家图书馆出版社，2017.

萨夫.性与家庭的客体关系观点[M].李迎潮，闻锦玉，译.北京：世界图书出版公司，2009.

施莱伯.自愈的本能：抑郁、焦虑和情绪压力的七大自然疗法[M].曾琦，译.北京：人民邮电出版社，2017.

威廉.心理治疗中的依恋[M].巴彤，李斌彬，施以德，等译.北京：中国轻工业出版社，2014.

德特勒夫森，达尔克.疾病的希望[M].贾维德，李健鸣，译.沈阳：春风文艺出版社，1999.

蒂利希.存在的勇气[M].成显聪，王作虹，译.贵阳：贵州人民出版社，1988.

董仲舒.春秋繁露[M].张世亮，钟肇鹏，周桂钿，译注.北京：中华书局，2012.

杜维明.《中庸》洞见[M].段德智，译.北京：人民出版社，2008.

段德智.死亡哲学[M].武汉：湖北人民出版社，1996.

卡西尔.论人：人类文化哲学导论[M].刘述先，译.桂林：广西师范大学出版社，2006.

贝克尔.拒斥死亡[M].林和生，译.北京：华夏出版社，2000.

方达.荀子[M].北京：商务印书馆，2016.

劳顿，毕肖普.生存的哲学[M].胡建华，杨全德，李伍峰，等译.长沙：湖南人民出版社，1988.

布隆伯格.让我看见你：临床过程、创伤和解离[M].邓雪康，译.上海：华东师范大学出版社，2017.

费尔巴哈.宗教的本质 [M]. 王太庆，译.北京：商务印书馆，2010.

萨瓦特尔.永恒的生命 [M]. 于施洋，译.北京：北京大学出版社，2010.

贝克勒，等.哲言集：向死而生 [M]. 张念东，等译.北京：生活·读书·新知三联
　　书店，1993.

戈布尔.第三思潮：马斯洛心理学 [M]. 吕明，陈红雯，译.上海：上海译文出版社，
　　1987.

弗雷泽.永生的信仰和对死者的崇拜 [M]. 李新萍，郭于华，译.北京：中国文联出
　　版社，1992.

弗洛姆.健全的社会 [M]. 孙恺祥，译.上海：上海译文出版社，2011.

弗罗姆.占有还是生存：一个新社会的精神基础[M].关山，译.北京：生活·读书·新
　　知三联书店，1989.

弗洛姆.占有还是存在 [M]. 李穆，等译.北京：世界图书出版公司，2015.

弗洛姆.自我的追寻 [M]. 孙石，译.上海：上海译文出版社，2013.

弗洛伊德.论创造力与无意识 [M]. 孙恺祥，译.北京：中国展望出版社，1986.

弗洛伊德.图腾与禁忌 [M]. 文良文化，译.北京：中央编译出版社，2009.

弗洛伊德.文明及其缺憾 [M]. 杨韶刚，译.北京：中国法制出版社，2018.

弗洛伊德.性学与爱情心理学 [M]. 郑永智，译.南昌：江西人民出版社，2017.

弗洛伊德.一个幻觉的未来 [M]. 杨韶刚，译.北京：华夏出版社，1999.

傅伟勋.死亡的尊严与生命的尊严 [M]. 北京：北京大学出版社，2006.

马里诺.存在主义救了我 [M]. 王喆，柯露洁，译.北京：北京联合出版公司，
　　2019.

西美尔.生命直观：先验论四章 [M]. 刁承俊，译.北京：生活·读书·新知三联书店，
　　2003.

祖卡夫，弗朗西斯.灵魂之心：情绪的觉察 [M]. 阿光，译.北京：华文出版社，
　　2010.

高良武久.森田心理疗法实践——顺应自然的人生学 [M]. 康成俊，商斌，译.北京：
　　人民卫生出版社，1989.

嘉宝.动力取向精神医学：临床应用与实务 [M].4 版.李宇宙，张书林，赖孟泉，
　　等译.台北：心灵工坊文化事业股份有限公司，2007.

古兰经 [M]. 马坚，译.北京：中国社会科学出版社，2003.

郭象，注. 成玄英，疏. 庄子注疏 [M]. 北京：中华书局，2011.

郭于华. 死的困扰与生的执著：中国民间丧葬礼仪与传统生死观 [M]. 北京：中国
　　人民大学出版社，1992.

海波. 临终关怀语境下佛教生死观的当代价值转换 [J]. 世界宗教研究，2014（01）：
　　44-51+194.

海德格尔. 存在与时间（中文修订第二版）[M]. 陈嘉映，王庆节，译. 北京：商务
　　印书馆，2018.

凯勒. 假如给我三天光明 [M]. 刘军，译. 合肥：安徽人民出版社，2012.

何显明. 中国人的死亡心态 [M]. 上海：上海文化出版社，1993.

胡适. 不朽——我的宗教 [M]. 北京：北京大学出版社，2016.

黄发有，张承志. 永生的文化精魂 [J]. 贵州大学学报（社会科学版），1998（06）：
　　70-76.

黄光国. 儒家关系主义：文化反思与典范重建 [M]. 北京：北京大学出版社，2006.

黄应全. 死亡与解脱 [M]. 北京：作家出版社，1997.

基尼. 变的美学：临床心理学家的控制论手册 [M]. 杨韶刚，译. 北京：教育科学出
　　版社，2013.

蒋勋. 孤独六讲 [M]. 桂林：广西师范大学出版社，2009.

尼维德，拉瑟斯，格林. 异常心理学 [M]. 唐苏勤，李秋霞，陈淑芳，等译. 北京：
　　人民邮电出版社，2018.

解思忠. 彻悟生死 [M]. 上海：上海三联书店，2016.

金明武. 生死观探索 [M]. 北京：线装书局，2015.

迈宁格. 生之挣扎 [M]. 胡海国，等译. 北京：光明日报出版社，1988.

荷妮. 神经症与人的成长 [M]. 陈收，等译. 北京：国际文化出版公司，2007 .

霍妮. 我们内心的冲突 [M]. 杨柳桦樱，译. 北京：台海出版社，2016.

卡斯塔尼达. 解离的真实：继续与唐望的对话 [M]. 鲁宓，译. 北京：北京联合出版
　　公司，2018.

卡斯塔尼达. 前往伊斯特兰的旅程——巫士唐望的世界 [M]. 鲁宓，译. 上海：上海
　　文艺出版社，2011.

卡斯塔尼达. 巫士唐望的教诲：踏上心灵秘境之旅 [M]. 鲁宓，译. 北京：北京联合
　　出版公司，2018.

道蒂 . 好好告别：关于死亡你不敢知道却应该知道的一切 [M]. 崔倩倩，译 . 北京：
　　中国友谊出版公司，2019.

克里希那穆提 . 恐惧的由来 [M]. 凯峰，译 . 上海：学林出版社，2007.

克里希那穆提 . 生与死的冥想 [M]. 唐发铙，译 . 上海：学林出版社，2007.

威尔伯 . 恩宠与勇气：超越死亡 [M]. 胡因梦，刘清彦，译 . 北京：生活·读书·新
　　知三联书店，2013.

威尔伯 . 没有疆界 [M]. 许金声，等译 . 北京：中国人民大学出版社，2012.

格根 . 关系性存在：超越自我与共同体 [M]. 杨莉萍，译 . 上海：上海教育出版社，
　　2017.

格根 . 社会建构的邀请 [M].3 版 . 杨莉萍，译 . 上海：上海教育出版社，2017.

库少雄 . 自杀：理解与应对 [M]. 北京：人民出版社，2011.

德底维尔 . 温尼科特新解 [M]. 刘玲，译 . 北京：商务印书馆，2017.

穆迪 . 生命不息 [M]. 林宏涛，译 . 北京：世界图书出版公司，2014.

道金斯 . 自私的基因 [M]. 卢允中，张岱云，陈复加，等译 . 北京：中信出版社，
　　2012.

李建军 . 自杀研究 [M]. 北京：社会科学文献出版社，2013.

李申，等 . 周易经传译注 [M]. 北京：中华书局，2018.

李向平 . 死亡与超越 [M]. 上海：上海文化出版社，1997.

李银河 . 生育与村落文化·一爷之孙 [M]. 北京：文化艺术出版社，2003.

里尔克 . 里尔克精选集 [M]. 李永平，编选 . 北京：北京燕山出版社，2010.

罗伯逊 . 卡夫卡是谁 [M]. 胡宝平，译 . 南京：译林出版社，2013.

利普斯 . 事物的起源 [M]. 李敏，译 . 西安：陕西师范大学出版社，2008.

梁漱溟，胡适，季羡林，等 . 大师的境界：谈"生"论"死" [M]. 北京：国际文化
　　出版公司，2015.

托尔斯泰 . 托尔斯泰散文选 [M]. 刘季星，译 . 天津：百花文艺出版社，2009.

托尔斯泰 . 托尔斯泰说欲望 [M]. 王志耕，译 . 北京：商务印书馆，2016.

托尔斯泰 . 伊凡·伊里奇之死 [M]. 许海燕，译 . 北京：东方出版社，2017.

布留尔 . 原始思维 [M]. 丁由，译 . 北京：商务印书馆，2009.

德斯佩尔德，斯特里克兰 . 最后的舞蹈：邂逅死亡与濒死 [M].9 版 . 陈国鹏，等译 . 上
　　海：上海人民出版社，2013.

刘天君 . 当心理咨询遇上传统文化 [M]. 北京：中华书局，2019.

施密特，席帕 . 生命的余味 [M]. 张晓蕾，译 . 长春：吉林文史出版社，2010.

鲁迅 . 且介亭杂文末编 [M]. 南京：译林出版社，2018.

鲁迅 . 野草 [M]. 西安：陕西师范大学出版社，2011.

陆建松 . 魂归何处——中国古代丧葬文化 [M]. 成都：四川人民出版社，1999.

邓巴，等 . 进化心理学：从猿到人的心灵演化之路 [M]. 万美婷，译 . 北京：中国轻
　　工业出版社，2017.

迪朱利奥，克兰兹 . 同学，咱们聊一聊死亡 [M]. 涂晓红，译 . 北京：商务印书馆，
　　2005.

赖特 . 道德动物 [M]. 周晓林，译 . 北京：中信出版社，2013.

罗杰斯 . 罗杰斯著作精粹 [M]. 刘毅，钟华，译 . 北京：中国人民大学出版社，
　　2006.

巴尔特 . 哀痛日记 [M]. 怀宇，译 . 北京：中国人民大学出版社，2012.

约翰斯通 . 社会中的宗教——一种宗教社会学 [M].8 版 . 袁亚愚，钟玉英，译 . 成都：
　　四川人民出版社，2012.

梅 . 爱与意志 [M]. 冯川，译 . 北京：国际文化出版公司，1998.

梅 . 存在之发现 [M]. 方红，郭本禹，译 . 北京：中国人民大学出版社，2008.

梅 . 焦虑的意义 [M]. 朱侃如，译 . 桂林：广西师范大学出版社，2010.

梅 . 人的自我寻求 [M]. 郭本禹，方红，译 . 北京：中国人民大学出版社，2013.

马尔蒂 . 谁为你指路？一只狗！：日常生活中的神秘主义 [M]. 赵小燕，译 . 桂林：
　　广西师范大学出版社，2013.

费希 . 什么是好生活 [M]. 黄迪娜，许世鹏，吴晓斐，译 . 长春：吉林出版集团有限
　　责任公司，2010.

马东佑 . 感悟人生——让生有意义，死无恐惧 [M]. 广州：中山大学出版社，2008.

沃德尔 . 内在生命：精神分析与人格发展 [M]. 林晴玉，吕煦宗，杨方峰，译 . 北京：
　　中国轻工业出版社，2017.

桑德斯 . 穿越死亡 [M]. 王薇，译 . 北京：中国城市出版社，2003.

马斯洛 . 动机与人格 [M].3 版 . 许金声，等译 . 北京：中国人民大学出版社，2012.

马斯洛 . 自我实现的人 [M]. 许金声，刘锋，等译 . 北京：生活·读书·新知三联书
　　店，1987.

雷明，迪金森 . 温暖消逝：关于临终、死亡与丧亲关怀 [M]. 庞洋，周艳，译 . 北京：
　　电子工业出版社，2016.

弗里斯 . 性、金钱、幸福与死亡 [M]. 丁丹，译 . 北京：东方出版社，2010.

门林格尔 . 人对抗自己——自杀心理研究 [M]. 冯川，译 . 贵阳：贵州人民出版社，
　　2004.

蒙田 . 蒙田随笔 [M]. 李林，戴兴伟，译 . 上海：上海三联书店，2008.

蒙田 . 蒙田随笔集 [M]. 潘丽珍，等译 . 南京：译林出版社，2005.

昆德拉 . 不朽 [M]. 王振孙，郑克鲁，译 . 上海：上海译文出版社，2003.

阿尔博姆 . 相约星期二 [M]. 吴洪，译 . 上海：上海译文出版社，2007.

福柯 . 性经验史（第一卷）[M]. 佘碧平，译 . 上海：上海人民出版社，2016.

福柯 . 性经验史（第二卷）[M]. 佘碧平，译 . 上海：上海人民出版社，2016.

麦克威廉姆斯 . 精神分析诊断：理解人格结构 [M]. 鲁小华，郑诚，等译 . 北京：中
　　国轻工业出版社，2015.

尼采 . 尼采诗集 [M]. 周国平，译 . 北京：作家出版社，2013.

尼采 . 成为你自己 [M]. 陈永红，译 . 南京：江苏凤凰文艺出版社，2017.

尼采，叔本华，等 . 生死，最漫长的告别 [M]. 王绚祯，李娟，等译 . 南京：江苏凤
　　凰文艺出版社，2017.

托马森 . 不幸与幸福 [M]. 京不特，译 . 北京：华夏出版社，2004.

别尔嘉耶夫 . 论人的使命：神与人的生存辩证法 [M]. 张百春，译 . 上海：上海人民
　　出版社，2007.

布朗 . 生与死的对抗 [M]. 冯川，伍厚恺，译 . 贵阳：贵州人民出版社，2009.

佩塞施基安，波斯曼 . 恐惧与抑郁——自我帮助和积极心理治疗指南 [M]. 张宁，
　　译 . 北京：社会科学文献出版社，2000.

亚隆 . 成为我自己 [M]. 杨立华，郑世彦，译 . 北京：机械工业出版社，2019.

亚隆 . 存在主义心理治疗 [M]. 黄峥，张怡玲，沈东郁，译 . 北京：商务印书馆，
　　2015.

亚隆 . 直视骄阳：征服死亡恐惧 [M]. 张亚，译 . 北京：中国轻工业出版社，2009.

亚隆，莱兹克兹 . 团体心理治疗——理论与实践 [M].5 版 . 李敏，李鸣，译 . 北京：
　　中国轻工业出版社，2010.

帕斯卡 . 人是一根会思考的芦苇 [M]. 郭向南，编译 . 北京：北京联合出版公司，2017.

凯斯门特.向病人学习 [M].叶冬梅,译.上海:华东师范大学出版社,2018.

普鲁斯特.追忆逝水年华(精华本)[M].沈志明,译.上海:上海译文出版社,
　　2012.

齐晓安.东西方生育文化比较研究 [M].北京:中国人口出版社,2006.

博南诺.悲伤的另一面 [M].叶继英,译.北京:中国人民大学出版社,2015.

冉克雷维.不可逆转的时刻 [M].戴捷,译.上海:上海三联书店,2007.

荣格.红书 [M].林子钧,张涛,译.北京:中央编译出版社,2013.

荣格.精神分析与灵魂治疗 [M].冯川,译.南京:译林出版社,2014.

荣格.荣格谈人生信仰 [M].石磊,编译.天津:天津社会科学院出版社,2011.

荣格.荣格自传:回忆·梦·思考 [M].刘国彬,杨德友,译.上海:上海三联书店,
　　2009.

荣格.寻求灵魂的现代人 [M].黄奇铭,译.上海:上海译文出版社,2013.

法努斯.墓志铭图书馆 [M].黄兰岚,译.上海:上海文艺出版社,2019.

莫迪.超越死亡 [M].歌沐,张劼,译.武汉:长江文艺出版社,2018.

塞涅卡.哲学的治疗:塞涅卡伦理文选之二 [M].吴欲波,译.北京:中国社会科学
　　出版社,2007.

赛明顿.自恋:一个新理论 [M].吴艳茹,译.北京:中国轻工业出版社,2016.

莎士比亚.一报还一报 [M].彭发胜,译.北京:外语教学与研究出版社,2016.

山本常朝.叶隐闻书 [M].李冬君,译.桂林:广西师范大学出版社,2007.

舍勒.死·永生·上帝 [M].孙周兴,译.北京:中国人民大学出版社,2003.

沈长月,夏珑,石兵营,等.失独家庭救助与社会支持网络体系研究 [M].上海:
　　华东理工大学出版社,2016.

史铁生.向死而生 [M].南京:江苏凤凰文艺出版社,2016.

叔本华.叔本华:爱与生的苦恼 [M].刘越峰,译.北京:中国画报出版社,2012.

叔本华.叔本华论说文集 [M].范进,等译.北京:商务印书馆,1999.

叔本华.叔本华说欲望与幸福 [M].高适,编译.武汉:华中科技大学出版社,
　　2012.

斯宾诺莎.伦理学 [M].贺麟,译.北京:商务印书馆,2009.

斯腾.婴幼儿的人际世界:精神分析与发展心理学视角 [M].张庆,译.上海:华东
　　师范大学出版社,2017.

沃尔顿.人性：情绪的历史 [M].王锦，刘建鸿，等译.上海：上海科学普及出版社，
　　2007.

宋永毅，姚晓华.死亡论 [M].广州：广州文化出版社，1988.

安德森.克尔恺廓尔 [M].瞿旭彤，译.北京：中华书局，2014.

霍克西玛.变态心理学 [M].6 版.邹丹，等译.北京：人民邮电出版社，2017.

苏绚慧.请容许我悲伤 [M].南京：译林出版社，2012.

索甲仁波切.西藏生死书 [M].郑振煌，译.杭州：浙江大学出版社，2011.

克尔凯郭尔.致死的疾病 [M].张祥龙，王建军，译.北京：商务印书馆，2012.

孙利天.死亡意识 [M].长春：吉林教育出版社，2001.

泰戈尔.生之实现 [M].王瑜，译.北京：北京时代华文书局，2018.

泰戈尔.泰戈尔诗精编 [M].冰心，郑振铎，译.武汉：长江文艺出版社，2014.

泰戈尔.泰戈尔箴言 [M].白开元，译.北京：作家出版社，2016.

汤本香树实.夏日庭院 [M].金晖，译.海口：南海出版公司，2016.

伊格尔顿.人生的意义 [M].朱新伟，译.南京：译林出版社，2012.

哈里斯.当我们回到上帝怀里 [M].费方利，译.武汉：长江文艺出版社，2013.

奥格登.心灵的母体——客体关系与精神分析对话 [M].殷一婷，译.上海：华东师
　　范大学出版社，2017.

王弼.老子道德经注 [M].北京：中华书局，2011.

王夫子.殡葬文化学：死亡文化的全方位解读 [M].长沙：湖南人民出版社，2007.

王世诚.向死而生：余华 [M].上海：上海人民出版社，2005.

施瓦尔贝.生命最后的读书会 [M].姜莹莹，译.北京：中国友谊出版公司，2013.

亚当斯.人类学的哲学之根 [M].黄剑波，李文建，译.桂林：广西师范大学出版社，
　　2006.

弗兰克尔.活出意义来 [M].2 版.赵可式，沈锦惠，朱晓权，译.北京：生活·读书·新
　　知三联书店，1998.

弗兰克尔.心灵的疗愈——意义治疗和存在分析的基础 [M].徐佳，译.北京：电子
　　工业出版社，2014.

卡斯特.摆脱恐惧和共生的方法 [M].朱刘华，译.北京：国际文化出版公司，
　　2008.

韦庆旺，周雪梅，俞国良.死亡心理：外部防御还是内在成长？ [J].心理科学进展，

2015，23（2）：338-348.

沃瑟曼．自杀：一种不必要的死亡 [M].李鸣，等译.北京：中国轻工业出版社，
　　2003.

吴功青，徐诗凌．等待复活——早期欧洲墓葬概观 [M].北京：北京大学出版社，
　　2017.

吴兴勇．论死生 [M].北京：人民出版社，2011.

艾伦，比约克曼．我心深处 [M].周欣祺，译.北京：新星出版社，2016.

西塞罗．论老年 论友谊 论责任 [M].徐奕春，译.北京：商务印书馆，2009.

萧乾．萧乾散文 [M].杭州：浙江文艺出版社，2000.

多兹尔．仇恨的本质 [M].王江，译.北京：新华出版社，2004.

所罗门，格林伯格，匹茨辛斯基．怕死：人类行为的驱动力 [M].陈芳芳，译.北京：
　　机械工业出版社，2016.

卡根．死亡哲学：耶鲁大学第一公开课 [M].贝小戎，蔡健仪，庞洋，译.北京：北
　　京联合出版公司，2016.

斯特雷德．走出荒野 [M].靳婷婷，张怀强，译.北京：中信出版社，2013.

熊小青．生命自然与自觉：现代生命哲思 [M].北京：中国社会科学出版社，2012.

徐建中．最后的华尔兹 [M].北京：外语教学与研究出版社，1994.

本森．向死而生 [M].邢锡范，译.哈尔滨：黑龙江教育出版社，2015.

杨伯峻．论语译注 [M].北京：中华书局，2019.

杨莉萍，格根．社会建构论心理学及其发展：对话科尼斯·格根 [J].教育研究与实验，
　　2012（04）：77-83.

罗斯．论死亡和濒临死亡 [M].邱谨，译.广州：广东经济出版社，2005.

罗斯．生命之轮：生与死的回忆录 [M].范颖，译.重庆：重庆出版社，2013.

罗斯，凯思乐．当绿叶缓缓落下——与生死学大师的最后对话 [M].张美惠，译.成
　　都：四川大学出版社，2008.

沃特斯．像我们一样疯狂——美式心理疾病的全球化 [M].黄晓楠，译.北京师范大
　　学出版社，2016.

余德慧，李宗烨．生命史学 [M].重庆：重庆大学出版社，2016.

余德慧．中国人的生命转化 [M].台北：张老师文化事业股份有限公司，1992.

余德慧，等．临终心理与陪伴研究 [M].重庆：重庆大学出版社，2016.

余德慧，石桂仪 . 生死学十四讲 [M]. 北京：中国长安出版社，2011.

余虹 . 人生天地间 [M]. 北京：中国人民大学出版社，2004.

鲍尔比 . 安全基地：依恋关系的起源 [M]. 余萍，刘若楠，译 . 北京：世界图书出版
    公司，2017.

鲍尔比 . 依恋三部曲（第二卷）：分离 [M]. 万巨玲，等译 . 北京：世界图书出版公
    司，2017.

多拉德，杜布，米勒，等 . 挫折与攻击 [M]. 邢雷雷，译 . 北京：中国人民大学出版社，
    2018.

布尔戈 . 为什么我们总是在逃避 [M]. 曲贝贝，译 . 北京：中国友谊出版公司，
    2019.

云格尔 . 死论 [M]. 林克，译 . 上海：上海三联书店，1995.

臧克家 . 臧克家诗选新编 [M]. 北京：人民文学出版社，2012.

范德赞登，克兰德尔，克兰德尔 . 人类发展 [M].8 版 . 俞国良，黄峥，樊召锋，译 . 北
    京：中国人民大学出版社，2011.

维奥斯特 . 必要的丧失 [M]. 吕家铭，韩淑珍，译 . 上海：上海三联书店，2007.

埃文斯 . 生活的哲学 [M]. 贝小戎，译 . 北京：中信出版社，2016.

塞缪尔 . 悲伤的力量 [M]. 黄菡，译 . 桂林：广西师范大学出版社，2018.

琼 . 思想等待思想者——比昂的临床思想 [M]. 苏晓波，译 . 北京：中国轻工业出版
    社，2008.

罗斯 . 死亡心理奥秘 [M]. 俞国良，杨福康，编译 . 北京：中国国际广播出版社，
    1990.

图书在版编目（CIP）数据

发现死亡：从焦虑到超越 / 白福宝著 . —— 重庆：
重庆大学出版社，2022.1（2023.1 重印）
（鹿鸣心理 . 心理自助系列）
ISBN 978-7-5689-3075-8

Ⅰ . ①发… Ⅱ . ①白… Ⅲ . ①死亡哲学—普及读物
Ⅳ . ① B086-49

中国版本图书馆 CIP 数据核字（2021）第 243792 号

发现死亡：从焦虑到超越
FAXIAN SIWANG:CONG JIAOLÜ DAO CHAOYUE
白福宝　著
鹿鸣心理策划人：王　斌
责任编辑：赵艳君　　　　版式设计：赵艳君
责任校对：关德强　　　　责任印制：赵　晟
*
重庆大学出版社出版发行
出版人：饶帮华
社址：重庆市沙坪坝区大学城西路 21 号
邮编：401331
电话：（023）88617190　88617185（中小学）
传真：（023）88617186　88617166
网址：http://www.cqup.com.cn
邮箱：fxk@cqup.com.cn（营销中心）
全国新华书店经销
重庆市正前方彩色印刷有限公司印刷
*
开本：720mm×1020mm　1/16　印张：17　字数：237 千
2022 年 1 月第 1 版　　2023 年 1 月第 2 次印刷
ISBN 978-7-5689-3075-8　　定价：56.00 元